品谈历史文化人物

施伟萍 著

苏州大学出版社

图书在版编目(CIP)数据

品谈历史文化人物 / 施伟萍著. —苏州：苏州大学出版社, 2012.12(2015.9 重印)
 ISBN 978-7-5672-0385-3

Ⅰ.①品… Ⅱ.①施… Ⅲ.①历史人物－人物研究－中国②《红楼梦》人物－人物形象－小说研究 Ⅳ.①K820②I207.411

中国版本图书馆 CIP 数据核字(2012)第 285568 号

品谈历史文化人物

施伟萍 著

责任编辑 史创新

苏州大学出版社出版发行
(地址：苏州市十梓街 1 号　邮编：215006)
虎彩印艺股份有限公司印装
(地址：东莞市虎门镇北栅陈村工业区　邮编：523898)

开本 880 mm×1 230 mm　1/32　印张 9.375　字数 225 千
2012 年 12 月第 1 版　2015 年 9 月第 4 次印刷
ISBN 978-7-5672-0385-3　定价：16.00 元

苏州大学版图书若有印装错误，本社负责调换
苏州大学出版社营销部　电话：0512-65225020
苏州大学出版社网址　http://www.sudapress.com

目录

序言 /1

历史清廉人物篇

择善而从,宽猛相济
　　——仁爱之相郑子产 /1
忠厚刚毅,廉洁奉职
　　——渤海太守龚遂 /12
拒贿公廉,正义直谏
　　——东汉太尉杨震 /23
睿智断案,九死一生
　　——两度为相狄仁杰 /34
刚而有礼,宁死不屈
　　——平原太守颜真卿 /45
铁面无私,清心直道
　　——开封府尹包拯 /56
刚正廉洁,孜孜爱民
　　——苏州知府况钟 /67
刚正不阿,清廉耿介
　　——应天巡抚海瑞 /78

智勇过人,清介绝俗
　　——直隶巡抚于成龙　　　　　　　　　　　　/ 89
廉正自守,且勤且俭
　　——两江总督陶澍　　　　　　　　　　　　/ 101

吴中名贤人物篇

五湖渺渺烟波阔,谁是扁舟第一人
　　——范蠡"三聚三散"的慈善思维　　　　　　/ 112
不以物喜,不以己悲
　　——忧乐天下范仲淹　　　　　　　　　　　　/ 120
山水田园,范成大的精神家园
　　——《四时田园杂兴》六十首　　　　　　　　/ 141
桃花坞里桃花庵,桃花庵里桃花仙
　　——唐寅与桃花坞的不解之缘　　　　　　　　/ 150
忠烈两全,永垂青史
　　——明末志士张国维　　　　　　　　　　　　/ 162
三军曾亦殪天狼
　　——抗清义士吴日生　　　　　　　　　　　　/ 176
天地存肝胆,江山阅鬓华
　　——顾炎武诗中的爱国情怀　　　　　　　　　/ 191
恪勤尽职话廉洁
　　——明清吴中循吏及其戏剧演绎　　　　　　　/ 201

红楼艺术人物篇

画梁春尽落香尘
　　——秦可卿的风情与忧虑　　　　　　　　　　／212
独卧青灯古佛旁
　　——惜春的心冷与了悟　　　　　　　　　　／220
磨砺心志，沉浮宦海
　　——贾雨村的仕进与蜕变　　　　　　　　　／228
不喜正务好寻花
　　——贾琏的风流与失落　　　　　　　　　　／240
贪图享乐去世职
　　——贾赦的慵懒与堕落　　　　　　　　　　／248
造衅开端实在宁
　　——贾珍的恣意与世故　　　　　　　　　　／257
至清至洁，至情至性
　　——《林黛玉进贾府》中的黛玉之美　　　　／271
性情中人，饮食人生
　　——红楼梦人物与饮食描写掠影　　　　　　／278

后　记　　　　　　　　　　　　　　　　　　／289

序言

序言本无一定的规范,那就开门见山,从读了施伟萍老师的《品谈历史文化人物》的稿本谈起。这里所写的一群人物,让我别有感触,因为"这一群"正是人们难遇而渴望了解与崇敬的人物,有历史的、地方的,也有曹雪芹笔下的艺术形象。但这些人物并不是一涌而来到作者笔下的,而是由她平时一个一个捉摸、琢磨而来的。

在这一群人物中,作者首先讲述的是历史上的循吏清官,如择善而从、宽猛相济的仁爱之相郑子产,刚而有礼、宁死不屈的平原太守颜真卿,刚正廉洁、孜孜爱民的苏州知府况钟,刚正不阿、清廉耿介的应天巡抚海瑞,廉正自守、且勤且俭的两江总督陶澍等。在这一部分中,清廉自洁、爱国爱民是主题,浑身正气、两袖清风是人物的精神;这些历史清廉人物既是公仆,又是父母官,是老百姓心目中的伟人。这些人物今天仍然值得为官者借鉴。

第二部分主要是历朝历代吴中大地上的睿智贤士,如有慈善思想的范蠡、忧乐天下的范仲淹、明末志士张国维、抗清义士吴日生等。这些人物在苏州百姓的口中如数家珍。"范子何曾爱五湖,功成名遂身自退。"这是唐代大诗人李白对范蠡的赞诗。宋名相范仲淹的"忧乐天下"观,始终是飘扬在吴中上空的一面大旗。范仲淹的诗词虽不多,但是其《渔家傲》一词:"塞下秋来风景异,衡阳雁去无留意。四面边声连角起,千嶂里,长烟落日孤城闭……"通过边塞的凄清,反映了边防将士的忧国之心,体现了忧乐观的深意。范成大不仅是南宋著名诗人,而且是一个爱国者,他的《州桥》一诗:"州桥南北是天街,父老年年等驾回。忍泪失声询使者,几时真有六军来?"咏出了北方父老时刻盼望祖国复兴的急切心情,又抒发了诗人自己盼望"六军"到来的拳拳之情。他的田园诗更是清丽而雅俗共赏。唐寅是苏州家喻户晓的著名画家、诗人,但是诗人自有诗人的放浪,他的十一首《花月诗》尤为洒脱而有魅力。同时,他又有一身傲骨,坚决不接受宁王朱宸濠的聘任,甚至装疯,令人敬佩。张国维、吴日生处在同一个历史时期,清兵入关南下,屠杀掳掠,激起了全民的愤怒与反抗,"国破山河在",个人的生死存亡、声名荣誉算得了什么?杀身成仁,舍生取义,大节不稍亏,这才是张国维、吴日生的最高境界。

　　以上品谈的历史人物,既是中华民族的骄傲,也是苏州的骄傲。而第三部分的红楼人物是经典小说中为人们所关注和喜爱的人物,他们也反映着时代的背景,人物更有着不同的个性。就以作者为文章定的题目来看:《至清至洁,至情至性——品〈林黛玉进贾府〉中黛玉之美》,抓住了林黛玉独特的心态与情性;《画梁春尽落香尘——秦可卿的风情与忧虑》,体现了秦可卿内在的个性;《独卧青灯古佛旁——惜春的心冷和了悟》,确是惜春的形象与心理。这里仅分析了红楼人物中三位典型的悲剧女性人物,却是有所针对,恰到好处。作者对于红楼中处于正反之间的人物也能分析到位。例如,《磨砺心志浮宦海——贾雨村的仕进与蜕变》,贾雨村宦海浮沉,为了一己的升迁,不惜牺牲他人的幸福,这样的定题,可谓一针见血;《不喜正务好寻花——贾琏的风流与失落》一篇同样如此,抓住了贾琏的特点。作者对人物的分析,去除了某些陈规俗套,颇有新意。

　　施伟萍老师目前仍操劳在学校教学与行政工作的繁忙之中,但是她尽量腾出时间致力于传统文化的研究。她为人正直,工作敬业,所以才有这种思想感情研究上述这些历史文化人物,并加以品谈,正是人如其文,文如其人,难能可贵!读后令人掩卷深思……

《传统文化研究》主编　陆承曜
2012 年 5 月

历史清廉人物篇

择善而从，宽猛相济

——仁爱之相郑子产

春秋初期，郑国是一个相当强盛的国家。随着公族制度的推行，统治集团内部的矛盾日益尖锐，加上南北楚、晋两个大国凭借其经济与军事力量，激烈争夺霸主地位，郑国恰巧处在这两个大国的中间，成为楚国和晋国争夺的势力范围和发动战争的导火线。

晋楚之间发生的大战有三次：第一次是公元前632年的城濮之战，晋胜楚败；第二次是公元前597年的邲之战，楚胜晋败；第三次是公元前575年的鄢陵之战，晋胜楚败。两国争夺的对象都是郑国，郑国的统治者夹在两个大国之间，被迫实行"牺牲玉帛，待于二兢"的政策，才能维持国家的暂时安定。郑子产正是在这样的历史背景下登上郑国历史舞台的。

郑子产（公元前584—公元前522年），名公孙侨，又名公孙成子，字子

产，又字子美，史称郑子产。出身于郑国的贵族家庭，在辅助郑简公、郑定公执政的二十几年中，无论在内政上还是在外交上，子产都有不凡的建树。

初出茅庐

郑简公元年（公元前565年），郑国投靠晋国，辅政的子驷指使厨人下毒药，谋害了郑僖公，立僖公的儿子子嘉为王，即简公。当时郑简公才五岁。郑国的公子们很气愤，策划谋杀子驷，结果被子驷察觉，子驷便制造罪名，先下手大开杀戒。郑国内部矛盾重重。为了缓和郑国内部的矛盾，讨好晋国，子驷派了子产的父亲子国等率军队去攻打依附楚国的小国蔡国，俘虏了蔡国的司马，还缴获了许多战利品。子驷等郑国大小官员很高兴，认为这样可以加强与晋国的联盟，对郑国十分有利。

唯独子产不随声附和，随众从俗，反而整天在家忧心忡忡，他父亲感到很奇怪。正巧有一天大小官员来子产家给他父亲祝贺，并对伐蔡细节津津乐道，年轻的子产不顾自己人微言轻，在众人面前大胆说出了自己的看法："这次战争将给郑国带来无穷的灾难，因为小国不是文治而用武功，祸患就大了。楚国人若来讨伐郑国，难道我们能不顺从楚国吗？但是顺从了楚国，晋国的军队又必然会到来。这样晋楚两国就会轮番攻打郑国，郑国在今后的四五年内将不得安宁了。"

别人看子产年轻，唱反调，都对他不屑一顾，一笑了之。子产的父亲子国见儿子如此胆大妄为，脸色铁青，生气地呵斥道："你年纪轻轻知道什么？国家有发兵的命令，自有执政的大臣们会处理，一个乳臭未干的小孩子说这样的话，当心脑袋！"子产见父亲生气便不做声了，但是心里不服气。

事情果然如子产说的那样，不久晋国在邢丘（晋地，今河南温县）召集齐、鲁、宋、郑、卫等国举行会盟，会盟期间，晋国让郑国把伐蔡的俘虏和战利品献给他们。这一举动激怒了楚国,这一年的冬天,楚国便派出大将子囊率师攻打郑国,责问郑国为何无缘无故侵犯蔡国。

楚国大军压境,郑国的大小官员惊慌失措,毫无对策,子驷只能赶紧顺从楚国,免遭灭国之祸,也有一些大臣主张赶紧向晋国求援,双方争论不休。最后子驷仗势压人,向楚国投降。于是楚国让郑国与之订立了盟约,楚军才撤离郑国。这下郑国得罪了晋国,处在两个大国夹击的可怜境地之中。郑国又派官员去晋国朝拜,晋国认为郑国脚踩两只船,怒气冲冲地指责郑国:"你们遭到楚国的侵犯,却不派使臣来求援,把我们原来订立的盟约置之度外,擅自臣服于楚国,而且你们明明知道楚国是晋国的死敌。可见你们投靠楚国早有预谋。现在背离我们之间的盟约是你们先做出来的,既然如此,那我们也不客气,只得采取行动了,我们晋国国君将率领诸侯军队到你们城下。何去何从,你们自己看着办!"

第二年春天,晋国和诸侯的军队包围了郑国的都城,郑国更加恐惧,又向晋国投降求和,并服从晋国所提出的各项条件,付出了沉重的代价。晋国的统帅知罃正好借此班师回朝,休整军队。可是楚国又来向郑国兴师问罪,郑国又不得不马上很诚恳地与楚国在盟书上签字。不想晋国立即和诸侯国的军队第二次迅速包围了郑国的都城。郑国穷于应付,谁来就与谁定盟,几乎是盟书墨迹未干便又背叛,一直到楚国国君的母亲去世,楚国无暇顾及郑国,郑国才得以喘息。

子产当日所语句句皆是实情,他能正视小国的现实,透过伐蔡获胜的喜悦,看到了日后晋楚伐郑的忧虑。可见,子产尽管年轻,但颇有远见卓识。那一番话让子产崭露头角。

郑国外患暂时平息,内乱又起。郑简公三年(公元前563年),子驷、子国等因改革井田制而得罪了一大批贵族,贵族聚集攻入西宫，杀了子驷、子国等，劫持了郑简公。子产悲痛地掩埋好父亲的尸体，发动下层贵族进行反击，最后终于平息了叛乱，救出了郑简公。

子孔原来跟随子驷参加了井田制的改革活动，但是"西宫之难"前他得到了消息，立即藏了起来，保住了性命。子驷等被杀后，子孔出来接任子驷的位子，他下令官员只能各守其位，要听从他的命令，这种专权的做法引起了大家的不满。而子孔为了巩固他的地位，准备大开杀戒。子产见内乱又要爆发，便不惜冒着杀头之罪去劝说子孔："子驷已经是一个先例，你现在再效法他，郑国的内乱将无止息之日了。况且众怒难犯，专权也难以成事。不如收回你的命令来安抚大家，这样郑国的人心才会平息，你才可以当政，大小官员也愿意跟随你，这才是安定国家的办法。"子孔觉得子产言辞恳切，很有道理，终于接受了他的建议。几天后，在国都东南门外，子孔当众烧毁了他的盟书。此事使得子产的威望在朝野越来越高。

不卑不亢

郑简公十一年（公元前555年），楚国又来攻打郑国，在纯门（郑国都城外城门）驻扎了两个晚上，威胁郑国，史称"纯门之师"。原来，子孔为了铲除异己，暗中联络楚军，但因计划不周密，楚军就班师回朝了。事情泄露，郑简公大怒，派子展率人抓住子孔后把他处死，子产被任命为少正卿。从此，子产开始了仕宦之途的跋涉。

子产上任后处理的第一件事情就是于郑简公十五年（公元前551年）会见晋国的使者。当时，晋国派使臣前来命令郑国前去朝贡，子产答复道："大国的政令无常，使我们小国财力物力困乏，加上意外的事情也屡屡发生，我们小国天天是小心翼翼，胆战心惊，从不敢忘掉对大国应尽的职责。可是大国如能安定小国，小国自己会去朝拜,根本用不着命令。如果大国不体恤小国的忧患,一味刁难,那恐怕小国也不能忍受大国的命令,那时就会成为仇敌。我们郑国害怕出现这样的后果,也不敢忘掉你们国君的命令。一切托付贵使转达,请你们多加考虑。"

子产委婉又严正的回答,十分得体,回敬了大国的专横,保护了小诸侯国的尊严。这一年,朝贡之事最后不了了之。

郑简公十八年(公元前548年),陈国联合楚国来攻打郑国。陈军经过的路上,水井被填,树木被砍。郑人十分气愤,于是派子产率七百辆战车主动出击,攻打陈国都城。但子产命令军队不得进入陈侯宫室,他自己进入宫室也只是清点了一下俘虏人数就出来了,而后撤兵。陈军赶紧回朝救驾。战后郑国派子产去晋国报捷,没想到晋国大臣装腔作势地责问子产:"为何进攻小国?"子产立即反驳:"周朝的先王早就说过,只要罪恶存在,人人都可以讨伐。况且过去都是周天子的天下,诸侯国的国土不过百里,而现在诸侯国的土地方圆数千里,不是侵略得来,又是从何处而来呢?"意即入侵小国的正是你们几个大国。晋国大臣无言以对。子产机智敏锐,周旋于大国之间,使得郑国安然自立,始终不失小国尊严。

郑简公二十四年(公元前542年),子产陪同简公去晋国朝贡,晋平公藉鲁襄公去世要表示哀悼之由,不肯亲自接见郑简公。对于晋平公这种傲慢无礼的做法,子产非常气愤,他见晋国招待客人的宾馆大门狭小,车马无法进入,便让随从拆除宾馆的围墙。晋平公得知后立即派人来责问子产,子产反诘道:"你们晋文公在位时,自己住的宫室很狭小,而招待诸侯使臣的宾馆却很宽敞,对使者也很有礼貌,每次都按时接见,使者来到晋国被奉为坐上宾客。而现在的宾馆如此狭小,车马无法进入,贡品也难以保存,接见也不知何时,真让我们左右为难。"来人将子产的话告诉了晋平公,晋平公自知理亏,于是安排接见了郑简公,并举行了隆重的仪式,还下令改建宾馆。连晋国大臣都佩服子产的巧言辞令。

郑定公四年(公元前526年),晋国执政大臣韩宣子出使郑国时发生了一件事情:韩宣子有一玉环,他说原来有一对,另一只落到了郑国商人的手中,并乘机为难郑定公,向郑国索取另一只落到郑国商人手中的玉环。子产听说后,直截了当地对韩宣子说:"这是不可能的,如果大国来的人随便向小国发号施令,并都要满足他们的要求,那么他们会贪得无厌。我们小国用什么来源源不断地供给大国的这些人呢?况且玉环又不是我们国库官藏之物,谁知道它在哪里呢?"子产认为韩宣子是奉命出使,却借此来求取玉环,分明是假公济私,太贪婪了,这是一种罪过,不能答应他的要求。

后来韩宣子私下打听到了玉环的下落,就向郑商人购买,讲好价钱后,商人汇报给子产,子产仍坚决阻止,他对韩宣子说:"你不远千里来到郑国,为的是加强两国的友好,不要为了一只玉环而落得个贪利小人的名声,请三思!"韩宣子听子产这么一说,打消了购买玉环的念头,反要赠给子产美玉良马。子产送他回国时,他还感激地对子产说:"你让我舍掉玉环,赐给我金玉良言,免我一死,我向你拜谢了。"

子产不卑不亢的外交政策,获得了很大的成功。孔子所谓:"言之无文,行而不远。"表达的就是对郑子产的敬佩。

三大改革

郑简公二十二年(公元前544年),吴国使臣延陵季子到郑国访问,他一见子产就如同见到老朋友一般。季子洞悉当时郑国的情况,很坦率地对子产说:"郑国的执政者骄奢,大难就要临头,在国难当头之时,重任一定会落到你的肩上。你执政的话,一定要以礼治天下,不然的话,郑国将要灭亡。"子产很感动,用丰盛的宴席招待季子。果然,郑国公族内部矛盾激烈起来,原执政大臣子展去世,照理是他儿子子皮接任,可公子们争宠夺利,互相残杀。

子皮主动提出请子产执政,子产开始辞谢,最后大家一致认为:"老天降灾于郑国已经很久,只有子产执政可以平息灾难,不然,郑国真要灭亡了。"子产终于在危难之中受领了这一职务。

为了治理混乱不堪的郑国,子产大胆采取了一系列内政措施。主要有三大改革:一是宣布执行"作封洫",即对土地的四界水沟进行整编,承认土地私有,按亩征税,取消井田制,对新开垦的土地也要征税。二是赏罚分明,对卿大夫中忠诚俭朴的进行表彰,骄傲奢侈的依法惩办。三是城市与乡村有区别,上下尊卑各有职责。这三大改革招来了一片怨恨之声,当时人们流传这样的歌谣:"取我衣冠而褚之,取我田畴而伍之。孰杀子产?吾其与之!"意即:"算计我的家产而收费,丈量我的私田而税收,谁去杀可恨的子产,我将和他一起拼了。"然而三年后,情况大为改观,人们获得了收益,认识到子产的改革对自己有利,所以流传的歌谣又改成:"我有子弟,子产诲之。我有田产,子产殖之。子产而死,谁其嗣之?"意即:"我有子弟,子产来教导。我有田地,子产来增值。子产去世,谁来继承?"

当时子产处理了两件难办的事。第一件是郑大夫丰卷请求猎取野兽,要作祭祀之用,子产不许他越礼,因为只有国君祭祀时才需要去野外猎取野兽,众臣下只能用一般的祭品。丰卷见子产不准,怒气冲冲领家兵攻打子产,反被子产打败,丰卷最后逃亡到晋国。

另一件事是郑国上大夫子晳与下大夫子南争聘徐吾犯之妹为妻,后这女子自择嫁了子南,子晳勃然大怒,想杀死子南,不料却被子南操戈击伤。子产为维护礼制,把罪行归于子南,将他放逐到吴地作为惩罚。

郑简公二十八年(公元前 538 年)和郑简公三十年(公元前 536 年),子产分别实行"作丘赋"和"铸刑书"的改革。所谓"丘赋",就是按土地面积征发军赋,军役和军需合称军赋。丘内新垦土地越多,分摊军赋越轻。所谓"铸刑书",就是把法律条文铸在鼎上，作为国家的常法，这对限制贵族特权有积极的作用。这些措施对当时郑国的商人和新兴的地主是十分有利的。特别是铸刑书，一改过去法律刑书保密不公布的情况，使人人都可以用法。

当然，这些做法也遭到了很多贵族的反对，有人威胁子产，有人劝阻子产，连大国的一些贵族也来干涉。晋国贵族叔向就写了一封措词严厉的信给子产，希望他放弃改革。信中说："原先我对您很佩服，现在完全失望了，您违背了先王的制度，您用这一套办法来使国家安定是很难的。我看，您去世之前，郑国恐怕就要败亡了。"子产不为所动，立即写了一封客气的回信，信中说："顺从您的指教，我办不到，我没有大才干，难以考虑久远，只能匡救目前。"事实证明，子产的改革措施对郑国的安定和发展影响很大。

不毁乡校

子产博学多闻，善于择贤。据《左传》记载，当时子产属下有一批能人，如冯简子能决断大事，子大叔美秀而有文采，子羽能了解四方诸侯的情况并善辞令，裨谌能出谋划策。子产根据他们的特点，分别任用。有关郑国外交的事务，子产先向子羽询问，让他草拟外交稿子，然后与裨谌一起到野外策划，再告诉冯简子，让他决断，最后授权子大叔，让他执行。子产自己也很有见地，子大叔向子产询问政事，子产答道："政事好像农活，白天黑夜想着它。想着它的开始又想着它的结果，从早到晚都照想的去做，所做的不超过所想的，好像农田里有田埂，思路要清晰，他的过错就少了。"

子产不仅接受士大夫们提的建议，也接受下层平民的建议。郑国近城的乡村原来有一些乡校，附近的人都爱去那里谈天说地，议论子产施政的内容也很多，有些人甚至激烈地抨击子产的改革，谤多誉少。然明知道后心怀忧虑，跑去找子产，主张毁除乡校。子产问然明："为什么要毁乡校呢？人们早晚办完事情后到那里去游玩闲谈，议论政事的好坏。他们认为好的，我就推行；他们认为不好的,我就改掉。他们是我的老师,我认为不应毁掉乡校。我听说应做忠善之事,减少怨恨之意,而没有听说摆出权威来,防止怨恨。硬用权势去阻止意见当然可以立即奏效,但那样做如同防止洪水泛滥一样,洪水冲决,伤人必然很多,我们也无法全部都拯救起来,不如先把水稍稍放掉一些,或因势利导,让水通过水渠平稳地流到大海里去。对待乡村的议论和治水的道理一样。平时他们有地方议论,就不会酿成大祸。我们不毁乡校,让众人去议论,把他们的意见作为我们的良药,督促我们做得更好一些。"

听了子产的一席话,然明十分感慨,他说:"我今天听了您的教诲后,完全相信您可以治理好我们的国家了,我实在是没有才干。假如照您说的做下去,郑国就会强盛起来了。"孔子对这件事也发表了自己的见解:"人家都说子产不仁义,可从这件事情看,并非如此,所以我不能相信。"

子产主张"学而后入政"。郑简公二十四年(公元前542年),子皮想让一位名叫尹何的青年去管理他的封地,做邑大夫。他和子产商量,子产听后对子皮说:"尹何太年轻,不知道行不行。"子皮说:"这个人谨慎顺从,我很喜欢他,他不会背叛我的,我想让他试试看,边做边学,慢慢就会懂得怎么做的。"子产断然地说:"不行。人们爱一个人,总让他得到好处,现在你爱他,便把他还不会做的政事交给他,就像一个人连怎么拿刀也不会,却让他去切割东西,就必然会割伤他自己,你这不是爱他,而是害他。您对于郑国来说,就像一座房屋的大梁,大梁一断,椽瓦就会塌下来,住在屋子里的我,将会被压坏,我又怎么能不在事先都告诉您呢?"接着子产又给子皮打比喻:"假使你有一块好的锦绣料子,您一定不愿把它送到一个不会做衣服的人那里去,让他学习裁制。重要的官职、重要的地方,关系到自己的切身利益,您却要把它交给不懂的人去做试验品。我听说,一个人应该先学习尔后做官,如果真是不学习就去当官,必然会造成损害。就像打猎一样,驾车、射箭的技术都熟练,才会猎到禽兽,如果从未驾过车、射过箭,只怕翻车出事,哪有工夫去考虑捉拿禽兽呢?"子皮听了,恍然大悟,连声说:"是,是。"随即就让尹何先学习,然后再安排职务。

宽猛相济

子产一生以"救世"为己任,始终以国家利益为重,子产的为官信条就是宽猛相济。

郑定公四年(公元前526年),鲁、郑等国发生旱灾。鲁国、郑国都祭祀求雨。郑国派屠击、祝款、竖柎三个大夫到山上砍树,结果三个人到山上后叫人乱砍滥伐,毁坏树林,开辟空地休息。百姓怨言四起,但不敢反抗。子产知道后非常生气,他认为:"到山上去砍树祭祀,应养护树林,而你们毁坏林木,不利百姓,罪恶很大,应该严惩。"下令剥夺了三个大夫的官职和封地。

郑定公五年(公元前525年)夏,郑国发生大火灾,裨灶等人要求用玉器去祈祷,子产坚决反对。他说:"天道悠远,人道切近,两不相关,怎么能了解它们的关系呢?"子产在东门辞退了从晋国来的公子公孙,怕火灾蔓延,派司寇把郑国宾馆内的各国使臣送出去,又派人查祭祀处所和大宫,迁走大龟和宗庙中的石匣,再派府人、库人各自看管好自己管理的地方。司马、司寇排列在大道上,人人都在救火。不久大火熄灭了,整个过程中没有发生一点混乱。事后,子产派官吏去登记被烧的房舍,日后宽免房主的赋税,发给他们造房的材料。

郑定公七年(公元前523年)秋天,郑国发大水。郑国南城门外有个深潭叫洧渊,有人说那里有龙在斗,子产觉得好笑,对大家说:"龙殴斗,没多大关系,因为我们人殴斗,龙也没有理会过我们,这都是很平常的事,不必去管那些闲事。"子产所做的是派人采取行动去治水,安抚灾民,减免那些受灾百姓的赋税,然后在水灾过后大力兴修水利。此后几年,郑国再没有发生大的水灾。大家真正从心底里信服了子产。

郑定公八年（公元前522年），子产患病，子大叔去看望他。子产沉静地对子大叔说："我的病已经很严重了，看样子不会在人世间待多久了。我死了以后，执政的职务就由你来接替吧。为了我们郑国的强大和安定，我只想按照我二十几年来的经验和办法叮嘱你几句。首先要知道，只有那些德高望重的政治家、贤能之人才可以用'宽'的办法，使百姓都服从，而除此之外的办法就没有比'猛'的手段更好了。这就像大火一样，火性子猛烈，燃烧起来可以置人于死地，老百姓一见到它肯定是很害怕的，因此不会有人去玩火，所以也很少有人被火烧死。相反地，水性柔和，老百姓不会认为它可怕，大都喜欢轻慢地玩弄水，结果溺死在水里的人反倒有很多。因此，完全用宽大的办法来治理国家是不行的，只有'宽猛相济'才能统治好百姓，让郑国日益强大起来。"

子产同子大叔论证"宽猛相济"的一席话，是他终身的信条，也是他最后的遗言。几个月后，子产就病逝了。郑国百姓听到子产去世的消息，就如同家里的亲人死了一样，无不悲哀痛苦，纷纷祭奠他。子产治郑，深得人心。孔子听到子产去世，也流着泪说："他的仁爱是古人的遗风啊！"

子产治郑，共二十一年，政绩赫赫，为政爱人，事君忠厚。他外御强敌，内理国政，进行了一系列的改革。子产死后，郑国多盗，子大叔按子产教诲，发动步兵攻打"萑苻之盗"，把他们全部杀掉，接受子产治郑"猛"的理论。郑子产是春秋时代一位有所作为的官吏。

参考文献：
1. 李梦生：《左传今注》，凤凰出版社2008年版。
2. 杨伯峻：《春秋左传注》，中华书局1990年版。

忠厚刚毅，廉洁奉职

——渤海太守龚遂

汉王朝从建立到"文景之治"，经过半个多世纪的休养生息，社会经济有了较大的发展。西汉武帝凭借这个有利条件，对匈奴发起了大规模的防御战争，并沟通了同西域的联系。但是到汉武帝末年，连年不断的战争把累积的财富消耗殆尽，各种兵役、徭役加重了农民的负担，加上地方豪强的乘机掠夺，农民穷困破产，汉武帝不得不在征和四年（公元前89年）下"轮台哀痛"之诏，宣布实行"禁苛暴、止擅赋、力本农"的新政策，即禁止任意加税，鼓励务农，用这个办法来缓和社会矛盾。经过汉昭帝一代的努力，社会经济状况趋向好转。汉宣帝即位后，继续实行这一政策，并大力选用贤良充任官吏。龚遂就是这一时期著名的良吏，他奉职守法，政绩突出。

龚遂，生活在西汉昭帝、宣帝时期。字少卿，山阳南平阳（今山东邹县）人。少时就攻读经书，后因通晓经义而出仕，任昌邑国（今山东境内）郎中令，事奉昌邑王刘贺。宣帝时拜渤海郡（今河北境内，治所浮阳即今河北沧县）太守，为官清正，使"所居民富,听去见思",受到百姓的拥戴。

任郎中令

刘髆是汉武帝第五子,于公元前97年受封为昌邑王,建都昌邑。公元前87年,刘髆去世,他的儿子刘贺承嗣王位。刘贺是个纨绔子弟,不学无术。汉昭帝于公元前74年病死后无子,霍光等大臣迎立昌邑王刘贺为帝。刘贺带着二百多人进京即位后,天天饮酒作乐,淫戏无度,即位二十七天内,就干了一千一百二十七件荒唐事,将皇宫闹得乌烟瘴气。霍光见他不堪重任,和大臣们商量后,奏请皇太后下诏,立即废了刘贺。刘贺在位仅仅二十七日,是汉族政权史上在位时间最短暂的皇帝。

龚遂自幼苦读经书,博学多才,后因明经中科而为官,出任当时昌邑国的郎中令,掌管宫殿内的事情,是当时昌邑王刘贺身边比较亲近的官吏。

刘贺虽身为诸侯,可整天只是吃喝享乐,奢靡不堪,行为多不正派,让人实在看不惯。龚遂为人忠厚有节,性格刚毅,行为端正,见刘贺如此无所作为,总是直言相谏,规劝批评。对府中的官吏,上至大王的师傅、宰相,下至属官,龚遂常常提醒他们的责任,在公众场合引用经义,陈述祸福,讲到激动人心之处常常是声泪俱下。为了明礼,他理直气壮地在府中争谏不已。

有一次,龚遂因昌邑王刘贺根本没把他所说的利害加以考虑,仍是我行我素,便直奔大王府,当着刘贺的面,大声地斥责他的过错,越说语气越重。刘贺开始无动于衷,可听到后来再也听不下去了,就吩咐龚遂别说了。可龚遂还是不停地说,弄得刘贺只好捂住耳朵走开,嘴里连声说:"哎呀,郎中令真是教人丢面子!"龚遂就是如此,凡看不惯的、违背礼节的,他就是要说。大小官吏见昌邑王都拿龚遂毫无办法,都有点惧怕他。

有一段时间,刘贺闲来无聊,就整天和府中驾车马的车夫、管伙食的仆人一起吃喝玩乐，高兴时就滥施赏赐，不高兴时就随便杀人，弄得府中鸡犬不宁。龚遂知道后直接进府，见到刘贺就泪如泉涌，并立即跪着用膝盖走到昌邑王跟前，左右的侍御都被龚遂的举动感动得流下了眼泪，刘贺反倒莫名其妙地问："郎中令为什么哭啊？"龚遂已泣不成声，断断续续地说："我是痛惜我们昌邑危险了，希望大王您让左右侍御退下，我有话对您说。"

昌邑王退下了左右侍御，让龚遂起来，龚遂连忙说："大王还记得胶西王刘卬吗？"刘贺说："知道呀。"龚遂又说："他在景帝前三年（公元前154年）参与吴楚叛乱被杀，实际上是无道而亡，咎由自取。之所以这样说，是因为胶西王有个善于巴结奉承的臣子侯得，明明胶西王凶暴残忍，荒淫无度，所作所为与桀纣一般，侯得却把他比作尧舜，说他英明无比，是圣贤之主。胶西王喜欢侯得阿谀奉承，与他十分亲近，甚至常常和侯得一起睡觉，最后全部听信侯得的小人之言，所以才弄到被杀头的地步。如今大王您亲近的是一群奴仆，不符合礼节，也许您渐渐地会染上一些邪恶的习俗。况且您凭自己高兴而滥赏无度、滥杀无辜，后果更是不堪设想。在这生死存亡的关头，恳求大王谨慎。"

刘贺觉得龚遂言辞恳切，表示愿意接受他的意见，龚遂十分高兴，进一步提出了一些改变的建议：首先可以选一些通晓经术、有品性道德的人来陪伴昌邑王，和他一起吟诵《诗》《书》来提高修养。其次让一些掌管礼节、司仪的官吏和大王一起讨论礼仪之事，这样对大王、对昌邑都有好处。刘贺答应了，让龚遂去挑选人才，安排具体事项。

龚遂共选出以郎中张安为首的饱学之士十八人侍奉昌邑王，让大王通晓经义。可是没过几天，昌邑王便把张安他们全部赶走了，他根本不愿坐下来读书学经义。

过了一段时间，府中多次出现怪状。一次是昌邑王见到一只大白狗，高好几尺，没有尾巴，脖子以下又像是人，戴一顶方山状的帽子。刘贺吓坏了,他赶紧叫人请龚遂来询问。龚遂告诉他:"这是上天在教训大王,就是说大王您的左右都是一些狗官,废掉这些人昌邑就可以存在,否则的话,昌邑就要灭亡。"刘贺不以为然。

没过多久,刘贺又看见了奇怪的大黑熊,他惊恐万状,连忙叫来左右侍从,可别人都说看不见黑熊。他只好又叫龚遂来问,龚遂说:"熊是山野中的猛兽,竟然进入府中,别人又看不见,只有大王您一人能看得见,这就证明上天在告诫大王,恐怕宫室要空了,这本身是一种危亡的预兆。"昌邑王听后仰天长叹:"为什么不祥之兆一个接一个出现呢?"龚遂又叩头对刘贺说:"我不愿隐讳其词,几次都说到危亡的教训,大王您听了也不高兴,但国家存亡之理,难道凭我说说就行吗?还是希望大王三思而行,您现在所做的,与哪一篇《诗》《书》相符?您身为诸侯,行为却比一般人还差,所以要灭亡是很容易的。"龚遂的话说得十分严厉,可刘贺仍未重视。

后来昌邑王又发现自己的座位被血污染,觉得费解,又问到龚遂。此次龚遂激动地大叫着说:"宫室不长久了,妖怪征兆多次出现,血就是一种凶兆,大王赶快自省吧!"但昌邑王终究未改本性。

劝谏刘贺

元平元年(公元前74年),汉昭帝驾崩。昭帝年幼时,受武帝遗诏辅政的大将军霍光征昌邑王刘贺来主持丧仪。征书到时正是黎明时分,府中侍御即点火看公文,马上准备。第二天,昌邑王起程,马不停蹄,于当天傍晚时分到达山东定陶,一天共走了一百三十五里。此时,许多侍从的马已吃不消了,有些死在道中,龚遂上前对昌邑王说:"人太多,速度太慢,消耗又大,多余的人还是让他们回去吧。"刘贺下令让多余的五十人返回昌邑。

刘贺一路根本不是真心伤悲,到了济阳(今河南境内),他听说这儿长鸣鸡出名,就派人去找长鸣鸡,又在半途买积竹杖。过弘农(陕西华阴)时,刘贺又暗地里让叫善的得宠的大奴用车去载良家女子。长安来的使者责怪刘贺的宰相史安乐,史安乐把此事告诉了龚遂,龚遂立即策马来到刘贺跟前,问他用车载良家女子的事情,刘贺故作镇静地回答说:"没有的事情。"龚隧心中愤懑:"既然没有,那您就应该把善奴交给官吏法办,以此为大王洗刷名声,以表清白,何必因不舍得一奴仆而诋毁了自己的道义呢?"刘贺无奈,只得把善奴交属官卫士长法办。

刘贺到达霸上(今陕西潼陵附近),大鸿胪在郊外相迎,让昌邑王更换了车子,很快到了东都门。龚遂见刘贺不动声色,忙对他说:"礼节规定,奔丧望见国都就要大哭,这已是长安东城门了。"刘贺说:"我喉咙痛,不能哭。"到了城门口,龚遂又说了一遍,刘贺说:"城门口与望见东城门不是一样吗?着什么急啊!"到了未央宫东面楼前,龚遂说:"大王的临时吊唁营帐在楼外的路北,马车必须停下,大王您该下车了。"并要求向西伏地而哭,宣泄完自己的悲哀才可停止。刘贺不耐烦地说:"好吧,好吧。"终于按照龚遂所说的礼节,伏地哭了一番。

昭帝生前没有儿子,所以就立昌邑王为皇帝。刘贺登基后便把昌邑国的属官都征召到朝廷中。昌邑王的宰相史安乐被提升为长乐卫尉。龚遂见了史安乐,感慨万千,流着眼泪对他说:"大王成为天子后,一天比一天骄奢淫逸,我多次规劝他,可现在他更加听不进了。为昭帝服丧的日子还没有结束,陛下每天和亲近的臣子吃喝玩乐,淫戏无度。斗虎豹,呼唤虎皮车,车上插着九条飘带的大旗,到各处奔跑,耀武扬威,他这些行为完全是违背礼制的。古代的制度比较宽和,大臣不愿做或遇到不明之君可以隐退,而现在却不行,我走又走不得,假装疯子又怕被察觉,招来杀身之祸,这可怎么办呢?您是陛下的旧宰相,应该坚决积极地直言进谏啊!"

刘贺放纵不已,又做梦梦见台阶之上到处都是青蝇的粪便,用大瓦片覆盖着,有些紧张,想起了龚遂,派人召龚遂进宫。龚遂仍是直言不讳:"《诗经》上说:'营营青蝇,止于樊。恺悌君子,无信谗言。'意思是说嗡嗡叫的青蝇都集中在篱笆之上,物以类聚。而胸怀宽阔的和有道义的君子是不会相信青蝇之人的谗言的。陛下现在的左右大臣就如青蝇一样只知道说别人的坏话,这些人不能再任用。陛下只有亲近原来先帝的一些有作为的大臣,才能有所建树。如果一直不忍废掉昌邑国的故人,一味听信谗言,有凶兆是必然的。愿陛下赶快放逐那些小人、故人,包括我自己。我愿意先离开,但愿陛下能转危为安。"此时的刘贺十分骄横,这些逆耳忠言丝毫也听不进去。

大将军霍光忧虑重重,与昭帝的旧臣一起商议社稷大事。霍光说:"昌邑王行为昏乱,恐怕国家也危险了,怎么办呢?"大家一致要求霍光早作决断。霍光与群臣一起去面见太后,把刘贺的所作所为一一陈述给太后听,太后大惊失色,马上下诏:凡昌邑国故吏一律不得再入宫门。太后驾车到未央宫承明殿,刘贺见太后盛装端坐,两旁的侍从有数百人,都拿着兵器,心中有些紧张,上前问太后:"我犯了什么罪?我的故臣都犯了什么罪?为何被挡在宫门之外?"此时以霍光为首的群臣依次上殿,太后对刘贺说:"请听旨。"中书令宣读霍光等人的奏疏,然后宣诏:"昌邑王刘贺受玉玺以来,不理国事,只会在宫中戏闹,召昌邑乐人歌者,击鼓吹歌,大逆不道,失先帝礼节,乱汉室制度,当废,以保社稷,赐归昌邑。"刘贺一听,面如土色,伏地领旨。刘贺在位共二十七日。霍光送刘贺归昌邑。

在宫中淫戏的昌邑群臣因刘贺在朝时不举奏,所以全部被投入监狱,杀头的有二百多人。只有龚遂和王阳一直以忠义直言多次劝谏刘贺,所以未被下狱,只剃掉头发被征召去修筑城墙。龚遂觉得刘贺罪有应得，不过常痛惜自己未能劝谏刘贺改邪归正，以致落到如此地步。

持政宽和

废了昌邑王刘贺之后，霍光等人在民间寻得汉武帝的曾孙，即戾太子之孙刘询。武帝时，因戾太子遭"巫蛊事变"，一家被害，刘询还在襁褓之中，被当时的廷尉监邴吉收留，邴吉让自己的使女抚养刘询。霍光听说刘询长大成人了，躬行节俭，又慈仁为人，就上奏太后，立为孝宣皇帝。

宣帝即位后，内治法度，外平边患，社会经济开始有所发展。过了一段时间，渤海附近的郡县闹饥荒，到处发生盗贼抢劫的案件。那里的郡守无法制服他们，每天都有接连不断的奏折上报宣帝。宣帝下诏选用有才能的人去治理渤海，当时的丞相和御史大夫都举荐龚遂，认为他是最理想的人选。宣帝就召龚遂，任命他为渤海太守。

当时龚遂已七十多岁，宣帝见他体形矮小，容貌丑陋，觉得与大臣们的举荐不相称，心中有点轻视他，于是就对龚遂说："渤海郡田地荒废，秩序杂乱，我很担忧那个地方，你能用什么方法去平息那些盗贼，实现我的心愿，去掉我的心头之患呢？"龚遂胸有成竹地回答说："渤海离京城太遥远，沾不到圣主的恩泽，那里的百姓被饥寒所困扰，而那里的官吏又不体恤百姓，所以才使那里的人学会盗弄兵器，在沼泽之中偷窃抢劫。今天陛下是想让我用武力战胜他们呢，还是以德政去安抚他们？"

宣帝听了龚遂的话，很高兴，改变了看法，对龚遂说："我选用贤良之才为郡守，当然是为了安抚他们，并非想用武力去战胜他们。"龚遂又对答道："我听说治理骚乱的百姓就好像整理杂乱的绳子，一点也不能着急。我希望丞相、御史大夫都暂且不要用陈规来束缚我，这样我就可以按实际情况办事，也许百姓就会受安抚。"宣帝答应了他的请求,并赐给他黄金,让他上任时乘驿车去。龚遂觉得宣帝十分贤明,满心欢喜,也愿为朝廷效余生之力,并在上任前暗暗告诫自己,一定要为官清明,不辜负朝廷的厚望,使百姓都能安居乐业。

渤海太守

渤海隶属幽州,共有二十六个县,治所在浮阳,即今河北沧县。当时渤海郡正遭饥荒。龚遂到了渤海界内,郡中官吏听说新任太守来了,觉得是拍马逢迎的好机会,所以十分隆重地派兵骑马前来迎接,又花费大量人力、财力,修缮府邸,让新任太守享享福。龚遂知道后心中很不高兴,首先把前来迎接他的人马全部打发回府,独自一人乘驿车到达太守府。见到太守府装饰华丽,为他安排的住所尤其讲究,他来不及喘息,便召来郡中官吏,向他们声明:第一,朝廷派我来是安抚治理百姓的,不是来享乐的;第二,渤海郡正在闹饥荒,民不聊生,官吏再有奢靡浪费之举,一律严惩。这些属吏见新任太守态度明朗,不敢再放肆,收敛了很多。

龚遂先了解、熟悉情况,然后发公文通告渤海郡所管辖的二十六县,全部撤销逐捕盗贼的命令。公文明确规定:"凡是手拿锄头镰刀的都是农民,官吏不得上前盘问,更不允许逮捕或找他们的麻烦。只有手持兵器的人才是盗贼。州民以往之过一概不追究,重新回到田头,抓紧农时,才能兴国富己。"过了一段时间,龚遂独自乘车到属县察看,发现到处都很安宁平静,没有械斗之类的事。原来渤海郡很多人聚集在一起抢劫,越抢越乱,越乱越抢,后来听了龚遂之令,便都解散了,丢掉了手中的弓箭,回家与家人团聚,大部分人又拿起农具下地从事农耕了。就这样,盗贼全部平息了,老百姓的生活也安定下来了,不再整天诚惶诚恐地过日子了。龚遂见秩序良好,回府后就下令开粮仓赈济贫困的农民。他还选用一些有贤能的官吏,协助他一起慰问、安抚和治理渤海的百姓。

龚遂采用的是宣传皇帝的恩泽,以安民为主的绥抚政策,使百姓安土乐业,这不失为一个明智有效的办法。他又经常选派一些年长廉洁的官吏去民间察访,要他们不露声色,下情实报。可见龚遂的良苦用心。

龚遂发现齐地的习俗是比较讲究排场的,有些未免太奢侈。虽然百姓的生活渐渐变得富足了,但浪费也较严重,有人甚至不愿意种田了,只肯做一些买卖和经营一些手工业生产。龚遂觉得"以农为本"不可忽视,所以他带头勤俭节约,常常是布衣素食,又多次鼓励农民把力气放在农田里,富裕而不忘灾荒。龚遂也让百姓从事一些副业,如养蚕、捕鱼等等,又规定每人要种一棵榆树、一百棵蔬菜、五十丛葱、一畦韭的农作物,每家至少养两只猪、五只鸡、四只羊。考虑到了农、林、牧、副业的全面发展。果然,若干年后齐地百姓受益匪浅,都一致称赞龚遂,说他是最清正的太守,是天降恩于渤海百姓的福星。

龚遂并没有任何自满情绪,他仍喜欢暗中察访。他发现有些百姓开始尚武起来,一些农民身上佩带刀剑,常相互评比刀剑的质量、价格。龚遂觉得身上常带刀剑有害无益,于是动员这些人把刀剑卖掉,去买耕牛、买牛犊。他启发农民说:"你们真傻,为什么把可以换耕牛、牛犊的刀剑佩带在身上呢?这些又不可能增加你们的收入,改善你们的生活。如果一心从事农桑,那日子就会越过越好,田头鸡犬相闻,村烟袅绕,多么舒心啊!"百姓听了以后,觉得有理,便按龚遂所说的去做了。市上看不到佩剑比武之人,社会也就更加安定了。

渤海百姓们春夏忙于耕种,秋冬盘算收获,各家各户储存的果实、菱角、鸡头米之类越来越多,郡中的仓库也十分充实,官吏、百姓都大大地改善了生活条件,诉讼的案件也越来越少。

晚年轶事

因龚遂任渤海太守名声大、政绩好，数年以后，宣帝派使者前往渤海征召龚遂，一来让他入都述职考绩，二来考虑给他升职。龚遂打点行装，准备上路。当地百姓听说太守要走，都赶来相送，场面十分壮观。龚遂的属下也舍不得自己的太守，议曹一位王姓儒生非要陪同龚遂上京不可，说愿做龚遂的随从，一路之上照应侍奉太守。可有人告诉龚遂，不能让王生和他同行，因为王生一向喜欢喝酒，没有节度，说不定要误事，龚遂自然明白，但又不忍心违背王生的心愿，最后还是同意让他跟随自己到京城。

一路上王生倒很尽职，对龚遂的起居饮食十分关心，可到了京城，他便开始喝酒，龚遂劝阻他，他却说："酒瘾又上来了，无法控制。"结果每天饮酒，有时醉成一团。宣帝召龚遂马上入宫，正巧王生醉醺醺地回来，见龚遂乘车而去，醉意朦胧地一路追着呼叫："明府且停一下，我想跟您说句话。"龚遂只得停车，问他有什么事情，王生说："天子问到您怎么治理渤海郡，您千万不能照实说，而应该说都是圣上的德行，不是小臣的力量。"龚遂觉得他说话很有道理，便答应照他的话说。

到了宫殿，宣帝果然问他渤海郡的情况，龚遂一一如实禀报，宣帝得知渤海郡早已盗贼平息，现在百姓生活富足，十分满意。接着就问龚遂是如何治理好渤海郡的，龚遂就按王生教他的话说了一遍，宣帝十分欣赏他这种谦虚的态度，笑着说："你是怎么得到这样谦虚、忠厚、宽和之人所说的这一番话的？"龚遂顺势上前一步说："我自己并不知道应该这样回答陛下的问题，是我临上路入宫的时候，我的议曹王生教我这样说的。"宣帝觉得龚遂的属下也很有才能，又称赞龚遂不仅善于治理百姓，而且善于任用贤能。

最后皇帝下诏说龚遂年事已高，再到地方上担任公职实在太辛苦，也许会力不从心了，所以让龚遂留在朝中，授予他水衡都尉的职务，掌管上林禁苑。上林苑是汉武帝扩建的，周围方圆三百里，有宫七十所，苑中养禽兽，内中禁苑是专为帝王所设的园圃。龚遂要负责宫馆陈设帷帐等用具，兼保管皇室财物和铸钱，还要为宗庙祭祀安排牲畜物品。龚遂的随从议曹王生也被授予水衡丞的职务，仍在龚遂手下任事。水衡都尉之职是皇帝身边的近臣，说明皇帝十分器重龚遂，龚遂也感到自己时逢明主，在宫中仍兢兢业业，清廉公正，不敢有丝毫疏忽。龚遂最后在水衡都尉任上寿终，宣帝在龚遂去世时表示了哀悼之情，并多次在大臣面前称颂龚遂。

《汉书·循吏传》生动地叙述了像龚遂这样的一些廉洁有才能的循吏的经历，说明循吏在历史上的积极作用。除了龚遂外，黄霸、朱邑、召信臣等都是西汉著名的良吏，他们生有荣号，死有奉祀。黄霸任颍川太守，勤政爱民，鼓励耕桑。朱邑做大司农，"廉洁守节，退食自公"。召信臣任南阳太守，因地制宜，为民兴利，开通沟渎，灌溉农田，百姓称为"召父"。汉宣帝时期政治清明，生产发展，与龚遂等循吏的作用是分不开的。

参考文献：
1. （北宋）司马光：《资治通鉴·汉纪》，中华书局1990年版。
2. （东汉）班固：《汉书·龚遂传》，中华书局1990年版。

拒贿公廉，正义直谏

——东汉太尉杨震

东汉末年的王朝实行强化的封建专制体制。东汉光武帝极力削弱功臣实权，剥夺他们的兵权，不让外戚干预政事，不给他们尊贵的地位。可是到了东汉和帝以后，这个王朝开始衰败，外戚、宦官专权。和帝十岁即位，窦太后临朝，外戚窦宪诸弟都居显要职位，和帝在深宫与世隔绝，可以依靠的只有贴身宦官。

永元四年（公元92年），和帝用宦官的力量消灭窦氏，但宦官开始参政。安帝时，掌权的是邓太后和她兄弟邓骘等人，宦官也掌握着一部分权力。除此之外，邓太后起用了名士杨震，以图取得士大夫的支持。东汉时，士人可以通过察举、征辟出仕。这期间，杨震就是代表东汉宦官、外戚之外的另一种政治力量，即官僚士大夫结成的利益集团。

杨震（公元54年—公元124年），字伯起，弘农华阴人（今函谷关西、华山之北），历东汉明帝、章帝、和帝、殇帝和安帝朝。早年研究经学，暮年才出仕，官至太尉、司徒、司空。禀性公廉，一生清白。

阀阅世家

东汉从光武帝起就提倡讲经论

理，以此表彰名节，广开仕宦之路，后来形成了一些累世专攻一经的家族，他们的弟子动辄数百人甚至数千人。他们通过经学入仕，又形成了一些累世公卿的家族。弘农杨氏就是世传欧阳《尚书》之学的大族。

杨震的八世祖杨喜，是汉高祖时的有功之臣，楚汉之争，杨喜追杀项羽一直到垓下（今安徽灵璧县东南），为楚汉战争的胜利立下了汗马功劳，被汉高祖封为赤泉侯。杨震的高祖杨敞，汉昭帝时官至丞相，显赫一时，被封为安平侯。杨震的父亲杨宝，也是一位很有名节的人，他专攻欧阳《尚书》。汉哀帝、汉平帝时，刘歆大力推崇古文《尚书》，贬低今文《尚书》，因此杨宝一直隐居山野，教授经文。

据《续齐谐记》记载：杨宝九岁时，到华阴山的北面与几个小伙伴一起玩，突然一只黄雀被鸱枭抓住，又跌落到树下，四周的蝼蚁都围了上来。杨宝见状，上前把受重伤的黄雀救出来带回家，把它放在保暖的箱子里，盖上毛巾，又小心翼翼给黄雀喂黄花。一百多天后，黄雀的伤完全好了，于是杨宝便把鸟放了，黄雀向天空展翅高飞。就在当天夜里，杨宝躺在床上，已是睡意蒙眬，突然一个穿黄衣的童子来到杨宝床前拜了两次说："我是西天王母娘娘派来的使者，你以仁爱之心拯救了我，实在让我万分感激，难以回报。"说完取出四枚白环给杨宝，又说："现在我送你这白环，要让你的子孙像玉环一般洁白，位登三公，这环就是象征。"说完便不见踪影了。杨宝很惊奇，追出门去，可外面静悄悄的，一点动静也没有。

后来王莽专权，杨宝与龚胜、蒋诩等高士被王莽应征出仕，可他们都保全了气节，不屈服于王莽，悄悄逃走了。东汉光武帝刘秀推翻了王莽政权后，很佩服杨宝等人的高节，建武年间，派公车前去征召，劝他们出来为官，可此时杨宝已年老有病，心有余而力不足，不能出仕了，只能在家安度晚年，最后寿终正寝。

杨震是杨氏门阀最有名望的一位,自他以后四世皆为三公,门生、故吏遍于天下。杨震共有五个儿子,皆传先业,有所建树。其中杨震的中子杨秉博览书传,先是隐居教书,四十岁后出任司空,拜侍御史,出任过豫州(治所在今安徽亳县)、荆州(治所在今湖南常德)、兖州(治所在今山东昌邑)、徐州(治所在今山东郯城)刺史,后迁太常、太尉。杨秉从不饮酒,早年丧偶,后来不再迎娶,为官清廉。

杨秉之子杨赐少传家学,东汉顺帝死后,梁太后和梁冀专权,公车征召不应,连辞太尉、司徒、司空三公之命,疾恶如仇。后出仕三公。杨赐去世,皇帝素服,三日不上朝,以示哀悼。

杨震曾孙杨彪、玄孙杨修都是才学之士,是东汉的一代英才。

东汉讲究门阀,很多人都设法投到门阀家族之下,亦步亦趋。杨震的家族是东汉有名的阀阅世家。

厉行节俭

杨震少时好学勤奋,师从当时著名学者、身为太常的桓郁,刻苦钻研欧阳《尚书》,明经博览,后来成了远近闻名的经学家。由于他知识渊博,当时读书人都十分推崇和敬重他,称他为"关西孔夫子"。

为何称杨震"关西孔夫子"呢?因为春秋时的孔子是个教育家、思想家,他一生致力于教育,有弟子三千余人,贤徒七十二人。杨震就像当年的孔子一样,学成之后就一直在家乡华阴县教书,一直教到五十岁。《续汉志》记载,杨震教授二十多年,州府请召,他多次称病不就。教书之余,他亲自在田里种菜,他的学生都去帮他种,他却不让学生帮忙。他的学生遍布天下,都是慕杨震的高节而来拜在他门下的。杨震为人师表,学生也学有所长,很多人学到本领后就出仕为官了。杨震的伟绩如孔子一般,人们便称他为"关西孔夫子"了。

杨震不缺吃穿，可他始终过着非常简朴的生活。有些学生不理解杨震的做法，常常很疑惑，杨震就耐心地开导他们："我的确不缺钱花，只是我习惯过俭朴的生活。简朴像一副良药，它能使人磨砺斗志、积极向上。你们现在正在求学读书，就更应该养成节俭朴素的作风，这样今后就吃得起苦了。"

　　就这样，杨震在学生心目中的形象更加高大。他对教书、种菜的兴趣一直很浓。一天，一只鹳雀衔了一条三尺长的鳣鱼，飞到讲堂前。鳣鱼黄底黑纹，大家都很惊奇，有学生上前抓住那条鳣鱼对杨震说："先生，这鳣鱼的颜色如同卿大夫的服饰，先生自此应该出仕升迁了，这是天意吧！"在诸生的一再劝说下，杨震离开华阴入朝为官，当时他年已五十。他先在本郡做官，保持清廉本色，深得民心，后任太仆、太常，最后位登三公。可无论官位怎么变化，他却始终如一地保持在家乡教书时的简朴作风。他不仅自己厉行节约，而且对家人严格要求。他儿子杨秉在任地方刺史时，只拿俸禄，其余钱财分文不取，故吏曾送百万钱财与他，他闭门不受，以廉洁著称。这都是由于杨震身体力行，教导有方。

　　杨震做了大官，他和家人仍是布衣素食，与在老家华阴时毫无两样。有一次，一位老朋友来拜访，看到杨震的生活如此简朴，就忍不住劝他说："老朋友啊，你的心思我是知道的，这我也不想多说，不过总该为自己的孩子想想吧，为了你的子孙后代的幸福，多少得为他们置办一点产业，如田产、房产和钱财。"杨震听了以后，态度十分坚决地对朋友说："如果我真是为子孙后代着想的话，那我一直就觉得不是留给他们房产、地产和钱财，最重要的是给他们留一份清官的产业，使后世称他们是清白之官的子孙，这才是一份最厚实不过的产业，比任何东西都宝贵。我相信我的子孙也会理解我的。"

　　杨震生活简朴，子孙也果然是粗茶淡饭，食不鱼肉，行不车骑，实在是难能可贵。在治理国家事务中，杨震同样把简朴廉洁放在首位。

拒收贿赂

东汉安帝时,掌权的外戚邓骘慕名应召杨震,把他安置在自己幕府中,为自己出谋划策。后来杨震迁任荆州刺史,不久又升东莱(治所在今山东掖县)太守。他在上任途中经过昌邑县(东汉时为兖州治所,今属山东)。正好昌邑县的县令王密是杨震早年的学生,而且又是杨震推荐出来做官的。学生王密得知老师荣升,又路过自己管辖的县区,当然要迎接,并向老师祝贺。当天下午,王密接了老师,安排好了住处。师生久别重逢,杨震也十分高兴。王密首先感谢恩师的栽培,接着两人共叙昔日师生之情,兴致勃勃,一谈就是半天,便一起吃了晚饭。天色已暗,王密想到老师旅途辛苦,应该早点休息,便起身向老师告辞。此时他从怀里取出一块沉甸甸、金灿灿的黄金,要送给杨震,作为答谢老师的一点薄礼。

杨震一看,突然脸色一沉,生起气来,大声责问王密道:"我是了解你的为人的,但你怎么不了解老师的为人呢?快把这些金子拿走吧!"王密见老师生气,很为难,就小声地对杨震说:"恩师,天色已晚,又没有别人,我送金子的事,不会有人知道的,请您放心,快收下吧。学生给自己的老师送点薄礼也是无可厚非的。"杨震听王密还在辩解,便口气坚定、态度严肃地对他说道:"你不要自欺欺人,难道这是一个诚实的人应该做的事吗?你我该是那样的人吗?这件事,天知道,地知道,你知道,我知道,怎么能说没人知道呢?"

王密还不死心,又道:"恩师,这只是学生的一点心意,没有任何其他意思,您就别让我难堪了,请您收下吧。""废话少说,快把这东西拿走,否则我就不认你这个学生了。"杨震大声喝道。见老师生这么生气,王密再无言词,赶快把金子收起来,向老师承认自己的错误，并表示一定记住老师的教诲，做一个诚实正直的人。王密从心底更加佩服老师的为人和美德，也羞愧自己辜负了老师的教导。

后杨震又从东莱太守任上调到涿郡（治所在今河北涿县）任太守。安帝元初四年（公元117年）又被朝廷调回京城，做了太仆，又升太常，地位显赫，名列朝廷九卿之一。官越做越大，可杨震从来不接受别人对他有目的的私下拜谒。

杨震素来有推荐贤才的名声，朝廷也愿意接纳杨震所荐的人才，如明经名士陈留、杨伦等人都是杨震推荐的，也是受人一致称赞的贤士。

延光三年（公元124年），杨震官至太尉，这时帝舅大鸿胪耿宝推荐中常侍李闰的哥哥给杨震，要求起用他，杨震不同意。耿宝就对杨震说："李常侍担任的是国家要职，想让你起用他哥哥，我是专门来传达他的旨意的。"杨震说："如果朝廷要让三府征召，那就该有尚书台的文件传来，单凭推荐人来说一下是不行的。"杨震拒绝接纳，耿宝和李闰都怀恨在心。

皇后的兄弟执金吾阎显也推荐自己的亲戚给杨震，杨震仍是不予理睬，可当时的司空刘授听说后，怕得罪权势之人，马上起用了这几人，杨震十分气愤，表明自己坚决反对的态度。

敢于直谏

东汉的安帝是个荒淫无度的昏君，他放纵奸人横行不法，为此杨震曾一次次上疏，希望能让安帝采纳。

永宁元年（公元120年），杨震任司徒。第二年，邓太后去世，安帝与宦官合谋，消灭了邓氏势力，邓骘自杀，内宠更加为所欲为。安帝的乳母王圣，因哺育安帝之劳便在宫中放肆行事。王圣的孙女伯荣可以出入宫廷，来来往往传递贿赂，做私通奸情之类的丑事。杨震忍不住了，就上疏安帝说："我听说为政要以做好事为根本,以治理坏事为当务之急。古代唐虞拜贤德能治的人为官,四面八方的罪犯都被流放处理,天下人心悦诚服,大家和睦相处,生活宁静。而现在人的行为没有按照宽而栗、柔而立、愿而恭、乱而敬、扰而毅、直而温、简而廉、刚而塞、强而义这九德来执行,卑鄙小人充斥朝廷。阿母王圣出身卑微,能让她有机会侍奉圣上,已经是她的福分。虽然她有哺乳圣上之劳,但她前前后后所受到的恩赏已足以报她的劳苦了,谁知她贪得无厌,不知纪纲,反而扰乱天下,损辱清明之朝……从前郑庄公顺从母亲姜氏的欲念,放纵弟弟大叔段的行为,不肯听从臣下'早为之所'的劝诫,几乎到了危亡国家的地步,然后郑庄公再讨伐,杀了弟弟,这是一种失教。古语说:'唯女子小人难养也。'妇人不得参与政事,应赶快让阿母王圣出宫,不能再让伯荣出入宫廷。这样才能让皇恩、德操并举,上下都会认为是美事的。"

这一番恳切之辞上奏安帝后,没想到安帝却以之给阿母王圣等内宠看,这些人都对杨震更加嫉恨。伯荣的骄奢淫逸丝毫没有收敛,反而又与已故的朝阳侯刘护的堂兄刘环私通,刘环后来娶她为妻,因此而官至侍中,袭刘护的爵位。杨震对之深恶痛绝,再次上疏皇帝:"我曾听说高祖与群臣相约,不是功臣不能受封,所以过去的制度是父亲死了,儿子继位,兄长死了,弟弟继承。这也是为了防止别人篡位。而现在我看见诏书封死了的朝阳侯刘护的堂兄刘环,可刘护的亲弟弟刘威还健在呀!现刘环无功无德,只因为娶了王圣的孙女就受封,这不合旧制,不合经义。皇上要三思而行,顺从民心。"安帝仍是置之不理。

当时安帝又下诏书派遣使者专门兴师动众地为阿母王圣兴建府邸,中常侍樊丰及侍中周广、谢恽等人乘机煽动,倾摇朝廷。杨震任太尉,第三次向安帝上书:"我听说古代耕种九年后就有三年的储粮,所以尧帝时遭洪水之灾,百姓照样有食物,没有面黄肌瘦的情况。我考虑,目前灾害严重,百姓又无储备,不能吃饱肚子,加上羌人来抢掠,东西北又常受地震困扰,战争至今未停息,兵士的军粮也不充足,国库没有储备,国家处在动乱之中,皇上却又下诏为阿母王圣在津城门(今洛阳南西头门)大兴土木,建造宅第,雕饰修缮,让能工巧匠穷尽技巧,攻山采石。听说还要建造许多大型建筑,花费巨资。财尽百姓就要怨恨,力尽百姓就要反叛了……周广、谢恽依靠奸佞之人,与樊丰、王永等人作威作福,干扰地方,指挥大臣。他们招来了一批海内贪婪之人,混淆黑白,不分清浊,天下哗然,必须引起足够的重视。"汉安帝不仅听不进杨震的谏言,反而更不把杨震放在眼里了。

樊丰、谢恽等见杨震连连上书,安帝都不理睬,更加无所顾忌,于是斗胆制作假的诏书,调拨人员、钱财、工匠等,各自都建造家舍、园池、庐观,铺张浪费,百姓深受其害。

杨震无法等闲视之,抱着一丝幻想,第四次上疏:"京师现在也常常发生地震,这是那些奸臣、宦官持权弄事的结果。现在冬无腊雪,春无润雨,大家都很着急。可有人仍在变本加厉地大兴土木。已有旱灾征兆,我极力恳求皇上发扬振兴国家的美德,废掉那些骄奢淫逸的官吏,重振旗鼓。"

杨震前前后后所说的这些,言辞恳切,发自肺腑,安帝都不赞成,反而在心中愤愤不平。樊丰等人视杨震为眼中钉、肉中刺,可因为杨震是位名士,不敢加害,但他们并未罢休,正等待机会找杨震的不是。

正巧河间郡(今河北献县等地)有一男子赵胜上书皇帝,对安帝的得失进行了评议。安帝读到这样一个奏本,觉得字字刺耳,句句忧心,大为恼怒。于是下令把赵胜逮捕入狱,判定罪名是犯上作乱,是个不道之人,要问斩。杨震听到此事,心急如焚,他对安帝已不抱希望,可赵胜所说的句句实言,全是一片忠心,为国为民,没想到反遭杀身之祸。杨震再三考虑,决计冒死担保赵胜,第五次上谏安帝。家人很不放心,前面四次劝谏,安帝从未予以采纳,现在担保的又是皇帝亲自发落的犯人,家人劝他不要冒风险。杨震觉得既然自己身居高位,就应该为朝廷、为百姓着想,所以不管别人怎么劝说,他仍然坚持要去上疏,希望安帝能幡然悔悟。

　　杨震十分郑重其事地书写奏本,他说:"我听说尧舜之世,朝廷准备了提意见的大鼓和棒槌,放在宫门口,让别人畅所欲言。即使有小人发泄怨气,甚至口出骂语,也不过分计较,自己反而更加提倡德行,所以能博采众人之言,体谅下情。《国语·邵公谏弭谤》讲述周厉王暴虐无道,国人批评他,他就杀戮,最后大家都不敢说话了,只是在路上用眼睛示意对朝政的不满。当时邵穆公极力劝说厉王,千万不要止谤,提出:'防民之口,比堵流水泛滥还厉害。'这是因为水流堵塞就会向两边决口,那受灾人就会很多。对待天下人更是如此,要治理好国家,就要启发、诱导百姓把话说出来,否则就是违背事理的。老百姓的口就像大地上的山水,财物都是从这一山一水之中长出来的,百姓口中讲出哪些是好,哪些是不好,吸收采纳就可把国家治理得更加昌盛了。怎么可以用堵的办法、杀的办法呢?厉王没有听从邵穆公的劝说,三年不到就被流放出去,真是自食恶果。"

　　杨震越写越激动:"现在赵胜所做的只不过是提出言辞激烈的意见,皇上就定罪要杀头,这与杀人犯法是有区别的,请求皇上开恩,保全赵胜的性命,同时应该诱导人们畅所欲言,这样国家才能兴旺,百姓才能安定。"安帝本来就对杨震很恼火,此番话语更是火上浇油,根本听不进,也不作任何反省。

　　赵胜还是被杀害了,而且还被曝尸市上,令人触目惊心。杨震用心良苦,想挽救昏庸不堪的帝王,可安帝听信谗言,终于没能接受他的劝诫,仍是一意孤行。

飞鸟绕柩

　　安帝出京东巡期间,樊丰等人又竞相大修宅第。杨震部属高舒让大臣、令史考察核对樊丰所谓的诏书,发现樊丰等人的诏书都是假的,准备好了资料等皇上回京后就上呈。不料这消息已被樊丰等人获得,他们极为惶恐,正巧太史官说星象有变,樊丰等人更加害怕,几个奸臣聚集在一起商议,觉得只有先下手为强,才可转危为安。

京城到处出现造谣中伤杨震的言论,说杨震"自从赵胜死后,对皇上、对朝廷怨怒极深,有了谋反心思。况且他又是邓骘的故吏,所以已经做好谋反的准备了"。皇上车驾还京,听到左右都在如此议论杨震,便连夜派人来杨震家,下诏收回杨震的太尉大印和绶带。

杨震气愤不已,但是有口难辩,于是紧闭家门,谢绝一切宾客。樊丰等人乘机再攻击他,让大将军耿宝上奏说:"杨震不服罪,心怀怨恨。"安帝又下诏,把杨震遣归家乡。杨震蒙冤被驱。

杨震临行前,门生弟子纷纷前来送行。大家怀着依依不舍的心情,一直把他送到洛阳城西的夕阳亭下。面对西沉的斜阳和血一样红的晚霞,杨震感慨万千,他慢慢举起酒杯,对门生弟子悲壮地说道:"人有生就有死,死并没有什么可怕的。我是蒙皇恩官居高位的,但我一直最恨奸臣狡猾而不能把他们消灭,我活着反对奢侈腐化,死后化作鬼魂也不会放过那些穷奢极欲的昏官。我现在不能把他们消灭,没有颜面再见日月,所以我要向你们告别了,我死了以后,你们只要像埋葬一个普通的读书人那样办理我的丧事就行了,千万不要铺张。只要以杂木做棺材,以粗布单衣单被遮盖我的身体就可以了。不要把我的灵柩送回到祖墓中去,也不要举行祭祀活动。"说罢,就将手中已准备好的毒酒一饮而尽,含着一腔冤屈悲愤地离开了人世。

弘农太守移良奉樊丰等人的命令,派差役护送杨震灵柩回华阴,可他们只把它停在陕县(今河南西北),丢弃路旁,无人管理。路人经过,看到杨震的灵柩都泪如雨下,为杨震愤愤不平。杨震儿子也遭贬罚。

　　过了一年,安帝死了,顺帝继位。樊丰等奸臣全部被处死。杨震的学生虞放、陈翼追述老师生前的事迹,朝廷上下也纷纷称赞杨震的忠良。于是顺帝下诏拜杨震的儿子为官,赠钱百万,并举行隆重的仪式改葬杨震在华阴的潼亭,墓就在今潼关大道的北边。下葬前十多天,有一只大鸟高一丈多,羽毛有五种颜色,飞到杨震灵柩前,俯冲下来,凄厉悲惨地长鸣,听了让人泪下沾襟。大鸟一直停在树上,后来下地安然走到灵柩前,正立低头。众人上去抱住它,它始终没有受惊的样子,如通人性一般,极有灵性。直到葬礼完毕,大鸟才长鸣着飞走了,人们久久地目送着它。

　　有人将此事告知皇上,正巧国家连连有灾,顺帝被杨震的冤屈所感,认为杨震被奸人所害,上天降威,惩罚东汉,又下诏以少牢(即牛、猪)祭祀杨震,又在杨震墓所立了一尊石鸟像。

　　杨震一生清白廉洁,为匡正时政,直谏皇上,却受奸人谗言,含冤而逝。但他洁身自好、廉洁俭朴的美德,却在他的弟子们,以及千千万万的后来人心中深深地扎下了根。人们一致认为杨震是东汉年间有名的清官。

参考文献:

(南朝)范晔:《后汉书·杨震传》,中华书局1990年版。

睿智断案，九死一生

——两度为相狄仁杰

公元683年，唐高宗去世，太子李显即位，称唐中宗。第二年，武则天废中宗为庐陵王，立豫王李旦为睿帝，自己临朝听政。朝廷一批旧臣反对武后。公元690年，武后干脆废睿宗，自立为王，改国号为周。武则天成为中国历史上唯一的女皇帝。

武则天称帝后，为了巩固自己的地位，对反对她掌权的人进行无情的镇压；同时又重视任用贤才，多方发掘人才，派人到各地去招募人才，不计门第，不拘资历，破格录用。所以她当政的时期人才济济，有才能的文武大臣不比贞观年间少，甚至开元年间的一些人才也是武则天当政时选拔出来的。狄仁杰就是当时受武则天赏识的一位贤才。

狄仁杰（公元629年—公元700年），字怀英，并州太原（今属山西）人。祖父狄孝绪是贞观年间的尚书左丞。父亲狄知逊曾任夔州（今四川奉节）刺史。狄仁杰一生刚正不阿，仗义执言，不畏权势，善于处理各类案件，是历史上有名的清官。

秉公办事

狄仁杰小时候，有一家人被杀害，

县吏来查问,旁人都七嘴八舌争着回答县吏的提问,唯独狄仁杰坐着一动不动地看着,县吏大声叫他,让他也注意听,狄仁杰不慌不忙地回答:"我正在读圣贤的书,书中的问题还未找到答案,哪有工夫来回答你们的问题?"县吏十分惊奇,一个小孩能回答得如此巧妙,可见他很机灵。

后来狄仁杰应明经试进入仕途,开始时任汴州(今河南开封)判佐。当时的工部尚书阎立本到河南巡查,正巧狄仁杰被人诬告,阎立本调查后弄清了真相,亲自对狄仁杰说:"孔子说过,看到过错可以明白好的,你可以说是海内的一颗明珠、一块珍宝。"于是推荐狄仁杰为并州(今山西太原)督府法曹。赴任时,因为父母在河阳(今河南孟县),狄仁杰到并州登太行山,南望天上一片孤独的白云,对左右说:"我的双亲就居住在那片云彩下面。"久久伫立,悲伤不已,掉下了眼泪。狄仁杰觉得自己不能尽孝,有愧父母,一直等云彩飘走才离开。

在并州,同府的法曹郑崇质要去边塞充当使节,可他家有生病的老母亲,狄仁杰知道后对他说:"既然老夫人有重病,你不能去远行,得想个办法。"最后狄仁杰让长史蔺仁基代郑崇质去了。唐高宗仪凤年间(公元676年左右),狄仁杰转为掌管刑法的大理丞,到任一年就处理五万七千余件案件,而且没有一个人喊冤。

当时有一位武威大将军叫权善才,由于失误砍了唐太宗陵墓上的一棵柏树。在封建社会,为了维护皇帝至高无上的权威,毁坏皇帝陵墓上的树木是要治死罪的,因而唐高宗下令将权善才处死。狄仁杰连忙上奏,请高宗改判。狄仁杰说:"权善才只是由于一时疏忽,才砍了太宗墓上的柏树,不应治死罪,给免职处分就够了。"高宗大怒:"权善才砍了先帝墓上的树,让我落下不孝的罪名,不杀他怎么对得起先帝?"近臣见高宗发了脾气,就暗使眼色,要狄仁杰知趣一点,赶快退朝,不要再说下去。可是狄仁杰不但不走,反而进一步申辩:"国家制订的法律,是让大家照着办的,按照法律权善才没有犯死罪，而皇上却要杀他，那我们还要法律干什么呢？如果为了一棵树就轻易杀掉一个将军，那么千年之后人们会说陛下是什么样的皇帝呢？我知道违背了皇家的意愿，自古以来都是难办的事。但我认为处在夏桀、商纣的时代是难办的，而处在尧舜的时代就是容易办的。现在我们生逢尧舜之时，不必害怕会发生比干被杀的事，所以圣上一定会开恩明鉴的。"

高宗听了狄仁杰的一番话觉得有理，自己可不能做桀纣那样的暴君，于是便免除了权善才的死刑。不久提升狄仁杰为掌管监察的侍御史。

当时司农卿韦机身兼多职，高宗十分宠信他，派他去营造陵墓，韦机乘机奢华浪费，狄仁杰觉得他太过分了，便上奏高宗，最后韦机被免官。

左司郎中王本立也仗恃高宗之宠弄权用事，朝廷官员都怕他三分。狄仁杰不怕，上奏高宗，可高宗原谅了王立本。狄仁杰不罢休，又上奏："国家缺乏英雄之才，不少王本立之类的人，陛下为何一定要怜惜有罪之人而不遵王法？如果陛下还是赦免王本立的话，就把我流放到边远的无人居住的地方，给忠贞的贤臣作一个借鉴，以后不要学我。"高宗无话可说，只能法办王本立，朝廷上下肃然。

后来狄仁杰调任宁州（今甘肃宁县）刺史。宁州是汉族和各少数民族杂居的地方，由于狄仁杰注意民族团结，政治措施得力，办事公平，执法严明，各族人民都很满意，纷纷为狄仁杰歌功颂德。御史郭翰奉命到陇东（今甘肃一带）视察，发现了许多不称职的官员。可到了宁州境内，感到情况与其他各地大不相同，所到之处人们都在称颂狄仁杰的功德。郭翰回到朝中，大力称赞狄仁杰施政有方，当时已临朝听政的武则天马上提升狄仁杰为江南巡抚使。狄仁杰一到江南，发现这里乱七八糟的祠庙多如牛毛，百姓不得安宁，便下令毁掉名不正言不顺的祠庙，只留下了祭祀夏禹、吴太伯、季札、伍员的四个祠庙。

刚正不阿

垂拱四年(公元688年),狄仁杰出任为豫州(今属河南)刺史。因为越王李贞叛乱,牵连的六七百人都被判处死刑,执法官已经在督促行刑。狄仁杰背地里赶快上奏武则天:"这些人原来并不是真心蓄意要背叛朝廷,只是由于李贞胁迫,才参与了叛乱活动,因此情有可原,应该减轻对他们的处分。我如果当着朝臣的面给陛下上奏,他们会说我替反叛的犯人辩护;如果知而不言,不上奏陛下,又怕违背陛下体贴百姓的真意。我犹豫再三,觉得还是应该恳请陛下体谅下情,赦免他们的死罪。"武则天看了奏章后果真下诏免除了这些人的死罪,把他们流放到丰州(今内蒙古五原南)。当这些人路过宁州城时,宁州父老告诉他们,是狄仁杰上书后才使他们获得赦免的,这些人心中感激,在狄仁杰的德政碑下歌颂了三天,然后才上路。

天授二年(公元691年),武则天破格提升狄仁杰为同凤阁鸾台平章事,相当于宰相。武则天召见狄仁杰,对他说:"听说你在豫州名声很好,但也有人在我面前说你的坏话,你想知道这些人的名字吗?"狄仁杰马上回答说:"陛下知道我没有罪过,这就是我的万幸了。如果陛下认为我有过错,提出来我就改正,我不想知道说坏话人的名字,这样大家仍可以友好相处,所以我请求陛下不要说出他们的名字。"武则天对狄仁杰这种不记私仇、心胸磊落的品德很赏识。

狄仁杰为人正直,不肯奉承当时的权贵武承嗣等人,因而受到那些人的嫉恨。当时的恶吏来俊臣奉武承嗣的命令,陷害忠良。长寿元年(公元692年),来俊臣以谋反罪名诬陷狄仁杰等七位大臣,将他们打入牢狱。武则天偏听偏信,下令凡初审招认罪状的可免除死刑。于是来俊臣威胁狄仁杰,狄仁杰坦然地说:"大周既已建立,万物更新,我是唐朝旧臣,甘心被杀,谋反是实。"来俊臣只能宽待他。

判官王德寿到狱中来见狄仁杰,想劝他供出平章事杨执柔,一起加害。狄仁杰一听,怒气冲天:"上有天,下有地,叫我狄仁杰做这种事,也不看看我是什么样的人。"说罢用头去撞狱中的柱子,撞得满面流血。王德寿见此情景倒十分害怕,连连摇手劝他,嘱咐狱卒看好狄仁杰。

狄仁杰已承认了谋反的事情,狱卒觉得他只不过是在等行刑的日子了,所以比较放松。一次狄仁杰求狱卒给他砚和笔,趁狱卒不注意,撕下被子的一块布,写下了申诉状,缝在棉衣里。时值开春季节,狄仁杰对狱官说:"天气暖和了,这棉衣我不用穿了,请交给我家里人,让他们去掉棉絮,改成单衣再送来。"狱官丝毫没有怀疑,便让来探监的狄仁杰家人带回了棉衣。狄仁杰的儿子狄光远拆棉衣时发现了藏着的申诉状,就去上诉喊冤。

武则天看了申诉状后便把来俊臣召来,问道:"你说狄仁杰已经招供,为何他儿子拿着他的申诉状来诉冤?这究竟是怎么回事?"来俊臣忙讨好地回答:"对于狄仁杰,我并未用过刑,也没虐待他,吃住都好,连头巾、腰带都未去掉。"武则天派人前去查问,来俊臣赶快让狱卒给狄仁杰戴上头巾、腰带,然后领使臣来看,又让王德寿替狄仁杰写了个《谢死表》呈武则天。武则天看了《谢死表》,想起狄仁杰儿子呈的申诉状,觉得前后太不一致,于是亲自召见狄仁杰,对他说:"你既然申诉冤枉,为何又招供?"狄仁杰说:"要是不招供,早就没命了。"武则天又问:"那为何又奏《谢死表》?"狄仁杰奇怪,拿过《谢死表》一看,原来是王德寿的笔迹。武则天了解实情后免除了狄仁杰的所谓罪行,同时也免除了其他六位大臣的罪行。但这次武则天为维护武承嗣的面子,贬狄仁杰为彭泽(今江西北部)县令。

治理边塞

万岁通天年间(公元696年—公元697年),契丹军队进犯冀州(今河北中南一带),河北的百姓惊恐不安。武则天调狄仁杰为魏州(今河北大名、魏县等地)刺史。前任刺史独孤思庄因害怕契丹来犯,把附近的百姓全部赶到城里修筑工事,准备据城固守。狄仁杰到任后了解情况,让百姓全部回到家中从事农耕生产,并对他们说:"敌人离这里还很远,不要如此害怕。万一敌人来进犯,我亲自带军队去抵御他们,不会惊动你们百姓的,你们只管安心生产。"契丹听说良臣狄仁杰到了魏州,不敢再来进犯。百姓都称颂狄仁杰的政绩,并立碑纪念他。

神功元年(公元697年),武则天把狄仁杰召回都城,复用为相。当时朝廷发兵戍守疏勒四镇(今新疆等地,还有三镇为龟兹、于阗、碎叶),那里极为荒凉,百姓怨声载道。狄仁杰马上向武则天进谏:"疏勒四镇,本来在先王封地之外,地势偏僻,极为不便,要花费大量国库费用,对巩固内部统治不利。加上现在关东有很多饥民,蜀汉有许多逃荒之人,江淮以南赋税严重,百姓不堪重负。贞观年间,太宗安抚夷狄,边境平安无事,不必远戍边域做劳民伤财之事了。陛下是否可以考虑对降者的安抚封赏措施?"可惜武则天未加采纳。

过了不久,突厥来扰赵州(今河北赵州)、定州(今河北正定)一带,武则天任命狄仁杰为河北道行军副元帅,率兵攻打突厥。突厥非常残忍,见人就杀,被残杀的百姓数以万计。狄仁杰动员将士奋勇杀敌,士气旺盛,一下子打退了突厥的军队。接着武则天又拜狄仁杰为河北安抚大使。当时被突厥入侵过的一些地方,有些人迫于突厥的威胁,只得服从他们,突厥被狄仁杰打退之后,这些人害怕有杀头之罪,便纷纷逃走躲起来了。鉴于这种情况,狄仁杰认为:"百姓就如流水一般,堵塞就成深潭,疏通就成河流。

疏通是十分关键的。那些负罪的人潜逃在山泽之中，赦免他们就会自动出来，不赦免他们也许会揭竿而起。"所以他要求朝廷赦免，武则天同意赦河北诸州，果然天下人皆十分欢欣。

狄仁杰为了安抚河北百姓，下令禁止部下和朝廷派来的使臣勒索百姓，处处以身作则，带头吃蔬菜、粗粮，过简朴的生活，使河北人民真正过上了太平的日子。

圣历三年（公元700年），武则天到三阳宫居住，王公大臣都跟去了，当时狄仁杰也被召去，待遇非同一般，被单独安排在一个庭院。这年六月，左玉钤卫大将军李楷固和右武威卫将军骆务整讨伐契丹，大获全胜，俘虏了一批官兵，到含枢殿向武则天报功。武则天十分高兴，特赏赐李楷固和骆务整两人姓武。原来这两人是契丹大将李尽忠的部将，当初李尽忠入侵中原，李楷固等曾屡次挫败朝廷军队，后来在一次战斗中被朝廷军队打败并抓获，他们愿意投降，可仍被判处死刑。狄仁杰知道这两人十分骁勇，就提议免除死刑，任用他们立功赎罪，李楷固、骆务整感恩戴德，报效朝廷。武则天授他们官职，让他们领兵抵御契丹。他们原本是契丹部将，了解敌情，所谓知己知彼，百战不殆。果然，他们大胜契丹。武则天设宴为他们庆功，首先举杯敬狄仁杰，因为胜利中有他的功劳，然后再敬李楷固，赐爵燕国公，最后敬骆务整，授大将军。实际上，安抚边塞的措施狄仁杰早就提出过，此次胜利就是安抚政策的一个成功事例。

犯颜直谏

武则天迷信佛教，度人做和尚、尼姑，大造佛寺、佛像。寺院占用了大量的土地，虚耗了大量国库财产。特别是"明堂""铸九鼎"，耗资惊人，明堂高二百九十四尺，九鼎重五十六万七千多斤。后又要造大佛像，一算要花费百万两银子，武则天让和尚、尼姑捐钱。狄仁杰觉得太过分了，必须阻止武则天，否则弊害无穷。他面见武则天,晓以利害:"为政之本,首先是人事治理,陛下现在沉溺于佛事之中,大造佛寺、佛像,这些费用国库已支出不起,让僧尼施舍,也不是好办法。现在寺庙已经超过了宫殿,而且装饰豪华,精雕细琢,穷奢极欲。财物不可能从天上掉下来,只有靠地里长出来。生财有限,用财无限,有害无益。"

狄仁杰又把他了解的情况告诉武则天,据了解,那些游僧矫饰言辞,乱说祸福,离间骨肉至亲,自己却暗地里纳妾,假托物无彼我,混乱不堪。有些人为了逃避兵役,逃避罪行,都集于法门之中,无名的僧徒少说也有几万。一个人不耕作,就等于靠别人养活,这样的浮食之人一多,百姓生计就成大问题了。

一些正义的大臣也反映了这些情况,武则天先不予理睬,但狄仁杰不怕得罪人,坚持不懈地劝谏:"我认为如来佛论教,以慈悲为主,普济众生,也就是不损国家财产,不伤百姓利益。如果烦心劳人,那信教只是虚设,现在边境又不安宁,急需充足的储备以应不测,如果官财全花费在佛寺、佛像上,一旦国家有急,陛下用什么去解救呢?"

经狄仁杰反复陈说,武则天最后只好暂停营造佛像的工程。狄仁杰就是这样,即使知道自己要得罪武则天,仍据理力谏,坚持自己的意见。

当初中宗被废为庐陵王,一直居住在房陵(今河北房县),吉顼、李昭德都曾提出过让中宗匡复之事,可武则天没有让中宗复位的意思,反倒想立武三思为太子。狄仁杰迎难而上,说服武则天只有迎回庐陵王才可以免遭灾祸。他说:"武三思才德不如庐陵王,匈奴进犯边境,陛下让梁王武三思去招募勇士,结果一个多月下来,招募不到千人,而让庐陵王去招募,没几天就有五万多人来应招。所以,天下人还是认为大唐有德,一定要迎请庐陵王回朝。"武则天在朝堂上大怒,不让大臣再议论庐陵王。

过了很长一段时间,有一次武则天上朝时说到自己近来做梦玩双陆赌博游戏时总是输,不知什么原因。狄仁杰马上应答:"双陆游戏不赢是无子的缘故。"武则天追问怎么解释,狄仁杰回答说:"天意在暗示陛下太子是天下的根本,现在没有太子,也就是根本不存,天下就危险了。先帝病重时告诫陛下临朝监政,而陛下却取天下为已有十多年了,不想匡复庐陵王,反要以三思为太子,请问陛下:是姑侄亲还是母子亲呢?如果陛下重立庐陵王,那宗庙内您也能千秋万代留名;如果立了三思,那宗庙内是不会设姑姑之位的。"这一席开导之语使武则天渐渐省悟,派徐彦伯到房陵接庐陵王回来。

庐陵王回到宫中后,武则天不让他公开露面。有一次,武则天召见狄仁杰,让庐陵王藏在帐后。狄仁杰进来后,武则天把庐陵王的情况告诉了狄仁杰。狄仁杰又喜又惊,对武则天慷慨陈辞,情动于衷,泣下沾襟,感动了武则天。于是她请庐陵王出来,对狄仁杰说:"这是你的太子。"狄仁杰一见中宗,忙跪拜磕头,然后说:"太子回来,没人知晓,但最终总是要让人知道的,否则人们会议论纷纷。"太子李显也同意狄仁杰的看法,武则天只好重新安排隆重的仪式正式迎接太子归来,得到满朝文武的称颂。

狄仁杰敢于犯颜直谏,他前后纠偏上奏不下数万言,体现了对朝廷的赤诚之心。

善荐人才

在狄仁杰任相之前,将军娄师德曾经在武则天面前竭力推荐他。但狄仁杰不知道这件事,认为娄师德不过是普通的武将,不大瞧得起他。有一次,武则天故意问狄仁杰:"你看娄师德这个人怎么样?"狄仁杰:"娄师德是个将军,小心谨慎地守卫边境,挺不错的。至于有什么其他才能,我并不知晓。"武则天说:"娄师德会发掘人才,你知道吗?"狄仁杰说:"我和他一起共过事,从未听说过他会发掘人才。"武则天微笑着说:"我能发现你,就是娄师德推荐的。"狄仁杰听后十分感动,觉得娄师德为人厚道,力荐自己,并不自傲,自己不如他。

后来狄仁杰也努力物色人才,随时向朝廷推荐,前后推荐的人才有几十个,如桓彦范、范晖、窦怀贞、姚崇等,后来都成为有名的大臣。武则天曾问狄仁杰:"我想物色一个有才的人,你看谁合适?"狄仁杰说:"不知陛下想要一个有什么才能的人?"武则天说:"我想用的人是可以当大将、宰相的。"狄仁杰说:"陛下想用一个能文能武又有气魄的人,能把国家大事处理得更好些?"武则天高兴地说:"我正是这个意思。"狄仁杰于是就推荐了当时的荆州(今湖北江陵)长史张柬之,说他办事干练,有文有武,是个理想的宰相人才。并对武则天说:"陛下不要认为他年纪大了,不能用,他很有韬略,因为一直未得到重用,发挥不出他的才干,如果让他当了宰相,一定会对国家尽忠效节的。"于是武则天就提拔张柬之为洛州(治所在今湖南洛阳市)司马。过了几天,武则天又就张柬之一事向狄仁杰谈起求贤话题,狄仁杰乘机对武则天说:"上次我推荐的张柬之陛下并未重用,他是宰相人才,不是司马人才。"武则天被狄仁杰咄咄逼人的口气折服,最后任命张柬之为宰相。

神龙元年(公元705年),武则天病重,张柬之率文武群臣进宫杀死了武则天的男宠张易之、张昌宗,拥中宗复位,恢复大唐。可见狄仁杰荐才眼光敏锐,不愧为识千里马的伯乐。

圣历初年(公元698年),武则天让狄仁杰推荐尚书郎的人才,狄仁杰不避嫌疑,荐自己的长子狄光嗣。狄光嗣做事认真,十分称职,武则天很满意地对狄仁杰说:"你正如祁奚内荐,果然是个人才。"

被狄仁杰引荐的人对他十分敬佩,把狄仁杰看作老前辈。有人对狄仁杰说:"天下桃李,都出在狄公门下。"狄仁杰总是谦虚地说:"这算什么呢?推荐人才也是为了朝廷,不是为了我个人的私利和名声。"

在满朝文武官员中,武则天对狄仁杰十分信任和尊重,她称狄仁杰为"国老",而不直呼其名。狄仁杰曾多次提出要告老还乡,可武则天一直不同意。狄仁杰上朝,武则天不要求他下拜。

圣历三年(公元700年),狄仁杰因病去世,时七十一岁。狄仁杰去世的消息传来,武则天悲痛万分,命内外百官、各地在京官员都要参加狄仁杰的丧仪,停止上朝三天,以示哀悼。赠给狄仁杰文昌右相的职位,赐"文惠"谥号。武则天曾痛哭流涕地说:"国老一去世,我好像感到朝堂空了一般。"

以后每遇到朝廷有什么大事,众大臣不能决断之时,总听到武则天叹息说:"为什么老天过早地夺去了我的国老啊!"

中宗复位后追封狄仁杰为司空。睿宗也追封狄仁杰为梁国公。

狄仁杰为官清正,不谋私利,勤政为国,任人唯贤。狄仁杰断案的故事也在民间广为流传。

参考文献:

1.(后晋)刘昫等:《旧唐书·狄仁杰传》,中华书局1990年版。

2(宋)欧阳修、宋祁等:《新唐书·狄仁杰传》,中华书局1990年版。

刚而有礼，宁死不屈
——平原太守颜真卿

颜真卿是我国唐朝著名的大书法家，书法初学褚遂良，后从张旭得笔法。其书正而不拘，庄而不险，从容法度之中而有闲雅自得之趣，奇伟秀拔，有魏晋、隋唐以来的气骨，独树一帜，不为古法所限，突破了唐初以来的墨守成规，开创了新的风格，人称"颜体"。有人评价颜书："书如其人。"的确，颜字的雄健豪迈和丰伟质朴也正是颜真卿不同流俗、正气浩然的个性写照。

唐玄宗虽然早年励精图治，有"开元之治"，国力强盛，经济繁荣，但晚年却沉湎酒色，信任奸臣李林甫、杨国忠，内政日趋腐败，对外又是穷兵黩武。为强化边防力量，唐玄宗设置了节度使，节度使权威显赫，种下了边镇节度使拥兵作乱的祸根，天宝十四年（公元755年）终于爆发了"安史之乱"。这一叛乱持续了八年才平定，国家元气大伤，藩镇割据越来越厉害，唐帝国由盛而衰，逐渐走向没落。

颜真卿（公元709年—公元785年），字清臣，长安万年（今陕西长安）人。当时著名的政治家，在平定"安史之乱"和反对藩镇割据斗争中起过重要作用，深受百姓拥戴。

早年生涯

颜真卿三岁时，父亲颜惟贞去世，家境比较贫困，靠外祖父接济。颜真卿的母亲殷氏很有学问，亲自教授年幼的孩子读书写字，教导他做人的道理。颜真卿年长的堂兄颜杲卿对他也十分关心，常来陪伴他一起玩耍，教给他很多有益的知识。

颜真卿从小就很懂事，读书非常用功，加上聪颖过人，所以进步很快，周围大人总是夸奖他。颜真卿虽年纪不大，知识却已相当丰富，与人交谈常会引经据典，又会写诗赋，尤其字写得十分漂亮。颜真卿自己十分爱好书法，喜欢一个人静静地坐着练字，常常忘了时间。

开元二十一年（公元733年），殷氏让颜真卿到长安福山寺中读书，希望他日后功成名就，光宗耀祖。第二年，他赴京参加考试，得中进士。这年颜真卿二十六岁。两年之后的吏部考试，颜真卿又是成绩优异，被任命为秘书省著作局校书郎。秘书省是朝廷管理图书典籍的机构，著作局是其下设机构，专门撰写碑文、祭文等事务，校书郎就是著作局长官著作郎的属官。

开元二十六年（公元738年），颜真卿的母亲去世，颜真卿十分孝顺母亲，按当时的礼法，在家守孝三年。天宝元年（公元742年），在地方官的保举下，颜真卿参加了博学文词秀逸科的考试，这是皇帝亲自主持的不定期举行的"制科"考试。颜真卿中甲等，很快出任醴泉县（今陕西礼泉）县尉。他为官十分清廉，受到百姓称赞。

但第二年他就辞去此职，到洛阳去拜访当时的大书法家张旭。当时张旭正寄居在裴儆家中，他的草书、楷书都很出名，从各地来向他求教的人络绎不绝。颜真卿十分有礼貌地拜张旭为师，并刻苦勤练，受到张旭的重视。张旭觉得颜真卿是可造之才，便把自己的书法经验毫无保留地传授给他。功夫不负有心人，颜真卿慢慢形成了自己独特的书法风格。

天宝六年(公元747年),颜真卿被朝廷任命为监察御史,赴陇右(今甘肃、宁夏、青海一带)巡查地方吏治。当时五原(今宁夏盐池)有一件冤案,好长时间都未能查清,而且那里已有很长时间不下雨,天异常干旱。颜真卿一到那里便下决心一定要把冤案审清。他调查研究,反复斟酌,仔细查问,案件终于水落石出。五原百姓奔走相告,正巧又下了一场及时雨,人们一下子把颜真卿断冤案与天雨联系起来,称之为"御史雨",指颜真卿秉公断案,是百姓的青天大人,为五原带来了好运。接着,颜真卿又到河东巡查,当地百姓都在议论塑方县令郑延祚母亲死了三十年不下葬一事。郑延祚是个不孝之子,影响很坏。颜真卿当即上奏斥责郑延祚,玄宗看了奏折后下诏郑延祚终身不得再任用,天下为之震动。

天宝年间,唐玄宗生活开始奢侈腐化,不理朝政,任用杨贵妃哥哥杨国忠做宰相,结党营私。颜真卿升任殿中侍御史。当时,同朝御史吉温是杨国忠的亲信,因私仇诬毁宋璟之子中丞宋浑,把他贬到贺州(今广西境内)。颜真卿当堂站出来为宋浑说话:"怎么能以一时的怨恨就要迫害宋璟的后代呢?"杨国忠见颜真卿不逢迎自己,反而与自己唱对台戏,便怀恨在心,设法排挤颜真卿。不久,颜真卿被杨国忠贬到洛阳任采访判官。后有人保举颜真卿回长安转武部员外郎。杨国忠仍视颜真卿为眼中钉、肉中刺,终究要除之为快。天宝十二年(公元753年),藉加强地方吏治为名,杨国忠调颜真卿为平原郡(郡治在今山东德州)太守,再次将他排挤出朝廷。

平原太守

当时平卢(今辽宁朝阳)、范阳(今北京西南)、河东(今山西太原)三镇节度使兼河北采访处置使安禄山受玄宗宠信,为所欲为,且十几年来一直在积蓄力量,阴谋夺取政权。颜真卿上任平原后,因平原属安禄山管辖,所以颜真卿已察觉了安禄山的阴谋,估计到安禄山要谋反,他趁防汛时节要修筑城墙,挖掘城河,悄悄地做防备工作,登记壮丁,储备粮食。安禄山很狡猾,常派人前来察看。颜真卿表面上整天同一些文人骚客饮酒作诗,泛舟作乐,装出满不在乎的样子。最后安禄山认为颜真卿是个书生,没什么能力,就不把他放在眼里了。

天宝十四年(公元755年),安禄山紧锣密鼓地准备谋反,颜真卿急忙派人到长安向朝廷报告,可玄宗根本不肯相信,未加理会。就在这年年底,安禄山果然起兵,长驱南下,河北各地纷纷陷落贼兵之手,地方官迫于威力,有的投降,有的逃跑,不屈服的则被杀。独独颜真卿治理的平原城守备坚固,没有陷落。颜真卿派手下将领李平到长安同朝廷联络。安禄山造反,河北各郡陷落的消息传到朝廷时,玄宗大为震惊,连连叹息道:"河北二十四郡难道连一个肯为国家效忠的义士也没有吗?"正巧李平求见,玄宗听说平原未陷落,非常高兴,对左右大臣说:"我不知道颜真卿是什么样的人,竟有这样了不起的作为。"

的确,颜真卿在短短两年多的时间里,把平原治理得井井有条。他深入调查,废除不合理的制度,鼓励百姓劳作,并多方提供方便,注意培养人才,平原的百姓对自己的父母官很满意。

此时安禄山的叛军烧杀抢掠,无恶不作,城市变成了废墟,东都洛阳告急。战争给百姓带来了无尽的灾难,妻离子散,家破人亡,和平宁静的生活一去不复返。

安禄山下令给颜真卿,让他在平原和附近等地方招募七千兵马防守黄河沿岸。平原总共只有三千兵士,颜真卿乘机在周围招募勇士,只十多天,队伍便扩大到一万多人,于是颜真卿马上打起讨伐安禄山的旗帜,又派亲信怀揣讨贼密令,到各郡联络,响应的人很多。他自己亲自挂帅,以博平太守张献直为副帅,在平原城西门外犒劳将士。他激励大家奋勇杀敌,以实际行动声讨叛军逆行,说得慷慨激昂,声泪俱下,将士都义愤填膺,深受感动,个个摩拳擦掌,一致要求马上冲向战场,抗击叛军。其他响应颜真卿的各郡也公推他为首领。队伍越来越壮大了,饶阳太守卢全诚、济南太守李随、清河长史王怀忠、景城司马李暐、邺郡太守王焘都在颜真卿的统领之下,北海太守贺兰进明又奉诏率五千精锐前来助战。

武邑县尉李铣也来投奔颜真卿,可他母亲却被投降了安禄山的武邑县令拘禁起来,颜真卿就用自己的钱招募武士,劫回了李铣的母亲,并将贪生怕死、投降安禄山的县令杀死了。他的仗义行为更鼓舞了士气,大家都尽心尽力地与颜真卿一起投入到抗击叛军的战斗中去。

抗击叛军

安禄山叛军攻陷了洛阳,杀死了洛阳留守李憕、御史中丞卢奕、判官蒋清,并派党羽段子光带着这三个人的首级来威胁颜真卿,要他投降。段子光到平原,气焰嚣张,对着颜真卿大叫:"仆射(指安禄山)已进兵东都洛阳,远近全都归顺了。听说你们这儿各郡不服,让我来开导开导,若伤害了我,将来你们要后悔的,不归顺的话,这三个人就是你们的下场。"说完把三个人的首级扔在地上。颜真卿十分气愤,当即下令斩了段子光。他怕动摇人心,对属下将领说:"我早就认识卢奕几位,这些首级分明不是他们,是叛贼用来骗人的。"他秘密地藏好三人的首级,过了一段时间,才重新取出三人的首级,结草续他们的身体,备棺发丧,哭祭了三天,左右都失声痛哭。颜真卿部将的心不仅没有动摇,反而更加坚定。

颜真卿派人联络了堂兄常山郡(今河北藁城、正定、元氏一带)太守颜杲卿。开始时,安禄山亲率大兵到藁城,颜杲卿因兵力不足,佯为出城相迎,安禄山把颜杲卿的子弟带走做人质,同时派遣心腹将领李钦凑、高邈、何千年等把守常山附近的军事要冲土门。颜杲卿与自己的部下袁履谦要杀掉李钦凑等，派自己的三儿子颜季明去平原告诉颜真卿，约定一起讨伐安禄山，阻挠叛军西进。

颜杲卿开始采取行动，先假托安禄山的命令召李钦凑等来常山，派酒食女乐迎接，设宴招待，把李钦凑等人灌醉，然后把李钦凑和高邈杀了，把何千年押送京师。消息传开，群情激奋，附近十七郡一下子归顺朝廷，仍推颜真卿为首领，部队增加到二十万人。

安禄山听到河北有变，惊恐万状，立即派史思明带精兵强将猛攻常山。那时颜杲卿正派长子颜泉明押送俘虏到长安报捷。颜泉明路过太原时，被太原节度使王承业留住，无耻的王承业私自改写奏章，把功劳记在自己名下，另外派人送往京师。常山告急，可王承业因自己是冒功，巴不得常山陷落，颜杲卿早点被叛军杀掉，所以拥兵不救。颜杲卿和常山军民苦战三天三夜，终因寡不敌众，常山被史思明攻陷。

颜杲卿、袁履谦被俘，押送洛阳，附近又有十多个郡一下子被贼军攻破。在洛阳，安禄山亲自审问颜杲卿："你为何要背叛我？"颜杲卿大义凛然，怒目圆睁，厉声喝道："我们世代为大唐臣民，你受天子恩宠，又为何要谋反呢？"安禄山无奈，下令杀了颜杲卿，颜杲卿的幼子、侄子及部将袁履谦等都惨遭杀害。

消息传到平原，颜真卿悲痛万分，更激起他对叛贼的切齿之恨。平定叛乱后，朝廷表彰了颜杲卿，颜真卿派人四处寻找他们的尸骨，买棺盛殓，归葬长安。此时颜真卿被朝廷任命为河北采访使，配合河北节度使李光弼作战，终于在天宝十五年（公元756年）由大将郭子仪和李光弼合力作战，攻克常山，大败史思明，收复了一大片失地。

平卢守将刘正臣打算杀死安禄山派来的节度使，但缺乏开支，特此派人渡海前来同颜真卿联系，颜真卿马上拨出大量军饷和军服等物资,派人渡海送去,并让自己年仅十岁的儿子颜颇跟去当人质,以表明对刘正臣的信任。军中将士都劝他把儿子留下,颜真卿坚决不答应。

将士浴血奋战,形势已对朝廷有利,但将相不和。奸相杨国忠嫉恨镇守潼关的哥舒翰,怂恿玄宗催促哥舒翰去收复洛阳,结果草率行事,兵力不足,潼关一战唐军惨败。安禄山趁此攻陷长安,玄宗慌忙逃到四川,他儿子李亨在灵武(今宁夏灵武)即位,世称肃宗。肃宗急于收复长安,把大将郭子仪、李光弼从河北战场调回,安禄山马上派史思明、尹子奇大军攻河北,各郡再次沦陷。最后平原也告急,内无粮草,外无援助。颜真卿对众人说:"敌军兵力强盛,我们固守孤城,徒然消耗有生力量,只有转移,才能保存实力。"于是带部下撤离平原,渡黄河,历山南道、淮南道等地,想联络兵力,未有结果。至德二年(公元757年),颜真卿来到凤翔(今属陕西),投奔肃宗。

力驳元载

在凤翔,颜真卿朝见了肃宗,陈述了自己的抗敌志愿,肃宗任命他为刑部尚书,后兼御史大夫。不久,唐军收复长安、洛阳。在此期间,颜真卿忠于职守,屡屡弹劾那些胡作非为的权贵,对国家大事也都非常直率地发表意见,被朝中奸臣忌恨,不久贬为同州(今陕西大荔)刺史,转蒲州(今山西永济)刺史。又受御史唐旻攻击,再贬为饶州(今江西波阳)刺史。

肃宗乾元二年(公元759年),颜真卿任浙江西道节度使。当时扬州长史刘展蓄意谋反,颜真卿洞察敏锐,便做好准备,以应不测。他选良将、置军械,江淮都统看到颜真卿所做的准备,认为是大惊小怪、无事生非,并向肃宗密奏颜真卿惑乱人心,肃宗信以为真,把颜真卿召回长安任刑部侍郎。不久,刘展就举兵叛乱,攻陷润州(今江苏镇江)等地,江淮都统根本无招架之力,败逃到江西。

人们从这件事中看到了颜真卿的预见力,对他更加佩服。

宝应元年(公元762年),肃宗去世,他的儿子李豫继位,世称代宗。颜真卿任户部侍郎,改尚书右丞,晋封鲁郡公,人称颜鲁公。

代宗起用的宰相元载也是个奸臣,专权受贿,作恶多端。颜真卿常当面与他争论,元载怀恨在心。大历元年(公元766年),元载结党营私,怕群臣奏报,就在皇帝面前说:"群臣上奏往往挟带诋毁之词,所以,之后文武百官上奏要先报告自己的长官,长官再报告宰相,宰相再报告皇帝,这样可以避免官吏的互相攻击。"代宗竟然糊涂地同意了。颜真卿马上上疏皇帝说:"据说现在各官吏论事都要先报告自己的长官,长官报给宰相,宰相再上奏皇上。现在朝中人心不定,郡吏出使天下,如所奏之事失实,陛下完全可以自己明察,现在这样做,无疑把陛下的耳目堵塞了,天下人还指望什么呢?从前太宗时代,不论贵贱,不是高官达贵,有急事要报告皇帝,也可以由门卫引进,任何人都不能阻拦,所以天下安宁兴盛。玄宗时,自李林甫专权后,忠言直谏的官吏受到打击,上意不能下达,下意不能上传,以致爆发'安史之乱'。目前战争创伤还未全部平复,难道陛下就不愿广开言路而要堵塞忠谏直言吗?这样下去的结果是陛下所听见的只是几个人的意见,其他人都被封住了嘴巴,陛下也许还会认为天下太平无事,实在太危险了。陛下如不及早醒悟,就会越来越孤立,到那时后悔也来不及了。我自己深知说这些会得罪某些掌权的大臣,也许还会遭到不测的灾祸,但我不忍辜负陛下,冒死前来直言。"

这个奏章言辞激切,引起了震动,宫廷争相抄录,又传到宫外。元载为此更加痛恨颜真卿,多次在代宗面前说颜真卿的坏话,最后终于怂恿昏庸的代宗以诽谤罪把颜真卿贬为吉州(今江西吉安)司马。

不久,颜真卿又调抚州(今属江西)刺史,转湖州(今属浙江)

刺史。在刺史任上,颜真卿勤政为民,清廉公正,为百姓办了许多好事,如鼓励百姓开荒种地,为百姓兴修水利,废除一些繁重的苛政,故抚州、湖州政治清明,百姓生活安定。

宁死不屈

大历十四年(公元779年),代宗去世,他的儿子李适即位,世称德宗。德宗用杨炎为相,而杨炎又是元载的旧党,仍是忌恨颜真卿,表面上让颜真卿做太子少师,辅导太子,实际上完全削去了他的实权,不让他参政。后来卢杞代杨炎为相,他也忌讳颜真卿,先把颜真卿升为太子太师,但总觉得他不顺眼。有一次,卢杞派人去探望颜真卿,流露出想派他到地方上任节度使的意思,实际上是要排挤他到地方上去。颜真卿十分生气,亲自面见卢杞,当面斥责他,揭穿了他的用心。卢杞十分难堪,心中更加仇视颜真卿。

中唐的节度使独掌一方军政大权,赋税也都归他们自己所有,死后有些职位就让儿子或部将继承,形成地方割据势力,称为藩镇。有的藩镇根本不听朝廷的号令。德宗即位后,想削平藩镇,没想到许多节度使联合叛乱,攻城略地。建中三年(公元782年),德宗派遣淮西节度使李希烈去讨伐叛军,李希烈不仅不讨伐贼军,反而联合叛军同唐军对抗,自称天下都元帅,对朝廷构成了极大的威胁。奸相卢杞非常阴险地为唐德宗出主意道:"李希烈居功自傲,将士们不敢前去阻拦。如果派有声望的大臣去晓以利害,李希烈一定会醒悟过来,这样就不需要兴师动众了。颜真卿是三朝元老,德高望重,为人所服,他去最合适。"卢杞乘机借刀杀人,德宗不知是计,竟然同意了他的建议。尽管其他大臣强烈反对,但也无济于事了。

这年年末的一天,颜真卿接到皇帝的命令,没来得及与亲人告别,只带一家童,骑一匹快马,连夜就从长安出发了。

叛贼李希烈听说朝廷派大臣颜真卿来劝降,心想先给他个下马威。于是当颜真卿站在大堂中央,要向叛贼宣读皇帝诏书时,大堂四周突然涌出一千多名凶神恶煞的武士,持刀恶狠狠地逼到颜真卿面前,把颜真卿团团围住。颜真卿面不改色,脚步半寸不移,他双目怒睁,对周围大骂道:"叛贼,朝廷总有一天要收拾你们!"

李希烈见此招不灵,又出新招。他喝退众兵,满脸堆笑地向颜真卿凑过来,假惺惺地说:"颜公受惊了,本人久仰颜大人的大名。现在我李都元帅要举行开国大典,您就来当个宰相吧。"颜真卿见李希烈根本不想改邪归正,还想拉自己下水,便气愤地斥责叛贼道:"什么宰相,你难道没听说过颜杲卿的大名吗?他是我哥哥,他在安禄山叛乱时牺牲了,临死前,痛骂逆贼不绝口。我今年已七十五岁了,只会和我哥哥一样守节而死,不会和你们同流合污,你趁早死心吧。"李希烈见颜真卿没有半点妥协和畏惧,软硬不吃,只好先将他押起来了。

后来李希烈让人在院子里挖了一个坑,扬言要活埋颜真卿,可颜真卿一点也不害怕,对李希烈说:"我死生已定,何必玩弄这些花样,不如爽快些,一剑结束了我的生命!"

李希烈的部将周曾、王玢被颜真卿的言行所感动,想暗杀李希烈反正,并推颜真卿为节度使,可事情泄漏,准备起事时全部被杀。李希烈把颜真卿关押在蔡州(今河南汝南一带)兴龙寺。颜真卿已抱必死的决心,写好遗书和墓志铭,指着寝室西墙说:"这是埋葬我的地方了。"

兴元元年(公元784年),李希烈攻下汴州(今河南开封),自称大楚皇帝,派人去询问颜真卿皇帝登基的礼仪,颜真卿义正辞严地回答:"我曾做过礼官,所记得的只是诸臣该怎样朝见天子的礼节。"李希烈大怒,叫人在关押颜真卿的院子里架起干柴,上面浇上油,燃起烈火说:"烧死你!"颜真卿毫不迟疑,纵身跳向火堆。

李希烈见此法不灵,忙叫人把颜真卿拉住。

李希烈实在没有办法,又怕留下颜真卿会动摇军心,便于贞元元年(公元785年)派人把颜真卿缢死在兴龙寺。第二年,李希烈部下陈仙奇杀死李希烈,淮西平定。颜真卿的灵柩被送回长安。

颜真卿被害,三军皆悲痛万分,皇帝废朝五日,赠司徒衔,谥号文忠,授予颜真卿一子为正五品官职。《新唐书》评价说:"颜真卿立朝正色,刚而有礼。"反映了颜真卿的为人和品质。

参考文献:

1. (宋代)欧阳修、宋祁等:《新唐书》,中华书局1990年版。

2. 张守富、王汝涛、刘锡山:《颜正卿志》,山东人民出版社2009年版。

铁面无私，清心直道
——开封府尹包拯

提起包公，人们自然会联想到戏剧舞台上的那位黑脸大汉，那个善于断案、清廉正直、铁面无私、专为百姓申冤的清官。他就是北宋仁宗时的开封知府包拯。当然，舞台上的包公并不完全是历史人物包拯。

包拯（公元 999 年—公元 1062 年），字希仁，庐州合肥（今属安徽）人。天圣五年（公元 1027 年）举进士。北宋中期，政府向农民征收的赋税日益加重，可宋王朝的财政却年年亏短，每年的差额要在三百万贯以上。财政不足的主要原因是官多、兵多、消耗多。北宋中期的官吏之多到了成灾的地步，从真宗到仁宗的四十年间，文武在职官员总数扩大了一倍。军队庞大，朝廷用于养兵的费用，竟占全国赋税的十分之八。此时北宋又对西夏用兵，更是花费了大量钱财。百姓生活苦不堪言。包拯提出了"减冗杂而节用度"的建议，曾一度被采纳，缓和了财政困难。包拯是北宋中期著名的政治家之一，他为后世留下了不少动人的事迹。

初入仕途

景祐五年(公元1038年),包拯出任天长(今属安徽)知县。这时离他中举过去了整整十年。原来他中举后就被任命为大理评事,出任建昌(今江西永修)知县。不久朝廷照顾包拯,又派他到和州(今安徽和县)去任监税官,管钱粮税收,可赴任不久,包拯接父母同住时,父母不愿离开故土随包拯到和州,包拯只得解官回乡,一心一意奉养双亲。后来父母相继去世,他守孝完毕,才重新出仕,此时包拯已年届四十了。

在天长县,包拯办事果敢,初步显露他的才干。有一天,一百姓来告状,说他家里养的一条牛忽然夜里被人割掉了牛舌头。包拯一听便断定是与他有仇之人干的,但一时拿不出确凿的证据。包公心生一计,吩咐原告:"牛也活不长了,回家之后干脆宰杀卖肉。"原告遵照处理。但按当时的法律,私宰耕牛是有罪的,别人可以告发。第二天,果然有人到县衙门告状,说牛主私自宰牛犯法。包拯一拍几案,厉声喝道:"你干的好事:偷偷地割掉了别人的牛舌头,现在还倒栽罪状,赶快从实招来。"这人一听脸色大变,吓得心惊胆战,只好老老实实地供出了犯罪经过。包拯智断牛舌案一下子在天长县传开了。

包拯初为官时写下了一首五言律诗:

> 清心为治本,直道是身谋;
> 秀干终成栋,精钢不作钩。
> 仓充鼠雀喜,草尽狐兔悲;
> 史册有遗训,无贻来者羞。

诗意是:清心是治身的根本,直道是处世的要诀。笔直而细小的树干会长成栋梁之才,百炼的钢铁绝不能作弯曲的钩子。仓库里堆满粮食,老鼠麻雀也会欢喜,而田野里寸草不长,连狐狸、兔子也会犯愁。史册上记载着许多古人的教诲,做官要清,不要留下耻辱让后人笑骂。这首诗充分表达了包拯的思想和抱负。

庆历元年(公元1041年),包拯从天长县徙知端州(今广东高要)。在端州,包拯体察下情,主张明察刑罚,避免冤案,一直保持着自己清廉的本色。端州以产砚石著名。以端石制造的端砚与湖州的湖笔、安徽的宣纸和徽墨一起享有盛名。前任的知州总是要几倍或几十倍地进贡朝廷所要的数量,为的是巴结权贵,但包拯一律照规定的贡额办事。他卸任时,连一块端砚也不肯带走。

民间由此产生一种传说:包拯离开端州,乘船到了羚羊峡口(今广东肇庆附近),突然狂风暴雨大作,船不能再行驶。包拯十分惊异,他扪心自问,难道自己做了什么对不起端州百姓的事吗?老天爷为什么这样为难自己呢?他叫人在船上搜查,发现了一块用黄布包裹的端砚,原来是有人好心放的。包拯把这方端砚投入江心,于是狂风暴雨顿时收敛,船又开动了。后来在包拯投砚的江上,浮出了一座沙洲,据说是由这块砚石长成的,人们把它叫做"墨砚沙"。

巩固边防

庆历五年(公元1045年),包拯任监察御史。

北宋时,契丹和西夏对北宋威胁严重,包拯对此十分关注,御史任上向仁宗提出了《论契丹事宜》疏,分析了契丹向南扩张的野心,提醒仁宗不要轻信"盟誓",他引述《孙子兵法》说:"无恃敌之不来,恃吾有以待之也;无恃敌之不攻,恃吾之不可攻也。"应该立足于有备无患,立足于自己的不能被攻破,建议仁宗从将帅、士卒、粮草、警觉等方面入手。

当时西夏与北宋交战,连获胜仗,北宋要求议和,西夏派来使者,提出许多过分的要求。开始北宋未予答应,庆历四年(公元1044年),赵元昊再次派遣杨守素来进行谈判。包拯又上了《论昊贼事宜》疏和《论杨守素》疏,指出西夏十分猖狂,讲和赐帛缯茶货也不能确保边关安宁,只有加强自己的实力,才能抵御来犯之敌。

庆历五年(公元1045年),包拯被委派出使契丹,作庆贺正旦使,这是当时北宋与契丹之间相互派出的礼节性使节。北宋同契丹表面平和,实际紧张。包拯所到之处不卑不亢,以维护国家民族的尊严和利益为重,大义凛然。回国前夕,照例有契丹使臣来送,这位使臣煞有介事地对包拯说:"你们雄州(今河北雄县)的地方官新近在雄州城又开了个便门,引诱和接纳我们燕京(今北京西南)一带去的奸细,向他们探询我们朝廷的情况,各随事情的大小付给他们钱财,以此作为收买的手段。这样的事情对我们两国的关系是极不妥当的,请你们明察。"这是一种挑衅,又是栽赃。包拯一听便理直气壮地回答:"这件事一点凭据也没有。假使我们雄州有意引诱、接纳奸细,自有正门可以出入,何必多此一举去开便门呢?假使州郡为方便出入而开创门户,也是一般的常事,根本扯不上两国的关系。再说我们经常叮咛边臣,大家处理事情都不会随便。相反,你们的臣僚近年来侵入大宋的北界,创城立寨,不知你们作何解释?两国有盟约在先,若要长期友好,就应严格遵守盟约,各保疆界。"一番话把契丹使臣驳得无言以对。

包拯出使契丹,深入其境,掌握了一些实际情况,返回朝廷之后,接连向仁宗递呈两个奏疏,一疏论边将,一疏再论契丹。

着眼于巩固国防,加强边防地带的保卫力量,包拯认为与契丹接界的河北沿边地方,其领兵的将帅,一定要经过精选。因为包拯看到契丹步步紧逼,进攻时间不会太久,应做好充分准备。尤其是代州(今山西代县),与契丹的云州(今山西大同)、应州(今山西应县)十分接近,道路又很平坦,是古今最难控制和防卫的地方。过去太宗皇帝派著名的骁将杨业防守代州,杨业死后,派张齐贤接任。这说明太宗重视边防将帅,在选择上十分慎重。

包拯认为现在的北宋军队之所以腐败，主要是因为将帅无能，特别是边防将帅，不是花花公子就是庸碌老将，不能担当守边的重任。边帅要由有武艺才略之人担当。而当时朝廷委派的代州知府兼代州副部署郭承佑对军事一窍不通，就因为他是皇亲国戚，便被委以重任。包拯强烈要求罢免这种无能的将领，否则，一旦发生紧急情况，后悔莫及。

庆历六年（公元1046年），包拯以三司户部判官出任京东转运使，后又改陕西转运使，转河北转运使，最后被提升为三司户部副使。他仍深入基层，关心民间疾苦。皇祐元年（公元1049年），契丹与西夏的矛盾冲突尖锐起来，也对北宋造成威胁。仁宗下诏，让大臣商议御边之策，包拯指出："河北是边防重地，应驻扎相当数量的重兵，可目前河北形势相当严峻，最主要是军粮供应出现问题。而粮食是军队的重要物资，必须给予保障。"于是，朝廷派遣包拯前往河北，着手解决军粮调度问题。

包拯在赴任时上殿朝见仁宗，陈述筹置军粮的意见，认为河北田地受涝，百姓生活困难，而驻军饲养军马却占据肥沃之地，可以把这些地租给农民耕种，挪移军马。另外，河北屯兵三十万，但储备军粮极少，希望朝廷从国库里拨支现钱，及时收罗，以充实储备；从江淮调拨到东京的粮食也可支拨一部分，调往河北。

最后，包拯针对河北军粮开销实在太大的问题，大胆提出挪移军队。河北驻军每月消耗粮食五十多万石，一年就要消耗七百万石，靠调拨还是解决不了问题，只有把河北部分驻军转移到河南兖州（今山东兖州）、郓州（今山东东平）等地。他的这个方案得到仁宗批准。

在巩固边防的主张中，包拯还提出过训练义勇，发展民间武装的建议。河北沿边人民，早在五代时，就有自发的民兵开展抗敌活动。宋初这类民兵有十八万。他们为了保卫家乡，英勇作战，有很强的战斗力，熟悉地形，比内地调拨去的正规军还管用。

这时包拯担任河北都转运使。皇祐四年(公元1052年)，包拯迁为高阳关路都部署安抚使知瀛州(今河北河间)，成为一位边帅，负起了军事上和行政上的责任。

弹劾权贵

皇祐二年(公元1050年)，包拯升任天章阁待制，在知谏院任谏官。作为一名谏官，包拯是有所取法的。他很崇拜唐代的魏征。魏征是唐初的开国功臣，他向唐太宗强调"兼听则明，偏信则暗"的道理。他是一位敢于诤谏的典范人物，唐太宗把他看做是自己的一面镜子，给他很高的评价。包拯选择了魏征的三篇奏疏，缮写后进呈给仁宗，希望仁宗有所留意、借鉴。

包拯在谏官任上敢于直谏，不知忌讳，不避怨仇。明人胡俨赞颂包拯"举刺不避乎权势，犯颜下畏乎逆鳞"。被他弹劾的有皇亲国戚张尧佐、宰相宋庠、转运使王逵等人。

庆历八年(公元1048年)的一天，颜秀等人阴谋发动宫廷政变，要攻仁宗寝所，但被侍卫镇压了。事平，后宫张美人第一个赶到仁宗住处，仁宗觉得她护驾有功，册封她为贵妃。她的伯父张尧佐凭借侄女的力量当上了掌管全国财政事务的三司使。一时朝野上下议论纷纷，包拯与另两位谏官陈旭、吴奎一起上书弹劾张尧佐，他们指出："三司使张尧佐是个凡庸之人，不能升到这样显要的职位上来。这事上违天意，下背民心，会酿成危机，我们实在替陛下痛心！"他们希望仁宗选用才杰之士担任理财工作，以兴利除害。

因为仁宗宠爱张贵妃，所以包拯他们的这些话他根本听不进，反而又发布诏命，加封张尧佐为宣徽南院使、淮康节度使、景灵宫使，过了一天又加封张尧佐同群牧制置使。又过一天，张尧佐的两个儿子也都赐进士出身，可以进入官场。这在北宋外戚的任用上可谓空前绝后，朝廷内外都感到震惊。

包拯、陈旭、吴奎不罢休，他们再次上奏章，怒责张尧佐的所作所为，希望仁宗以祖业为重，以天下为念。奏章言辞激烈，宋仁宗终于"感其忠恳"，削去了张尧佐宣徽南院使、景灵宫使两职，并规定外戚不得担任军政要职，干预国家大事。

但事隔一年，仁宗又加封张尧佐为宣徽南院使，受到谏官们的一致反对，仁宗不加理睬。包拯第三次与几个御史一起联名上奏，质问仁宗对监察御史是否重视，并且请求仁宗考虑有没有设置监察御史的必要。仁宗无可奈何，只好表示以后不再升迁张尧佐了，但并未削张尧佐的官职。

包拯主张要任用有才干的人，他曾弹劾宰相宋庠，说他当执政官的七年，一点建树也没有，只是窃居高位吃白食。仁宗就此罢免了宋庠的宰相职务，让他出知河南府（今河南洛阳市）。

包拯等人还弹劾了转运使王逵，并且接连七次上奏，这就是著名的"七弹王逵"。王逵是一个臭名昭著的酷吏，他在荆湖南路转运使任上，命令百姓出钱免役，一次就多收了三十万贯钱，他把搜括来的钱财进奉朝廷，朝廷还下诏奖谕。各地转运使都互相仿效，很多百姓破产，包拯上书斥责。不久王逵降职，可他在朝中有旧交，不久又被提拔为江西转运使，仍是鱼肉百姓，被贬为徐州知州，王逵仍然官运亨通，又被提拔为淮南转运使。包拯异常气愤，连连上书，认为王逵残暴成性，不能任用。由于包拯的据理抗争，仁宗只好罢免了王逵的转运使职务。

开封府尹

嘉祐二年（公元1057年），包拯担任开封（今河南开封市）知府。开封府是当时的政治中心，皇帝一向把自己特别倚重的人派作开封府尹。当时开封号称东京，是个十分繁华富庶的城市，经济比较发达，朝廷的达官贵人和皇亲国戚也都聚集在这里，比较复杂，给开封府的治理带来了许多问题。

包拯治理开封府有自己的特点,他做到有令必行,有禁必止,就连贵戚宦官,也不得不有所收敛。

首先,包拯改革诉讼受理制度。原来老百姓凡有到开封府打官司的,照例不准进入公堂直接投递状纸,必须先在衙门口由号称"牌司"的人转递。"牌司"往往故意刁难,勒索钱财,从中作弊,使穷苦百姓负屈含冤,告状无门。包拯一上任就下令敞开正门,允许告状人直入公堂,当面向他陈述是非曲直,改变了衙门作风。

包拯严厉约束属下官吏、衙役,不让府吏弄虚作假。有个人犯了法,依法应受脊杖,为免刑,他贿赂了一个府吏,府吏苦于不能到包拯面前讲情,于是就同犯人秘密约好:"见到知府,你就大叫冤枉,这样我可以为你分担刑罚。"犯人在包拯面前果然照办,府吏在边上责骂:"啰嗦什么,没完没了。"包拯一看府吏卖弄权势,下令把他拉到庭下受脊杖,并宽宥了犯人。尽管府吏的勾当瞒过了包拯,但府吏也只得以苦肉计来收受一点贿赂。

其次,包拯执法如山,不避权贵,不讲情面。当时京城流传着这样的谚语:"关节不到,有阎罗包老。"

北宋时东京有一条惠民河,又名蔡河,是向东京运送粮食和物资的重要航道。有一年连下了三天大雨,城内积水成灾,最低洼的地方积水三尺深,房屋也倒塌了些。仁宗下了一道圣旨,盼咐文武百官暂时停止上朝,而自己却在皇宫里吃斋祈祷。包拯见皇帝不问民情,只是办些迷信活动,便自己深入调查,发现城内积水是开封的护城河不能畅通所造成的。

原来惠民河的两岸被有权有势的人家修筑了许多堤坝,他们把河面圈为自己的荷花池和养鱼塘,还建筑花园亭榭,致使河身越来越窄,年月一久,有的地段堵塞,一遇到暴雨,雨水全部溢到城内,使开封百姓的生命财产蒙受损失。

包拯奏请仁宗疏浚惠民河,得到了仁宗的批准。包拯决心把这些权要势家修造的园第亭榭统统拆毁。当时一个很有权势的宦官也侵占了河岸土地建筑亭榭，他拿着地契来找包拯，说侵犯了他的权利。包拯立即派人查验他的地契，证明他私自涂改了数字，伪增了步数。包拯上奏仁宗加以严惩，结果这个宦官的建筑物也照样立即被拆掉，并因此而免官。其他官吏都被慑服了。包拯征调民夫，疏通了惠民河，为开封百姓做了一件大好事。

包拯在开封府审理案件时注意调查研究，尤其对疑难案件，更是寻根问底，明辨是非。有这样一个案子：两个人一起喝酒，一个会喝，一个不会喝。会喝酒的身边有几两银子，恐怕自己喝醉后遗失，就把银子交给不会喝酒的人。两个人开怀畅饮，会喝酒的人果然喝得酩酊大醉。事后，会喝者向不会喝者要回银子，可后者怎么也不承认，一口拒绝。这样的事告到开封府来，包拯觉得没有第三者作旁证，一下难以断定，于是暗地里派了一个府吏到被告家里，对他家人说，你们主人已经坦白，要他家人把银子交出来。家人信以为真，交出了银子。府吏把银子带回公堂，在铁证面前，被告只好低头认罪。

包拯性格刚毅，以威严为治，不徇私情。开封的百姓十分拥戴包拯。虽然他任开封府尹只有一年多的时间，人们却印象深刻。当时开封府署有一块题名碑，凡在开封任过府尹的，都在碑上刻着姓名和任职的时间。南宋的周密曾说，开封府尹题名碑上包拯二字"为人所指，指痕甚深"，因为人们敬仰包拯，都在题名碑上抚摸指点一下，谈论一番。在整个北宋朝代，不少著名人物都任过开封府尹，但没有一个像包拯那样威名震动都下的。

从历史人物到艺术形象

在封建社会，像包拯这样廉洁、正直的官吏并不多见。他官位显赫，可吃、住完全同没做官时一样。他的"清心直道"赢得了人们对他的崇敬。

包拯晚年任三司使和枢密副使时，尽力改革，详定均税、兴修水利、建议立嗣，受到仁宗的重视。嘉祐七年（公元1062年），包拯正在官衙处理政事，突然发病，回到家中病势已十分沉重，仁宗特别派宦官前去赏赐良药，可没几天包拯还是去世了。

噩耗传来，许多正直的官吏都痛哭流涕，仁宗亲自到包拯家吊唁，见到包拯家中俭约的情况很难过，特别关照要抚养好包拯的遗孤。包拯有一妾，有孕时出走了，后生下一男孩，包拯的大儿媳崔氏守节在家，暗中找到孩子，亲自抚养，这是包拯唯一的后代。

京城的百姓更是伤心，街道上到处是一片哀悼叹息之声。第二年，包拯被葬于庐州合肥，并建包公祠。仁宗赠他礼部尚书的官衔，赐谥号"孝肃"。

百姓非常怀念包拯，遇到灾难总希望有包拯这样的清官来解救他们，但包拯不能死而复生。于是民间就产生了很多传说，说包拯死后在阴曹地府掌管"东狱速报司"，专门惩治那些恶人，后来出现了包公故事。

最早在宋人话本中就有《合同文字记》和《三现身包龙图断冤》两篇关于包拯的故事。前者叙述宋朝庆历年间开封农民刘添祥妻王氏，为谋产业，不认侄儿刘安世，包公判案使一家团圆的故事。后者叙述开封府押司孙文救人一命，这人反和他妻子私通，谋害了他，后孙文鬼魂三次出现，包公审明了案情，将凶犯正法的故事。

元朝的杂剧中出现了很多包公戏，其中较著名的有《陈州粜米》和《灰阑记》。前者说的是，刘衙内儿子刘得中和女婿杨金吾到陈州开仓粜米。刘、杨抬高粮价，并打死前来论理的张憝古。张的儿子小憝古向包拯告状，包拯断明案子抓了刘、杨两人，让小憝古打死刘得中，下令斩了杨金吾，又利用皇帝诏令"赦活的不赦死的"，救了小憝古。后者说的是，马均卿妾张海棠被马妻和奸夫诬告，说她谋害了马均卿，马妻又要强夺海棠的儿子寿郎，硬说是她所亲生。包公巧设灰阑妙计,用石灰在地上画一个圈,让孩子站在圈内,由张海棠与马妻从左右两边拉,谁拉出圈外,孩子就是谁生的,结果马妻一下凶狠地把孩子拉过去了。包公立即断定孩子是张海棠的,她怕伤着孩子,不敢使劲。包公又查出谋害马均卿的真凶,判处其死刑。

明代,包公故事也十分受欢迎,著名的有《仁宗认母》和《断曹国舅》。前者就是舞台上看到的《狸猫换太子》,包拯在戏中辨明了谁是皇帝的亲娘,铡了奸人,打了皇帝的龙袍。后者叙包拯执法如山,将曹国舅这样的皇亲国戚绳之以法。包公的形象已是人神合一,有日断阳间夜断阴的本事。

清代的说书艺人石玉琨说唱明末汇编的《龙图公案》影响很大。还有清代演义小说《三侠五义》(又名《侠义忠烈传》),写包公与侠客一起除暴安良的故事。

现在戏剧舞台上依然活跃着包公戏,著名的如《秦香莲》《包公赔情》等。包公铁面无私,敢于斩忘恩负义的驸马陈世美,也敢斩犯罪的侄儿包勉,人们对包公充满崇敬之情。艺术形象的包公含有历史人物包拯的影子,但历史人物与艺术形象是不能等同的。

包拯是中国历史上比较突出的清官,"包公""包青天"等美称已成为百姓称呼清官的代名词。史书称赞包拯居家俭约,平生无私,憎恨贪污。晚年包拯立下家训:"后世之孙仕宦有犯赃者,不得放归本家,死不得葬大茔中。不从吾志,非吾子孙。"让人肃然起敬。

参考文献:
(元)脱脱、阿鲁图等:《宋史·包拯传》,中华书局1990年版。

刚正廉洁，孜孜爱民

——苏州知府况钟

明朝永乐、宣德年间，社会生产有了显著的发展，屯田面积非常惊人，农业、手工业、商业也有了很大的发展。明朝的赋税额还是比较低的，一般官田五升多，民田三升多，但各地的收税额不一致，如苏州、浙西等地要征二三石。所以宣德时，苏州一带的农民在重租重税的重压下逃亡的越来越多，积欠的税粮达七百九十万石。就在此时，况钟到苏州府上任，他整顿当地政务，进行改革，治理有方，任苏州知府十三年，政绩卓著，被时人誉为"包龙图再世"，尊他为"况青天"。

况钟（公元1381年—公元1442年），字伯律，号龙冈。江西靖安（今江西西北）人。祖上是一个士大夫之家，到祖父况渊时全家十余口都在战乱中丧生，只剩下况钟之父况仲谦。因年幼无依，况仲谦被况渊友人黄胜祖收养，后改姓黄，况钟任礼部郎中时奏请宣宗批准他恢复了况姓。

吏事奇才

封建时代，仕途得志唯有科举，读书人想做官，必须通过严格的科举考试。况钟靠黄胜祖留下的丰厚遗产过着比较优越的生活,但他从小苦读,希望能从学而优则仕这条路上走下去。他参加了科举考试,但没想到屡试不中。他父亲很失望,总是教导他继续努力,继承儒业,将来光耀门庭。

况钟从小下苦功练习书法,字写得十分漂亮。永乐四年(公元1406年),况钟二十五岁。靖安县新知县俞益为官清正,想选用一个能干练达的书吏。有人向他推荐了况钟。俞益找来一试,一下就选中了文理通达、书法端正的况钟,于是正式任用况钟为县衙礼曹,管理礼仪、祭祀一类的事务。虽已从事公差,可况钟的父亲仍叮嘱儿子准备科举,以求功名。倒是俞益奉劝况父:"只要有才干,胥吏照样可以得到高贵显爵,自古以来,从胥吏起家,后来有成就的人很多,汉代的萧何、曹参就是先例。"况钟的确有才能,他为人精明,办事不出差错,俞益对他十分满意,有要事也爱与他商量。

况钟在故乡靖安做了九年胥吏,永乐十二年(公元1414年)循例赴京到掌管任免和考核官员的吏部去考绩。临行前,俞益把况钟找去,亲自为他写了一封推荐信给他朋友、当朝礼部尚书吕震,竭力称道况钟的才能并叮嘱况钟把握住机会,能有所作为,大展鸿图。况钟十分感激。

到了京城,他便拜访吕震,态度十分谦逊,呈上俞益的推荐信。吕震觉得况钟为人很有礼、很得体,心中对他也有好感,又加上朋友的美言,便破例与况钟交谈,向他询问典章条例,况钟对答如流;又请他谈治国安邦之理,况钟说得头头是道。吕震更加赏识,特地向明成祖举荐况钟。明成祖正在招揽各方面的人才,听吕震如此赞赏况钟,便破格提拔为正六品,任命他为礼部仪制司主事。

况钟在礼部任职同样驾轻就熟,不管什么事,总能办得滴水不漏,让人心服口服。传说有一次,皇帝坐朝的大殿上有一面皮鼓破了,要求礼部行文通知江南地方机关造换,所拟文书必须言简意赅地把皮鼓质地、制作要求交代清楚,然后才能准确无误地让地方按原样造出新的来。可礼部几个官员拟的稿子都不能把要求说清,地方上无法造出来。后来请况钟来修改稿子,况钟就在稿子上加了"紧绷密钉,晴雨同声"八个字,一下子就把问题解决了,备受同僚的称赞。从此况钟出了名,凡有重要文章,就照例由况钟起草了。

况钟不仅文书拟得好,而且熟悉典章条例,大臣们凡要引用条例或典章内容的,只要问到况钟,他都能准确无误地告诉别人,被人称为"活辞典"。他的才能被吕震看重,吕震将况钟作为自己的智囊,常找况钟为自己出主意。成祖出巡北京,吕震总是挑况钟随自己跟皇帝出巡,安排各种仪式。永乐十九年(公元1421年),明成祖正式迁都北京,况钟筹备的朝贺、祭告等典礼受到皇帝的嘉奖。

永乐二十二年(公元1424年)七月,明成祖驾崩,明仁宗即位。况钟在礼部仪制司主事任上正好已九年了,又到了考绩的时候,吕震对况钟的评价极高,最后考绩结果是"以贤劳著称",提升为礼部仪制司郎中。况钟一如既往,兢兢业业。

仁宗在位仅一年就去世了,明宣宗即位。宣宗是一个颇有作为的皇帝,比较愿意听取臣僚们的意见,在政治、经济、人事方面采取了不少积极的措施。宣德五年(公元1430年),宣宗认为下属郡守有一些不称职,便在中央官署选才。礼部尚书推荐了况钟,内阁首辅杨士奇也力荐况钟,况钟被选中出任苏州知府。同时被任命的还有八位知府。宣宗亲自为他们设宴饯行,告诫他们要贯彻朝廷意图,争取有所作为。

走马上任

九个知府就要走马上任了,他们每人带了一份皇帝的"敕书"，即一种皇帝特别的书面命令，主要是放宽他们的职权，允许他们因事制宜，灵活机动，奏章可以直接送给皇帝。宣宗嘱咐他们要体察民情，均其徭役，兴修水利，排除祸害，顺应民心，不要被权势所胁迫，不要被奸吏所欺辱，要奉法循理，始终不渝，不负皇帝厚望。

况钟于同年七月到达苏州府。他一上任视事，就深入了解情况，发现苏州的赋税徭役十分繁重，加上贪赃枉法的奸吏横行，人民苦不堪言。况钟心中慢慢有了计划，他决定一不做二不休，先从奸吏开刀。但苏州的豪绅猾吏舞文弄墨，串通一气，狼狈为奸，是十分难治的。况钟采用欲擒故纵的方法，开始装作糊涂，属吏们请况钟判案时，况钟假装不明白，向左右之人询问该如何处理案卷，并按他们所说的方法给批文。属下吏员对况钟阿谀奉承，他也与他们虚应一通。府吏信以为真，觉得这个知府昏庸无能，可以欺骗和愚弄，真是高兴极了，觉得皇帝新派来的知府也不过如此，想赶快把他赶走。一些奸诈之人便开始在背地里大肆活动了，对忠贤之人造谣中伤，恶语刺人，为难况钟。况钟仍是睁一眼闭一眼，任其表现，可实际上却眼观四路，耳听八方，私行察访，将他们的种种表现记录在案，全面地掌握了这些奸吏的罪行。

苏州府通判赵忱肆无忌惮，谩骂欺侮别人，一点也不知收敛。况钟开始采取行动了。他命令手下准备香案，把学官子弟及僚属全部叫来，对他们说有皇帝"敕书"要宣读，这些人听到敕书中有"凡公差官员人等，有违法害民者，即具实奏闻。所属官员人等，或作奸害民，尔就提下差人解京"等内容，都吓得惊恐万状，浑身发抖。

况钟又把地方里长老人请来，对他们说："我听说苏州府地方上有一些为非作歹、残害忠义的人，我有办法加以分辨，但我不准备像包拯那样亲自来一一辨认。现在我要求你们把好人好事和坏人坏事都报告给我，我会记录在案的。好人我要以礼相待，请他们到府中来参加乡礼饮酒。坏人我要依法惩处,为民除害。"

过了一段时间,各乡里都呈报了情况。况钟再次召集全体府吏来到大堂上,那些有劣迹的吏员心中十分惶恐。果然况钟大声责问:以前某一事情应该如此做的,你们硬阻止我;另一事不应那样做的,你们却强迫我采取行动;某日某事,你们作了手脚,私下收受了贿赂,而且数目不小;还有某日某事也是如此样子。你们营私舞弊,由来已久,罪当处死。那些做贼心虚、心怀鬼胎之人没想到况知府这么严厉,有些人还支吾其词,企图搪塞罪行,为自己辩解。况钟大怒,立即命令几个身强力壮的差役,先把一个罪恶累累的胥吏抛至空中摔死。可他摔下来未死,况钟大怒,对差役说:"我为百姓杀这些贪赃枉法、欺上压下、作恶多端的罪人,你们难道想不尽力吗?"然后要求他们向高处抛,再不死,就要治他们的罪。于是差役不敢手软,一下处死了六个。尸体放在街上示众,提醒那些有劣行的府吏,有一些人主动向况钟承招了自己的罪行。

接着况钟又雷厉风行地撤换了一大批平庸无能的属官,把十一位饱食终日、不认真办事、庸碌无能的官吏革了职,包括长洲知县汪仕铭等人。对于像昆山知县任豫、长洲县典史薛孟真那样情节严重的贪官污吏,况钟将他们押解进京,听候发落。对一些恶霸、地头蛇也进行了严惩。至此,整个苏州府大为震动,都说况知府神明,府吏也奉守法规,不敢再以身试法了。百姓大快人心,一致称况钟为"况青天"。

打击强暴

况钟有了好的开端后,一鼓作气,整顿法纪,严厉惩治害民的不法之徒。除惩办贪官污吏之外,对于那些虽不直接归他管辖,但在苏州府境内作恶的军官和朝廷派出的宦官,他也不畏强暴,敢于打击。

这时况钟已为百姓办了很多实事,百姓的生活相对安定了许多,但总有一些不明不白的抢劫案和凶杀案发生,尤其在常熟地界,江面的船只和沿江的村庄常常遭到骚扰。况钟心里很着急,就私行察访,终于有了些眉目。一次,况钟与仆人乔装改扮,雇一只小船在江边察看,突然,一只大船抛过来一条带钩的铁链,把小船钩住了,并吼叫道:"锦衣卫的捕盗船,你们等待搜查。"一下把况钟身上所带的银两全部抢走了。况钟一看如此大船,便肯定是镇守沿江沿海的卫所干的。

后来,况钟布置好人马,当大船又来抢劫时,便一下子把大船上行劫之人抓住了。经过审问,知道是浙江镇海卫的指挥陈璘指使的,他们以打捞流散木材为名,沿江盘诘客船,乘机抢劫。

可要想逮捕陈璘也不容易,他手下有几千号人,大小船只二三十艘,官品又与况钟一般高低,绝不会束手就擒的。况钟心生一计,假称夫人做寿,给卫所指挥和七县发了帖子。这些人吃不准况钟葫芦里卖的什么药,可劣性未改的几个官吏又开心起来,觉得况钟这个清官也不清,就备了礼来祝寿。可他们发现并没有做寿的气氛,镇海卫指挥陈璘不耐烦,便问:"况大人究竟什么意思?"况钟便直截了当地说道:"今天请各位来,是想通报大家,江面的抢劫案是卫所干的。"陈璘脸上青一阵红一阵,做贼心虚,却故作镇静地说:"况大人说话要有证据。"况钟把手上的供词拿给陈璘看,陈璘无话可说,瘫倒在地。其余拿了礼来的官吏悄悄地把礼带回去了,不敢再有非分之想。

宣德七年(公元1432年),松江府华亭县派两公差运粮到徐州,回程途中,路过吴江县白蚬江,忽然一伙人自称镇海卫巡捕官,抢去了船上的东西。两公差到就近的同里巡检司报案,这伙抢劫的船还未走远,巡检司追上来活捉了十一人,逃走两人,打死一人。押到苏州府,况钟亲自审问,发现里面有一个叫林保的,是浙江海守卫的百户。差巡检将犯人、赃物、供词一起解京,请朝廷法办。

当时朝廷向各地派出很多内官太监,采办宫廷需要的物品。到苏州的太监主办织造,采办花木禽鸟。这些人藉办贡品之名,在苏州横行不法,肆意勒索,动辄打人,地方官也不敢得罪他们。

有一次,一名叫来福的宦官把吴县主簿吴清绑起来毒打,况钟听说后马上赶去,抓住来福的双手,质问他:"你怎么能打我属下的主簿?他也是朝廷的命官,要做的事很多,难道只干你一个人的事吗?"来福无言以对,只好谢罪认错。在况钟任苏州知府的十余年中,宦官不敢胡作非为。

减免赋税

宣德三年(公元1428年),清理军籍的御史李立到苏州"勾军",即抓壮丁,苏州府同知张徽协助。两人为向朝廷表功,以酷刑加于百姓,任意抓丁。他们只问百姓一句:"你情愿做士兵,还是情愿做鬼?"被问的人只能选择前者。不仅户无男丁的要抓兄弟的子孙充当,更有甚者,丁尽户绝的要找远房亲戚、义子、女婿或佃户来抵充。军丁死后,其妻再嫁他人所生之子为"军籍民胎",也得抓来顶替。如不到卫所报到,就让乡里小吏及邻居连坐。许多人被逼得走投无路,仅吴江一县遭此罪的就有四百七十多人。这种酷虐害民的徭役,是苏州府百姓的一大灾难。

况钟上任后见到了这些呼天抢地的百姓的惨状,许多人拦路告状,请求申冤。况钟深入民间,了解了来龙去脉,一一上奏朝廷,揭发了清理军籍的酷吏罪行,并引用以前在京中熟悉的六部档案,为民据理力争,总算免除了苏州府一百六十人的军籍,免除了一千二百四十人的世役,即这些人只需自己服役,不累及子孙和旁人,不株连。

明太祖、成祖时,朝廷一直都要苏州府提供马匹送到北方驿站服役,并规定三年后归还马匹,先后出征的战马有四百多匹。

可直到况钟上任,已过了三十多年,马匹不但没有归还,马死了还要苏州府补足,江南又不产马,得到遥远的产马区高价买来再送去服役,实在劳民伤财。况钟觉得太不合理,奏请皇帝,最后准予免除,并将马匹还给了苏州府。

况钟花的时间、精力最多的是了解苏州七县的税收情况。当时苏州地区农民的赋税是全国最重的,耕地面积仅占全国的百分之一点一,而税粮却占全国税收的百分之九点五。苏州府上交的税粮比整个浙江上交的税粮还要多。原因有几个:首先,朝廷认为苏州自然条件优越,土地肥沃,有长江中下游和太湖这样天然的地理环境;其次,明朝开国时没收了旧贵族的田地,全变为官田,官田的赋税特别重;第三,苏州府沿海地区一些沉没到海中的官田,赋税照常征收。贪官污吏徇私舞弊,榨取苛求,百姓饿着肚子种田,凉着身子织布,一年到头的收入还不够纳税,最后不得不举家逃亡,流落他乡,田地荒芜,税粮年年拖欠。况钟上疏说明苏州税粮过重,请求核减。宣宗同意了况钟减轻赋税的要求,但要真正贯彻下去还是很困难的,户部曾多次阻挠。况钟在江南巡抚周忱的支持下,三次抗辩,终于在宣德七年(公元1432年)获准减免官田租税七十二万一千六百多石,荒田租税十五万石,还减去了其他一些杂税,包括工部所征的三梭阔布八百匹也得以减少了定额。这使苏州府百姓的负担减轻了不少。

况钟曾代表苏州府七县士绅、在籍副御史吴讷、粮里老人陈昭贤等上奏谢恩。后来遇到灾荒年月,农民缺粮,况钟又奏请获准可以减免税额,也可以用织布代纳税额。他勤政为民,造福于民,百姓奉之若神,威信极高。

兴学礼士

况钟虽是从役吏而入仕途的,但他十分重视办学、重视人才,他在此方面的政绩也被后人传为佳话。

苏州府学向来有"吴学甲东南"之名,宋代范仲淹创立了府学,历代有所扩充。况钟到任后,看到不少房屋破旧,就筹措了一笔钱,并捐出自己的一部分俸银,在正统初年订了计划,先后三年完成了大成殿、至善堂、明伦堂、斋舍和射圃的重修工程,扩大了学校面积。在此之前,况钟见各县儒学条件差,已经重修了一些。例如,宣德七年(公元1432年)况钟请巡抚周忱同去看了吴县县衙西南的一块空地,觉得十分幽静,就在宣德九年(公元1434年)冬开工,半年后竣工,为吴县生员们研读经史创造了有利条件。

推荐贤才也是况钟乐于为之的。况钟自己因遇到了识才的伯乐,才有上任苏州知府的这一天。儒生中凡有品德、才能突出的,他就大力向朝廷推荐。有个名叫邹亮的书生,常把自己作的诗献给况钟,请他指教。况钟觉得他学问的确很好,想推荐他,可有人嫉妒邹亮的才华,写匿名信给况钟,诋毁诽谤邹亮,况钟并不轻信谣言,而是了解实情,最后公开宣布:"推荐贤才是为国家,不是为个人。"便写了奏章给朝廷,朝廷接受了他的推荐,起用邹亮,授吏部、刑部司务,后来又升为监察御史。

不少寒门学士也得到况钟的帮助。苏州府衙门附近,住着一个穷学生,已经四十多岁,双亲年迈,自己又没有力量娶亲,况钟把自己的月俸拿出一部分,让他作为结婚费用。

况钟还为苏州府百姓做了许多好事,如兴修太湖水利,设济农仓,主修桥梁、古迹等。他提倡节俭,反对奢侈,为人公正,不谋私利。

况钟在苏州知府任上三次离任,三次又被留任。宣德六年(公元1431年),况钟继母去世,按惯例必须辞官回老家守孝,称为"丁忧",要三年守孝期满才能复出。此时,奸吏又卷土重来,两千余百姓上书请求让况钟留住居丧,叫"夺情复起",宣宗同意百姓请求,召况钟复出。宣德八年(公元1433年),况钟任满三年进京述职,百姓怕他调走,许多人在路上拦住轿子,请他再回来。第二年春,况钟果然返回苏州府,百姓兴高采烈。正统四年(公元1439年),况钟任苏州知府已经九年,又到吏部考绩,并听候调遣。百姓更加依依不舍,苏州府七县百姓一万八千人联名向直隶巡按御史张文昌上书,希望他奏明朝廷,让况钟连任。正统五年(公元1440年),朝廷已派张衡为苏州府知府,接到百姓的上书,只得提升况钟为按察使,给正三品俸禄,仍回苏州府续任。消息传到苏州,百姓奔走相告,况钟回府的那一天,百姓早已在百里之外的路上迎接他了。

正统七年(公元1442年),况钟积劳成疾,于十二月底病逝于任上。噩耗传出,百姓痛哭流涕,罢市停业,以示哀悼。前来吊唁的人络绎不绝。第二年春,灵柩运送回江西靖安,苏州百姓倾城出送,穿素戴孝,哭声不绝于耳。

为纪念况钟,苏州百姓在苏州建有况钟衣冠冢,在西美巷建了况公祠,至今完好无损。苏州名园沧浪亭"五百名贤祠"中,有况钟砖刻画像和"法行民乐,留任殃迁,青天之誉,公无愧焉"的赞语。

况钟一生清廉,他在诗中写道:"两袖清风去朝天,不带江南一寸棉。"去世以后留下的只有一些书籍和日用器物,生前未置田产、房产。况钟在苏州府十三年,治理有方,政绩有口皆碑,《明史》评价他:"刚正廉洁,孜孜爱民。"

况钟与《十五贯》

苏剧《十五贯》蜚声海内外,成功地塑造了况钟这个历史人物。虽然《十五贯》这出戏中的况钟是个艺术形象,但其为民申冤、伸张正义的特点与历史上的况钟是相吻合的。

《十五贯》不一定是历史真实,故事最早是宋话本《错斩崔宁》的情节。清初戏剧家朱素臣改编为传奇《双熊梦》,也叫《十五贯》,故事情节曲折。剧本的大致情节是:熊家兄弟俩生活清苦,兄熊友兰为船工,弟熊友蕙在家苦读。因鼠患,兄弟俩在饼中放毒药灭鼠,老鼠却将饼衔至隔壁,邻居吃后身亡。老鼠又将邻居的金环衔来熊家,熊友蕙以此去换米,被抓获,以金环为证,判官断熊友蕙与邻居童养媳合谋人命,要问斩。熊友兰听说此事,就向客商借了十五贯钱,去营救弟弟。另一屠户尤葫芦,也向人借了十五贯钱,回家与养女苏戌娟开玩笑,说是养女的卖身钱。苏戌娟震惊之余逃出家门,途遇熊友兰,结伴而行。这时窃贼娄阿鼠潜入尤家,杀了尤葫芦,偷走十五贯。案发,差役追捕到熊友兰和苏戌娟,以查到熊友兰带的十五贯为证据,判官断熊友兰与苏戌娟盗钱私奔,也要问斩。苏州知府况钟监斩,临刑四人均呼冤,况钟亦发现不少疑点,决定停斩。况钟奏请巡抚周忱复查,周忱不允,况钟冒罢官风险,多次力争,周忱勉强答应暂缓斩期。况钟深入现场,反复勘察,终于弄清真相,捉住了真凶娄阿鼠,推翻错判,四人宣告无罪。

苏剧《十五贯》为使人物更集中、更突出,砍去了弟弟熊友蕙这一条线索,剧情更精练。这出戏使况钟的名声更加响亮。这出戏也表达了百姓对清官的赞美,希望有更多的清官为百姓主持正义。

《警世通言》也有况公断案的故事,如《况太守断死孩儿》,反映了百姓的良好寄托和愿望。

参考文献:

1. (清)张廷玉等:《明史·况钟传》,中华书局1990年版。
2. (明)冯梦龙:《警世通言》,河北教育出版社2002年版。

刚正不阿，清廉耿介
——应天巡抚海瑞

明代中叶是明朝统治由盛到衰的时期。嘉靖时，内阁首辅严嵩陷害忠良，大肆贪赃，不择手段；外患倭寇又常扰东南沿海。在这内外交困之时，涌现了一位锐意改革、反对贪污、廉洁俭朴的官员，他就是明代著名的清官海瑞。

海瑞（公元 1514 年—公元 1587 年），字汝贤，琼山（今属海南）人。父亲海翰是个廪生，海瑞四岁丧父，与母亲谢氏相依为命。嘉靖二十八年（公元 1549 年）举乡试，后出任福建延平府南平县儒学教谕，又任淳安知县、兴国知县，隆庆时任江南巡抚，万历时任南京吏部右侍郎。海瑞为人刚正不阿，为官清正廉明。

抗颜不屈

明代各府、州、县都设立儒学，管理本地的学务。县学的正教官为教谕，副教官为训导。海瑞任南平县儒学教谕后，就订立《教约》昭示学生，首先把学生依程度分编四级，最低读"四书"，较低增加"五经"，较高增加《通鉴》，最高要研读理学。强调文章与道德不可分割。其次规定县学学生除参见拜谒准礼,没有借口不准以酒食请先生吃喝,要养成勤俭治学的习惯,不许铺张浪费。主张读书人应该尊重自己的身份,不要对官员们随便下跪。海瑞自己带头严格按规定办事,大家对他十分敬重。

一次,提学御史视察南平儒学,南平县令诚惶诚恐,大做准备,县学训导也是让学生一遍一遍练习迎接御史的礼节。海瑞十分反感。那一天御史准时来到南平县,县令带领一大批人马大张旗鼓地欢迎,一路引到学宫,训导、学官、学生全部跪下,独海瑞站在两个训导中间,这样左右低中间高,三个排在最前面,形状很使人触目,倒像一个笔架,所以人们戏称海瑞"笔架博士"。御史觉得奇怪,问:"站着何许人氏?"海瑞上前答道:"我是本县学教谕,欢迎御史督学。"御史又问:"别人全跪着,你为何不跪?"海瑞不慌不忙地回答:"御史视察应当以礼相迎,但这是学校,只是师长教学生的地方,是很神圣的地方,并非衙门,见老爷便跪。所以我认为不用跪。"御史觉得言之有理,并无怪罪之词,对海瑞所订的《教约》也很赞赏。

嘉靖三十七年(公元1558年),海瑞从南平教谕被提升为浙江淳安知县。到任后,他改革赋税以减轻人民负担,推行保甲法,反对官吏侵扰百姓。当时,严嵩的党羽胡宗宪做浙江总督,他的儿子路过淳安,按惯例地方官要前来迎接,但海瑞根本不理睬这一套。这位胡公子受了冷遇,便大发脾气,到驿站把驿吏绑了倒挂在树上,并准备重鞭三百。海瑞闻讯赶来,厉声喝道:"住手!"又吩咐手下说:"将这恶棍拿下,青天之下,私设公堂,王法何在?"胡公子大叫:"我是胡总督公子。"海瑞假装不相信来者是总督儿子,斥责道:"你这大胆狂徒,竟敢冒充总督之子,败坏总督的名声。总督大人曾重申过不能铺张浪费,如今这刁徒行李华贵,气焰嚣张,拉下去重打五十大板。"并把他勒索来的一千多两银子没收,归入国库。海瑞又修书一封告诉胡宗宪,胡宗宪哑巴吃黄连,暂时只得忍气吞声。淳安百姓个个称快，而官僚都心惊胆战。

海瑞对京里来的大官员同样不讲情面。严嵩党羽鄢懋卿以副都御史的身份出京总理东南盐政，实际上是敲诈勒索，大小官员巴结逢迎，搜括百姓给鄢懋卿送钱。鄢懋卿更是利用职权吃喝玩乐，大肆铺张，坐的八抬大轿用一百多个轿夫，在扬州一顿饭吃掉一千多两银子。鄢懋卿将进入包括淳安县在内的严州府了，表面上通告各县"凡饮食供帐，俱宜俭朴为尚"。海瑞将计就计，给鄢懋卿上了一个禀帖，其中写道："您南下以来，各处地方官大办酒席，都是山珍野味，与您的通告恰恰相反，想来是地方官揣摩错了您的用心。我们想照正式通告办事，不违背您体贴百姓的好意。"鄢懋卿气得发抖，但知道海瑞铁面无私，不敢去碰他的钉子，只好绕道而去，没有进入严州府地面。严州知府上上下下都在忙碌，忽然听说鄢懋卿不来了，得知是海瑞写信挡了驾，对海瑞十分佩服，说："好了淳安百姓，难为了海瑞啊！"

鄢懋卿并未咽下这口气，回到朝中便让手下找了个借口告发海瑞，把海瑞降职为江西赣州府兴国知县。

明断疑案

海瑞在淳安政绩卓著，他了解民生疾苦，主持正义，为民申冤，深得淳安人民的爱戴。一天清早，县衙门前突然挤满了人，原来都在围观墙上赫然贴着的一张大红纸，上面写了个斗大的"砼"字，下面小字是"方正求救"。方正是淳安的一名秀才。海瑞把方正找来，一问才知原来这字是本县地主冯仁对方正的一个骗局。冯仁请方正到家中教儿子读书，方正一丝不苟，整整教授了一年，年底方正向地主要工钱时，地主提个条件，说出个字让先生认一下，认识俸银二十两立即付给，不认识就分文不给。方正觉得自己是饱学之士，认个字很容易，便答应了。没想到财主写了个"砼"字，一下难住了方正，气得他把《说文解字》全翻遍了，也找不出这个字。一年辛苦结果两手空空,还落下个滥竽充数的名声,方正只好张榜求救了。

海瑞了解详情后便把冯仁传来,叫他自己说出这是什么字,冯仁做贼心虚,战战兢兢地说:"回老爷,这个字念'滴',水落到石头上发出滴滴之声。"海瑞说:"那我也写个字让你认一认。"说罢提笔写了个"挧"字,冯仁一看与他用同一方法生造的字,额上直冒汗珠,只好磕头求饶:"下民不识,请老爷指教。"海瑞厉声说:"这个字念'啪',竹板打在皮肉上发出啪啪之声,想听一下这声音吗?拉下去重责四十大板。"冯仁自讨苦吃,抵赖方正的俸银也只好如数付清。方正讨回了公道,他逢人便夸海知县明镜高悬。

海瑞对于案件的分析和审理十分精明,许多疑案、悬案到了海瑞手中,总能弄个水落石出。和淳安县同属于严州府的桐庐、建德、遂安等县发生重大案件,凡经县、府、巡按御史部门审理仍不能结案的,常移到淳安县交海瑞审理。

建德县百姓吴吉祥在义父吴湘家里做雇工,上山砍柴时遇见堂叔吴镧也在砍柴,两人为小事发生争执,吴吉祥失手打死了吴镧。建德县知县林以良问了吴吉祥死罪。甲首吴拱翠因为和吴湘之间有纠葛,就派人对吴吉祥说:"你一口咬定是受了吴湘的主使才打死吴镧的,这样你的罪行可以减轻,可以免除死罪了。"吴吉祥只要自己免死,别人叫他怎么说他就怎么说,于是便喊冤翻供,说受了吴湘的主使去打死吴镧的。复审时,推官便判了吴湘的死罪。吴湘为自己申诉,严州府委托淳安县和遂安县合审。海瑞接到案子,反复研究,对吴吉祥前后翻供的情况作了调查,了解到吴吉祥背后的吴拱翠,又深入一步了解到吴拱翠和吴湘之间的纠葛,弄清楚了吴吉祥翻供的真相,推翻前判,最后判定吴吉祥打死吴镧一事与吴湘无关,仍判吴吉祥死罪。海瑞分析案情十分细致,避免了无辜百姓蒙受不白之冤。

第一事疏

嘉靖四十三年(公元1564年),海瑞进京出任户部云南司主事。他对嘉靖皇帝的昏庸和整个朝廷的腐败看得越来越清楚,皇帝不理朝政,成天求仙拜神。有一次,有人在帷幕后放了一只桃子,太监和宫女说是从天而降的,嘉靖帝大为高兴,说是上天赏赐的"仙桃",第二天又有人放了一只桃子,凑成一对。后又发现一包药,皇帝又认为是"仙药",旦夕之间可以羽化登仙了。大臣杨最等提意见后便遭杀头之罪。边患屡起,百姓困苦,政治黑暗,海瑞沉不住气了,冒死上了《直言天下第一事疏》。

奏疏针对实质问题向皇帝提出了严厉的责问,这就是历史上有名的"海瑞骂皇帝"。海瑞义正辞严地指出:"皇帝是天下万物之主,任重道远,想要称职,只有让大家畅所欲言,我今天披肝沥胆来为皇上陈述一番。"海瑞用历史上的汉文帝来比照嘉靖皇帝:"从前汉文帝是贤明的君主,但贾谊还痛哭流涕劝谏他,皇上你比汉文帝怎么样?你前些年做过些好事,可近来只是修道,大兴土木,也不上朝,滥派官职给人,二十多年不上朝的结果是法纪松弛,社会混乱。"

海瑞以封建社会最基本的道德标准来衡量皇帝:随心所欲怀疑、杀戮大臣,君臣关系极不正常;自己亲生的儿子不让见面,违背了父子亲近的天性;和皇后分开居住,躲在西苑炼丹,失去了夫妇恩爱的人之常情。"弄得天下不安,官吏贪污,将令横行,民不聊生。虽然严嵩已经罢相,可情况并没有什么改变,不是什么清明世界,所以根本不及汉文帝,差得远呢。天下人对皇上不满已很久了。"

嘉靖皇帝自比为尧,号尧斋。海瑞说,古来圣人贤人从来没有提倡过长生不死的学说,不仅唐尧、虞舜、夏禹、商汤、周文王、周武王没有活到明朝,汉朝、唐朝、宋朝的方士也没有活到明朝的。又举了陶仲文的例子:"皇上既然拜陶仲文为师学长生之术,如今师父不是也死了吗?不是也没长生不老吗?为何你还要一意孤行地追求呢?"所谓"仙桃""天药"都是虚妄的,桃子要采下来,药要根据方子配合,这两样东西都没有生脚,不会走动,说天赐实在荒唐透顶,实际是左右奸人欺骗皇上,皇上竟然相信这些,实在是大错特错了。

最后,海瑞规劝皇上改弦更张,励精图治,不要再沉迷修道炼丹,每天要上朝,与宰相、侍从、谏官谈论天下利害,研究国计民生,痛改几十年来的错误,像昔时的明君尧舜汤文武帝那样,为百姓谋福利,这样天下就不愁不治,万事就不愁不理。反之,如果还是像以往那般浑浑噩噩,只知道捕风捉影地追求茫然不可知的东西,那么皇上将一辈子无所作为,被人唾弃。

嘉靖皇帝看了心中又恼又气,"敢骂皇上,无法无天"。他把奏本往地上一扔,对左右吼道:"快把这人给我抓来,不要让他跑了!"宦官黄锦在旁边对皇上说:"海瑞上疏时,自知活不了了,已买了棺材,准备了后事,并向妻子诀别,家里的佣人也走光了。他正在家里等待朝廷发落呢,所以不用担心他会逃。他这人素来禀性刚正,名声很大,居官又清廉,从不取官家一丝一粟。"嘉靖皇帝一听倒愣了,又把奏本捡起来,一面读,一面叹气,可就是下不了决心,心中不悦,尽拿家里人、宫里人出气。有一天嘉靖皇帝无端发怒打了宫婢,宫婢私下哭着说:"皇帝挨了海瑞的骂,却拿我们作出气筒。"

后来嘉靖皇帝对人说:"这海瑞倒可以比作比干,但我不是商纣王。"不久皇帝生病了,闷闷不乐,对宰相徐阶说:"海瑞说得有理,可我病了,不能上朝办事了。也怪我自己不好,不爱惜身体,现在力不从心了,否则也不会挨他的骂了。"不过海瑞还是被逮捕入狱,追查主使的人。刑部判他死罪,但嘉靖皇帝一直没有将执行死刑的命令批复下来。户部司务何以尚认为皇帝没有杀海瑞的意图，上疏请求放了海瑞，反倒也被逮捕。

就在这一年冬天，嘉靖皇帝朱厚熜死了，皇帝刚死，关在狱中的海瑞并不知道，而牢狱的主管认为海瑞就要被重用了，就办了酒菜请海瑞吃，以此讨好。海瑞以为这是狱中陈规，犯人处决前饱餐一顿，就要押解刑场，所以吃了不少酒菜，可主管对海瑞耳语："皇帝驾崩了，你要被重用了。"海瑞听后放声大哭，想到自己买棺进谏，希望皇帝幡然悔悟，洗去数十年的积弊，结果并没有从神仙土木的失误中救出先帝，他心中格外难受，也为朱厚熜惋惜，竟在百感交集之下，把酒菜尽行吐了出来，晕倒在地上。果然没过几天，海瑞、何以尚都被释放出狱了。

海瑞骂皇帝，那么痛快淋漓，受到后人的敬仰。

应天巡抚

隆庆三年（公元1596年），海瑞升任右佥都御史，钦差总督粮道，巡抚应天十府，巡抚衙门设在苏州。这是一个实权很大、油水很多的官职，而且地位十分显赫。过去，每逢巡抚出游，都气派非凡，前面鼓乐引导，左右旌旗官牌簇拥，三班衙役前呼后拥，好不威风。海瑞一上任就颁布了著名的《督抚宪约》。宪约明确规定：巡抚到各府、州、县视察，各地政府一律不准乘机大摆筵席，至多只能在普通饭菜中加鸡、鱼、猪肉三样荤菜和一小瓶酒，并且明文规定每顿饭的花销最多不能超过三钱白银，其中甚至包括了蜡烛、火柴之类的用项在内，彻底革除了巡抚出巡时扰害州县的旧习。

他自己每次出巡，既不准用鼓乐仪仗，也不许当地官员出城迎接，不准造新房，就连翻修旧房也严格禁止。有一次，海瑞有事到附近一个县里办事，到了吃饭之时，县令请海瑞在县衙中用饭。大家就座后，县令吩咐上菜，不大一会儿工夫，饭菜摆满桌面。海瑞拧起了眉头，桌上鸡、鱼、猪肉荤菜颇有名堂，鸡里放了海参、玉兰片等上好的佐料。鱼既不是鲤鱼，也不是黄鱼，是十分珍贵的鲍鱼。猪肉更是讲究。"巡抚大人先请。"县令望着出神的海瑞，语调里还带有几分得意，海瑞没有多说，拿起筷子吃了起来。

一吃完饭，海瑞就站起来说："本官颁布的《督抚宪约》规定每次出巡用饭花销不能超过三钱银子，今日这顿饭这么讲究，超支部分我想请各位每人拿出一两银子，县令以为如何？"刚才还一阵得意的县令顿时哑口无言，慌忙从身上取出一两银子放在桌上，并连连说："下官以后再不这样了。"海瑞厉声说道："规定上写得清清楚楚，有人却投机取巧，如果为官的都似贵县这样奸滑，那奢侈的风气何日才能杜绝呢？今日之事，我且放过你们一次，以后再发生，一定严惩不饶。"

海瑞敢说敢做，属下有贪污行为的地方官员听说他来了，吓得心惊胆战，罪恶较大的赶快自动辞官。有些大族人家本来为了显赫，用朱红漆漆大门，听说海瑞来了，连忙改漆黑色。管织造的太监，平时威风得很，出门要坐八抬大轿，听说海瑞来了，吓得赶紧将抬轿的人减去一半。

在巡抚任上，海瑞主张限田，贯彻均平赋税的原则，实行一条鞭法，把原来按照户、丁派役的办法改为按照丁、粮派役，或丁六粮四，或粮六丁四，或丁粮各半，然后与夏秋两税和其他杂税合编，税粮、差役一律改为征银，差役可用银雇人充当。这样官吏不易与地主联合起来肆意勒索农民。

当时地主兼并农民田地的情况比较严重，被剥夺土地的农民纷纷到巡抚衙门告状申诉。海瑞平素最恨地主仗势欺人，马上提出让地主退田给农民。地主们心怀鬼胎，有一些人逃到别处去避风头，海瑞从权势大的权贵入手，当时罢相在家的徐阶是江南最大的地主，海瑞当面要求徐阶退田，徐阶只能照办。

海瑞帮助百姓兴修水利。江苏吴淞江是泄太湖之水的要道，沿江的田亩都靠这江水灌溉。可年代久了，一直没有修治，江岸又被湖水冲蚀，通道淤塞，一有暴雨，便成水灾，淹没田亩，经常闹水患。海瑞决定疏浚吴淞江和常熟的白茆河。海瑞亲自督阵，监视工程的进行。疏通水道后，老百姓得到很大利益，百姓原不敢想的事现在办好了，当时有民谣道："要开吴淞江，除非海龙王。"

海瑞的一些改革制度触犯了在朝在野官吏们的利益，他们群起而攻击海瑞，给事中舒化说海瑞虽是耿直之臣，但太不通世故人情。这主要指海瑞裁节交通机构过多的费用，按制度办事，凭人情但不合制度的一律不供应，不管什么来头，一些人感到委屈，怨言四起。以戴凤翔为首的官僚也向皇帝告状，说海瑞太过头，包庇坏人，打击乡绅，只图自己的好名声。张居正当时是礼部尚书，也写信指责海瑞。高拱当时任宰相，海瑞骂过他，他便把海瑞的职权剥夺了，海瑞只好告病回家。

清廉简朴

海瑞自应天巡抚被解职后，回到家中过着清苦的闲居生活。海瑞为官一直十分简朴，浙江总督胡宗宪笑话海瑞的一件事就是海瑞为自己母亲祝寿，只在市上买了两斤肉。

在淳安县令任上，海瑞家中除雇一两个老仆外，许多事都是自己亲自做。有人来拜访海瑞，县衙带到衙内空地，见海瑞正在种菜，此人深受感动。海瑞穿的是布袍子，吃的是粗米饭，只靠微薄的月薪过活。

海瑞从淳安县令调离，到吏部等候调令。那时正值大冷天，寒风凛冽，冰冷刺骨，海瑞只穿了一件破丝棉袍子，抵御不了寒风的侵袭，冷得牙齿发出"格格"的颤抖声。他的朋友吏部侍郎朱镇山见到此景，很不忍心，找了件衣服披在海瑞身上，关心地对他说："你太苦自己了，冷得这样，无论如何该去做件官服了。"在朱镇山的再三催促下，海瑞才买了一件黄绢的袍子。

海瑞从教谕到巡抚共做了十八年官，只买了一所值一百二十两银子的住宅,还是以薪俸结余的钱存起来买的,此外什么也没添置过。田产只有祖传的十亩地,也没增加。有人曾假冒海瑞的名义在琼州府一带放债买田,海瑞当时在外面为官,听到风声,便写信给琼州府知府史朝宜:"我入仕以来,至今未南归,俸金收入仅仅足用,我没有分文余钱可以放债,田业只有祖传十亩,此外未增一亩一分,有以我名义放债的全是假冒,乞求知府查治。"

明代官俸不高,海瑞一家吃饭都不是很饱。有一次,一位同乡青年来向海瑞请教学问,谈论经义,谈着谈着见海瑞一只手常按自己的肚子,也不知何故,两人谈了很长时间,海瑞把他送出家门,回到家中连再说一句话的力气也没了,实在是饿极了。那位同乡青年后来听人说海瑞生活清苦,常吃不饱,才明白为什么海瑞与自己谈话时用手按肚子。

海瑞回乡不久,母亲谢氏去世,按察司副使陈复升送了一笔厚礼,海瑞才用来购买了一块坟地。县里的吏书暗地替海瑞的田少算一亩八分,以为讨好,海瑞知道了把吏书找来,当面纠正了他,一定要照实亩数算。

万历十三年(公元1585年),广东巡抚邓炼再度举荐海瑞,海瑞出任南京都察院右佥都御史。海瑞在赴任途中,接到新的任命,改为南京吏部右侍郎,这时他已七十二岁。海瑞到任便出告示,禁止向新任官员馈赠礼物,接着就做了一件大快人心的事,禁止兵马司等衙门随便开票子向街坊索取物品。当时,西营街商人陆武到通政司告状,并拿出六张兵马司所开列的票子作为明证,海瑞经过调查,发现这种变相抢掠的勒索行为实在惊人,百姓无法承担。海瑞坚决废止了这一相沿日久的积习,受到商人们的拥护和歌颂。

后来海瑞又调任南京右都御史,由于朝中的政治斗争,加上自己年岁已高,海瑞接连提出要告老还乡,但均未获准。万历十五年(公元1587年)十月十四日,海瑞病逝于任上。临死前三天,兵部送来的柴火银子多了七钱,海瑞执意不收,硬叫人扣回去,前来送钱的人十分感动。由于经济拮据,又没有直系亲属在南京,海瑞死后,他的同官替他清点遗物,全部家财只有俸金十多两银子,绫、绸、葛各一匹,比一般寒士还不如。佥都御史王用汲来吊唁,看到这情景,忍不住哭出声来,便与御史们商量,大家一起凑了钱,为海瑞办了丧事。

民间得到海瑞病逝的消息,都互相走告。南京百姓罢市停业去参加送葬。海瑞的灵柩从南京城被三十六位身着白衣白帽的差役缓缓抬出,沿途哭声不绝于耳,哀乐震天。当丧船经过时,穿了白色衣冠的送殡者拥满了两岸江边,祭奠、拜别海瑞。天空中,一只孤雁凄厉地哀鸣着,向南飞去……

朝廷赠海瑞太子太保之衔,谥号忠介。海瑞一生刚正,自号刚峰,人称刚峰先生。他在任地方官和京官时敢于说真话,大力平反、清理冤狱,深得人心。慢慢地,海瑞成为一种正义的象征,民间开始出现关于他的神化了的传说,有了专门描写海瑞的小说,如《海忠介公居官公案》。后来又有《海公大红袍》和《海公小红袍》这两部长篇章回小说,分别写海瑞与严嵩斗争的故事和海瑞与张居正父子斗争的故事。还有许多传统剧目也上演着海瑞的故事。这一切都说明海瑞这个历史人物在民间有着深远而广泛的影响。

参考文献:
1. (清)张廷玉等:《明史·海瑞传》,中华书局1990年版。
2. (清)佚名著、任豪点校:《海公案》,三秦出版社2005年版。

智勇过人,清介绝俗
——直隶巡抚于成龙

在完成了统一大业以后,清朝的康熙帝采取了一系列恢复经济、安定社会的办法,重用了一批有贤德的官员,对社会的休养生息、逐渐繁荣起了一定的作用。这些官员中有一位曾被康熙赞许为"天下廉吏第一"的清官,他就是当时任直隶巡抚的于成龙。

于成龙(公元 1617 年—公元 1684 年),字北溟,山西永宁(今山西离石市)人,是明代崇祯年间的副榜贡生。顺治十八年(公元1661年)出仕为官,最后官至直隶巡抚、两江总督,官位显要。但于成龙不忘民本,勤政为民,每到一处都身先士卒,受到百姓的爱戴,尤其在江南,更是美名流传。

为民造福

于成龙开始入朝为官时,任广西罗城(今广东北部、广西融江两岸)知县。罗城地处万山之中,瘟疫流行,乌烟瘴气。这儿又是战争刚刚结束之地,遍地的灌木丛林经过战争变成废墟一片。人们早已流离失所,逃难他乡了。于成龙到罗城县,见到的只有六户居民,根本没有城墙,更没有县衙办公之地。见到此情此景,于成龙万分感慨。虽然此时于成龙已四十五岁,可他仍雄心勃勃,决心为民造福。

于是,于成龙先把城内六户居民召集起来,安慰他们,向他们公布保甲之法,让他们相互之间有个照应。如果有盗贼来犯,就让他们联合起来对付盗贼。接着,于成龙奏请上司获准:一旦捕获盗贼,证据确凿,可立即绳之以法。百姓原本悬着的心都放下来了,开始过着比较平静的生活。

不久,附近的瑶人来罗城县抢掠,于成龙集合城中的义勇,扬言要去捣毁瑶人的老窝,瑶人信以为真,反倒害怕起来,派人向于成龙表示再不来骚扰了。百姓生活更加安定,他们开垦荒地,全力从事耕作,生活富庶起来,罗城周围的百姓纷纷徙入罗城县,罗城的人丁也兴旺起来。

于成龙在罗城知县任上共七年,多次呈请上司,请求减轻罗城百姓的徭役赋税。他创建学馆,设立养济院。凡是应该兴建的他都兴建了,而该废除的也都废除了。罗城面貌大变,十分繁荣。

康熙六年(公元 1667 年),广西总督卢兴祖向朝廷推荐于成龙,赞扬他说:"罗城在深山之中,本来荒凉不堪,可于成龙治理有方,任事练达,实在是才能卓异。"不久于成龙升任四川合州(今四川合川等地)的知州。四川在战后变得较荒芜,合州只有一百多户居民,朝廷也只征十五两税赋,但徭役繁重,老百姓痛苦不堪。于成龙到任后请求革除弊端,让百姓专心从事农垦,可百姓穷困,买不起耕牛和粮种,于成龙设法向百姓贷牛贷种。隔了仅一个多月,州中居民竟增加到一千多户,因为邻近的县中百姓听说合州来了一位体恤民情的知州,纷纷迁徙而来,合州也被于成龙治理得井井有条。

因于成龙政绩卓著,朝廷又调他到难以治理的湖广黄冈(今湖北黄冈县等)任职,驻扎在岐亭。岐亭原来是个盗贼出没的地方,盗贼在大白天也敢公开抢劫,谁也拿他们没办法。于成龙觉得不能硬碰,可以从内部分化瓦解盗贼,招抚他们。

有一个盗贼首领叫彭伯龄,他没有负隅顽抗的心思,于成龙派人前去招抚他,并赦免他的罪行。然后以此为例,张榜告知盗贼,让他们出来自首,可以用行动、财物来赎罪,减轻罪名。这样一来,其他盗贼都不敢太放肆了。于成龙并没有罢休,他微服私访村堡,调查盗贼行踪,经过反复多次了解,终于掌握了盗贼的活动情况,最后将他们一网打尽。在微服出行中,于成龙了解民生疾苦、冤情疑案,妥善加以处理,黄冈百姓十分佩服于成龙,连当时的巡抚张朝珍也向朝廷盛赞于成龙卓著的才能与政绩。

康熙十七年(公元 1678 年),于成龙任福建按察使。明末郑成功收复了台湾,想要反清复明,郑成功的儿子郑经带兵从台湾回来攻占了泉州、漳州等地(今福建南部),可不多久被清军打败,朝廷下令捕获泉州、漳州等地私通海匪的百姓,株连数千人。于成龙了解这一情况后,马上上书康亲王,认为所牵连的人大都是平民百姓,应该立即释放。康亲王平素非常器重于成龙,所以很快准予他的全部请求,这些本来要被朝廷处死的人也全部被于成龙解救出来了。

于成龙在福建的另一功绩是断案有方,疑难案件只要到了于成龙手里便会真相大白、水落石出,所以没有积沉下来的案子。有一次,于成龙听说军中无聊之士抢掠民女,百姓怨声载道,便亲自到军中交涉,并拿出自己的俸禄赎出民女,还给路费让这些民女回家。

福建巡抚吴兴祚这样赞赏于成龙道:"成龙执法严明,不徇情面,所有疑案都判明断决,性情淡泊,贪官畏他,百姓爱他,廉能堪称闽省第一。"

智勇过人

康熙十三年（公元1674年），于成龙任武昌（今湖北省武昌等地）知府。当时原已降清的明朝将领吴三桂又起兵反清，另外耿精忠、尚之信均响应吴三桂，史称"三藩之乱"。吴三桂首先在云南起兵，又进攻湖南。朝廷派兵镇压。张朝珍令于成龙在咸宁县（今湖北东南的咸宁市）境内建造浮桥，以渡王师过江。于成龙接到命令后，迅速调集人力、财力，连续奋战，终于提前造好了浮桥。可谁知桥刚造好，突然山洪暴发，把浮桥全部冲毁。于成龙因此被罢免官职。

这时，吴三桂又散布伪造的"奏札"给湖北各州县，结果湖北的麻城（今湖北东北部的麻城市）、大冶（今湖北黄石南部的大冶市）、黄冈（今湖北东部的黄冈市）、黄安（今湖北东部的红安县）等许多地方的盗贼都依山结寨响应吴三桂，一时气焰很盛。

这时，有一个叫刘君孚的人，也拿到了一份吴三桂伪造的"奏札"，便与兴宁山大盗黄金龙一起，又联合大盗周铁爪，占据了曹家河一带，举旗反叛。刘君孚曾经是于成龙手下的差役，十分善于抓盗贼，有一身的好功夫。形势十分严峻，张朝珍心急如焚，思来想去，觉得唯有于成龙可以治盗，因为以前于成龙在罗城、合州降盗有方，深得民心。于是起用被罢免官职的于成龙，让他前去招抚匪盗。

于成龙凭自己一身正气，竟然独自一人，单枪匹马直奔盗贼山寨。因为于成龙知道，刘君孚虽然反对朝廷，但他一直处于犹豫和矛盾之中。于成龙星夜兼程，在距山寨十里地的地方停下来，张贴了一张布告，声明自首的人可以免罪。过了几天，来于成龙处受抚的人络绎不绝，每天有一千多人，于成龙全部宽大处理。

可是刘君孚一直没有出来。于成龙带了两个侍卫第二次骑马直入敌营，并大叫："刘君孚出来，刘君孚出来！"刘君孚心中的确在犹豫,几天都睡不安稳,听到于成龙呼叫,赶紧出来叩头谢罪,手下又有几千人投降。

黄金龙闻讯后仓皇潜逃,于成龙乘胜追击,由了解黄金龙底细的降者领路,终于在深山峡谷中抓获了黄金龙。张朝珍得到这一捷报,十分高兴,上疏请求朝廷恢复于成龙的官职,并说:"黄州四十八寨,原来匪盗出没,百姓深受其害,只有于成龙来治理,匪盗才不敢放肆。"于成龙又被提拔为黄州(今湖北东部的黄州市)知府。

刚上任不久,黄州附近的匪盗纠合在一起,围攻黄州城,不巧黄州的镇兵跟随王师去湖南镇压吴三桂了,只有居民数百人。于成龙与属下商议,大家认为只好先撤退到麻城坚守。于成龙沉吟了一会说:"黄州是七郡的门户,我们有王师驻扎在荆州(今湖北宜都一带)、岳州(今湖南岳阳),调运转道全部要取道黄州,是军事要塞,放弃而不坚守,荆州、岳州就会受到威胁,所以我们不能撤退。"

匪盗从东面夹击黄州,于成龙临危不惧,将城内的两千名兵士一分为二,让属下罗登云带一千人在东路阻击,自己带一千人在西路阻击,多次打退敌人的进攻。战斗闲隙,他又调整兵力,主动出击,让属下吴之兰攻左,张尚圣攻右,自己冲击敌人中坚部队。战斗打得十分艰苦,吴之兰不幸中箭身亡,部队也有些损失。在关键时刻,只见于成龙策马扬鞭,冒着箭雨向前奔驰,并对随后的属下李茂升说:"我死了,你把情况报告给巡抚大人。"说完便大叫:"冲啊!杀啊!"直奔敌阵。李茂升、张尚圣前后呼应,奋力拼杀,士气大振,活捉了匪盗首领,同时援兵到来,一举全歼东山之贼。于成龙因此受到了朝廷的表彰。

直隶巡抚

康熙十九年(公元 1680 年),于成龙被提升为直隶巡抚。于成龙一上任便告诫知府、知县不准私自增加粮食损耗费。过了一段时间，于成龙依据道府报告的情况，罢免了一些弄虚作假、不称职的县官。没想到这些县官一起向朝廷诬告于成龙和道府，说于成龙等因未收到他们的贿赂钱财才罢免他们的，闹得沸沸扬扬。

于成龙立即上疏："上有督抚、监司，下有州县，上下名义不能超越，从未有县官直接攻击上司、体统颠倒的。事实上，我一到任就查阅档案，发现了很多问题，例如，已故的知县施延宝、夏显煜侵占拖欠国库银子数以千计，被弹劾后反诬告道府官吏。现在又有人来仿效，真是劣习成风，反不知有怪了。我任巡抚后，抱持着驱除贪官污吏、拯救劳苦百姓的宗旨，根据道府的揭发报告，只惩办了那些问题特别严重的县官。而这些人胆大包天，胡说八道，不按下情层层上达的程序，直接封验文书上呈朝廷，这种不可一世的样子，绝不能轻饶。否则道府也会风气日下、姑息养奸，国家的法纪就会颓废，这样就十分危险了。"

看了于成龙的奏疏，康熙皇帝十分重视，让大臣议定：凡督抚姑容不法道府官吏的，要降三级使用。凡属官告上司的，要按程序；但如果正好在上司揭报之后的，则不准予理睬，同时革职查办，且一经革职便移交刑部定罪。这些作为惯例推行下去了。

接着，于成龙开始兴利除弊，为民请愿。他又一次上疏："宣府（今河北宣化）所属的东西二县有沙地千百顷，百姓一直歉收，前任巡抚金世德曾请求免税，但未获准。现在百姓无法生存，只能再次要求免税。虽然现在云南、贵州还有战争，但那些盗贼余孽指日可以荡平，军需不足之事也不是大问题了，免掉这些沙地的税赋，对国家来说只不过是点滴损失，但对这里的百姓却是积恩积德的大好事。"康熙皇帝闻言大喜，同意免掉那些沙地的粮税。于成龙又为百姓办了一件好事。

康熙二十年（公元1681年），于成龙入朝拜见皇帝，康熙皇帝对他大加赞赏，对他说："你是当今第一清官，实在难能可贵。我听说以前你在黄州时,盗贼猖狂,而你单枪匹马前去招抚了他们,你是用什么方法能产生如此大的威力呢?"于成龙回答说:"我只是对盗贼讲了皇上您的大仁大德,并没有其他什么才能和方法。"康熙又问:"你的下属官吏中有特别清廉的人吗?"于成龙说:"有,如下属某知县谢锡衮、同知何如玉、罗京都是十分有才能又清正廉洁的好官。"康熙又问:"你前一段时间弹劾了一位叫赵履谦的知县,朕看了疏言觉得的确有理,应当如此。"于成龙启奏:"实在是赵履谦为官不正,他征收规定的赋银一万多两,却多收损耗银子三千多两;领国库银子一千多两赈济灾民,却吞入自己的腰包。我不得已才弹劾他的。"康熙说:"为政应当识大体呀!"

后来康熙对大臣们谈起于成龙廉洁自律的事迹时,大臣们都说,于成龙的下属或者亲戚想送礼给他,他是一概不受的。康熙听后感慨地说:"他家境不富,朕赠他好马一匹,赐银子一千两,以示对他的鼓励。"

两江总督

康熙二十一年(公元1682年),于成龙奉命任两江总督,消息传出,江苏、安徽、江西一带大小官员纷纷忙碌起来,为了讨好这位受康熙帝赞赏的两江总督,有的不惜一切工本张罗,为总督大建行宫,有的四处活动,为新上司搜奇寻宝。一时间,两江一带官员忙得不亦乐乎。

正当这些官吏在各自地盘上绞尽脑汁,准备向新上任的总督大人邀功争宠之时,忽然有消息传来:新任总督于成龙已到了总督府。原来,于成龙既未带仪仗,也未带随员,只带着小儿子雇了一辆小毛驴车,身上也不过带了二十文钱,投宿最普通的旅舍,根本没有惊扰驿站。他就这样到了江宁,那些贪官污吏心中倒惊慌起来了。

于成龙把所属官吏召集起来,首先当众宣布:"为官应该清俭廉洁,奉公守法。听说有不少人想利用我上任的机会大做文章,这儿我要奉劝大家,最好不要来这一套。今后如果有人想借机铺张浪费、鱼肉百姓,休怪我对你们不客气。"于成龙讲完,那些投机取巧的官吏,个个吓得面如土色。

于成龙也十分关心、爱护下属。他四月到任,六月正好是两年一次的举劾之期。于成龙上疏说:"我是四月上任的,已经在暗地里了解了一下属官的情况。有一些官吏对自己要求很严,强调名节,但所做的不一定全部符合民意,虽然没有触犯民意,有些行为在于清浊之间,好的官还称不上循吏,不好的官也称不上贪官,恐怕难以举荐或弹劾他们,所以请求暂停两江此次的举劾。待我进一步了解之后,对好的官员再奖励提拔,特别有成就的就特别疏请举荐。不好的官员我要告诫他们,让他们有一个改正的机会,如罪恶较大的也特别疏请弹劾,绝不姑容。"

接着,于成龙开始着手革除积弊,很细小的事情他都事必躬亲,废寝忘食,不敢有松懈。江宁知府空缺,他举荐了当时有作为的通州(今江苏南通)知县。于成龙喜欢微行查访,了解民情,了解官吏的所作所为。那些原本有劣行的官吏闻风丧胆,以致在市上遇见白须飘逸、身躯伟岸之人常以为是于成龙,吓得相互报信。

数月之后,两江地区政风大改。那些权势豪族之人既怕于成龙,又恨于成龙,惶惶不可终日,于是就捏造、散布谣言,诽谤于成龙。

康熙二十二年(公元1683年)十月,副都御史马世济在江南督运漕粮后回到京城,被权贵利用,上书弹劾于成龙。他说:"于成龙初到江南时,的确美名如故。但听说他任用中军副将田万侯以后,人们怨声四起。我正巧奉旨出差在江南,果然看见于成龙年近古稀,已是迟暮的样子。他们都在议论,田万侯欺蒙总督,仗势作弊,只不过没有实据,难以去告倒他。而于成龙衰老,已不能明察秋毫,所以才让这些小人拨弄是非,败坏善政。

还有,各衙门皆贴着总督的告示,遣词造句难以入耳,上面有许多对属官的污蔑之词。因此,特请求罢免田万侯,让于成龙告老还乡。"

朝中大臣商议,认为马世济也没有说出个所以然来,便令于成龙回奏解释。于成龙心中极为不悦,但仍启奏道:"我到江南,总是以兴利除弊、体察民情为己任,无奈两江的各项事务繁剧,我昼夜忙碌,从不敢听信别人信口之言,都是自己亲自了解情况。然而积习难返,也许有人会伺机钻空子,或欺骗,我也不敢保证一定不出问题。马世济讲的中军副将田万侯倚势作弊之事,我的确一直未曾察觉。而至于告示一事,是因为我了解到地方上的弊端、民生疾苦、官吏未曾做好的事,都要立即整顿,以利害祸福之言告诫官吏,遣词用字可能比较严厉,但绝不是秽言污辱。我承认自己气衰力疲,已到龙钟之状的年纪,今非昔比,自己也不想回避,如果马世济所言属实,你们可以严加处理。"兵部最后决定革去中军副将田万侯之职,降级听调。吏部念于成龙确已衰迈,让他退职,呈报康熙批复时,康熙仍留任于成龙。

康熙二十三年(公元1684年)三月,于成龙又兼摄两江巡抚。于成龙对别人对他的非议并非无动于衷,常常心事重重。这时被罢相的熊文端居住在江宁,有一天,于成龙路过熊文端家,就走进去拜访他,两人坐在院子里的梧桐树下交谈,于成龙把自己的心事说了出来。熊文端说:"你也在担忧别人的闲话吗?作为大丈夫,生死都不可以改变自己,何况其他东西。你似乎过虑了。"于成龙听了此番言语,心中很感激。后来又有一次路过熊文端家,于成龙再次进去拜访,熊文端见于成龙面有忧色,便厉声对于成龙说:"你又忘了前日在梧桐树下我们说的话吗?"此后于成龙时刻把熊文端的话牢记在心。

廉吏第一

于成龙为官清介绝俗,罗城县令任上,百姓都把田粮税赋钱亲自交到于成龙手中,有人多留一些钱在桌上,想送给于成龙,于成龙坚决不要。最后大家恳切地说:"大人您不加收损耗银子,不谋衣食,难道连酒也不用买吗?"于成龙感激大家的诚意,只留下了买一壶酒的钱,表示领收了大家的心意,此后再也不收了。在罗城时间久了,连他的仆人都忍受不了他的清苦,离他而去。后来于成龙被提升为合州知府,罗城居民都舍不得他走,说:"于大人现在要走了,我们就如黑云遮天一般,不见天日了。"于成龙临走时,百姓追着、送着,百里不绝,哭声震天。

于成龙调任福建按察使时,船要开了,他催促别人去买了许多萝卜来,别人讥笑他说:"这种便宜东西,为何买这么多?"于成龙说:"我沿途就想吃这些东西。"到任后不久,人们奇怪地发现官邸后院的槐树叶子一天天稀少。开始人们以为树有病了,后来发现于成龙的仆人在树上采槐树叶,便向仆人打听,才知道于成龙喜欢喝茶,可他认为当时茶叶太贵,不愿花费那么多钱去买茶叶,就想出以槐树叶代茶叶的办法,让仆人采槐树叶炒制茶叶。别人知道此事后,都笑于成龙是"小气鬼",可于成龙知道后却说:"官场上奢侈腐化成风,如果大家学着小气些,那才是好事!"

在江西时,一次于成龙的大儿子特地从老家来看他,于成龙十分高兴。儿子临走时,他没给儿子捎钱,也没给儿子带什么礼物,看到厨房里有一只咸鸭子,于是割了半只交给儿子。于成龙认为这半只咸鸭子给儿子带回去已经足够了。这事一传出去,大家都十分感动,当地有一句民谣就是说此事的:"于公廉洁顶呱呱,长子临走割半鸭。"

在总督两江时,于成龙自己带头注意生活简朴,每天只吃蔬菜粗粮,江南百姓送给他一个别致而有趣的美名:"于青菜"。遇到饥年,他就吃些杂粮碎米煮的粥,客人来看见后觉得不可理解,于成龙总是对他们说:"如果大家都能这样做,那就可以多留些粮食来赈济灾民了。"

江南风俗,喜欢讲排场,婚丧嫁娶崇尚奢华,于成龙身居高位,带头节俭,那些士大夫之族见之,都减少了车马、仆人,不再过分豪华,豪门之族只能举家远避。

康熙二十四年(公元1685年)四月,于成龙因病卒于两江总督任上,终年六十八岁。他去世之后,江南百姓十分悲痛,市民罢市聚哭,乡下不少人画了他的肖像挂在家中祭祀。同僚去吊唁他,见床头衣箱内只有一件粗布袍子,瓦罐中只有粗粮数斗,还有油盐酱醋坛几只,都感动得掉下了眼泪。

朝廷加赠于成龙太子太保官衔,谥号"清端"。当时内阁学士锡住勘海疆还京,康熙皇帝向他询问于成龙的为官情况,锡住启奏说:"很清廉,但也较轻信,有时被属官欺骗。"康熙说:"于成龙任直隶巡抚居官清正,我特别提拔他为总督。到江南,有人说他改变了原来一贯的作风,现在他去世了,我才知道他始终廉洁,很为百姓称颂。大概是他生性耿直,与他不和的人挟私仇而说他的坏话,造出属下欺骗他之类的谣言。为官像于成龙这样的能有几个呢?"

这年冬天,康熙皇帝南巡到江宁,对也叫于成龙的江宁知府说:"你为官务必学习前任总督于成龙,要做到正直洁清,不辜负百姓的期望。"回到京城,康熙皇帝又召见大臣们说:"治国尤靠那些廉吏,我出巡江南,听到大家都称赞于成龙居官清正,实在是天下廉吏第一。"又制御诗赞扬:"服官敦廉隅,抗志贵孤洁","江上见甘棠,遗爱与人说"。

于成龙从县令到总督,一心勤政为民,地位显赫,可从不奢侈。康熙十五年(公元1676年),于成龙继母卒,丁忧夺情。康熙十九年(公元 1680 年),于成龙上疏要求归母葬。于成龙早年丧生母,全是继母一手拉扯大的,所以他一定要报答继母。后获准三个月假,事毕就赴两江总督任上,也不敢稍待。于成龙是封建时代被百姓呼为"清官"的难得之才。

参考文献:
　　1.(近代)赵尔巽:《清史稿·于成龙传》,中华书局 2002 年版。
　　2.王若东、刘乃顺、林祥:《于成龙传》,山西人民出版社 2000 年版。

廉正自守，且勤且俭
——两江总督陶澍

清王朝到了乾隆中叶以后，开始日渐衰落。嘉靖、道光年间，财政日益拮据，特别是道光年间，英国加紧输入鸦片，白银大量外流。这使得社会矛盾越来越尖锐。有识之士为国家命运担忧，寻找一些改革的路子。陶澍就是其中的代表人物之一。

陶澍（公元 1778 年—公元 1839 年），字子霖，号云汀，湖南安化县（今湖南中部偏北）人。清嘉庆七年（公元 1802 年）进士，入翰林院。历官江南道监察御史、四川川东兵备道、山西按察使、福建按察使、安徽布政使，后升任安徽巡抚、江苏巡抚，道光年间官至两江总督，辖江苏、安徽、江西三省，留下了很好的官声、政声。湖南、江苏、安徽及四川一带民间，至今仍较广泛地流传着"清官陶澍"的故事。

试行海运

陶澍生于农村，家中也以耕种为业。陶澍从小聪明过人。传说他放牛时，牛不吃草，他便把牛赶到山谷青草茂盛的地方，然后自己躲起来不让牛发现，牛便毫无顾忌了，大口大口吃起青草来，等牛吃饱了,他才把牛赶回去。他自幼奋发向上,刻苦攻读。十三岁时就以他父亲的口气撰写了这样一副春联:"红芋、苞谷、蔸根火,这点福老夫所享;齐家、治国、平天下,那些事小子为之。"可以看出他很早就有志于以天下为己任。

嘉庆十五年(公元1810年),陶澍出任四川乡试副考官。他兢兢业业,当时四川总督蒋攸铦夸赞他的才干是"四川第一"。嘉庆二十四年(公元1819年),陶澍出任川东兵备道,实心办事,深入调查,有决断,办事效率高。后升山西按察使,离开川东时,百姓攀辕奔走,前来送行,两岸夹道,十里不绝。

当时因安徽亏欠"甲于天下",朝廷先后五次派人清查,但亏欠仍不下数百万。最后朝廷调陶澍任安徽布政使。陶澍到任后便采取彻底清查的办法,将州县欠款截清界限,层层考核,杜绝新亏;继而在巡抚任内继续整顿,对朝廷规定的不合理税额,疏请调整。三十多年来纠缠不清的账目一下子有了头绪,安徽的亏欠开始减少。

漕粮运输与盐政、河工被称为中国古代三大政。道光五年(公元1825年),陶澍调任江苏巡抚。漕粮本来由运河水道运输,但水道年久失修,江南段运河已节节淤塞,水位降低,漕粮运输船常常搁浅。陶澍在赴任途中,便沿途察看漕运情况,后又经过一番考察,提出了海运建议,马上得到道光皇帝的肯定。

元代、明代也曾试行过海运,但终因海盗抢劫、倭寇扰害而作罢。陶澍认为运河粮船虚耗民力,沿途官吏敲诈勒索,百姓负担沉重,海运则可以避免这些弊端。他亲自筹备,不顾一些旧臣的反对,先将苏州、松江、常州、镇江四府及太仓一州的漕粮归海运。

道光六年(公元1826年)二月,陶澍上奏给道光一份奏折,并附一张海运图,详细规划了从上海黄浦口到天津海口的航运线路,对各段水势特点、泊船口岸、海防设施作了周密布置,得到了道光帝的批准。接着陶澍就行动起来,首先广招商船,让船户载一石米即有一石价钱,完成好的船户另有奖励,中途没有官吏盘剥。其次派专人在上海监验待装上船的漕粮米色,确保漕粮经过较长时间的海运质量完好。筹备完毕后,一千多艘沙船将首批江南漕粮运往天津,随船都有武职大员押送,沿途水师提镇按地段派哨船兵丁巡防护卫。春天启运,当年夏天顺利抵达目的地。天津验米接船人员都说米的色泽光洁,比运河运输的质量好。接着又运了一批,把一年的漕粮分两批全部运完。

海运漕粮的成功,既保证了朝廷的供给,又对促进海上运输、商品交易起了一定的作用,百姓也觉得很便利。道光帝对陶澍十分赏识,赐戴花翎。

魏源称赞漕粮海运有三利:"利国、利官、利民"。从时间上看,海运来回两趟只要三个多月,较运河一趟快数月;从运费上看,两趟运粮一百六十余万石,费银一百四十余万两,平均每石不到一两,较运河的运输减少三分之一的费用。而且以商运代官运,有惠商政策,利于船户增加收入。

陶澍当时极为兴奋,他满怀信心,希望从此解决漕运积弊。第二年,他会同当时两江总督蒋攸铦上奏朝廷,请求将苏州、松江、常州、镇江、太仓的漕运永归海运。但此时朝廷纷争不一,道光帝准行海运,也不过应急而已,所以一直没有批复,海运仅实行一年即告夭折。直到道光二十四年(公元1844年)运河又阻,道光帝不得已再次下令"复行海运",后来海运才逐渐成为常规。

革新盐政

历代封建王朝,皆以盐铁为政府专营。盐课是清政府主要的税源,百姓也不可一日无盐。清初就设巡盐御史,后改为盐政,由总督和巡抚兼任。嘉靖、道光年间,盐官渐渐与盐商勾结,任意浮报开支,从中渔利,以致官盐价格一天天上涨。据说当时湖广各州县官盐价格每斤制钱六十文到七十余文,私盐乘虚而入,价格只不过三十余文。官盐滞销,税款落空,本来两淮地区上缴盐税最多,可道光十年(公元1803年)因私盐充斥市场,盐税积欠税银共达四千八百六十二万余两。

就在这一年,陶澍被任命为两江总督。他马上着手进行盐政改革,向清政府提出改掉淮盐积弊的方案。他首先大刀阔斧地删去在食盐生产、运销过程中盐商、盐官以各种名义征收的杂费,减低官盐成本,使官盐价格低于私盐。老百姓总是愿买便宜的食盐,官盐一旦畅销,就可以增加清政府的盐税。

此时清政府派了户部尚书王鼎、侍郎宝兴为钦差大臣,考察两淮盐务,协助陶澍进行改革,拟定了盐务章程十五条。

道光十一年(公元1831年),陶澍奉命兼理两淮盐政。他对盐政衙门的各项开支仔细加以审核,裁减了每年不必要的"陋规"银子十六万两,统一裁定费用,正本清源,盐官、盐商也不敢再任意浮报杂费。又设立两库,将上缴政府的税款贮存在内库,专候政府调拨,任何人不得挪用;归盐商和地方开支的杂费就存在外库里,可以随时提用。陶澍还规定严禁粮船、官船夹带私盐,以前漕粮北运京师,回来空船就夹带芦盐,侵占了淮盐的销售,陶澍分派兵力去稽查,漕运总督贵庆对陶澍十分不满,但陶澍仍坚持原则,坚决查处。

陶澍又在淮北实行"票盐法"。原来商人运销官盐,必须凭户部发给的凭照,称盐引。明代立的《盐政纲法》规定:盐商所领盐引编成纲册,允许各盐商永远据为"窝本",每年照册上旧数分派新引,并可世袭。清代沿袭这一纲法,称"窝本"为"窝根"或"根窝",这是盐商经营盐业的专业凭证。有些盐商只需每年把"窝根"典给别人,自己就能坐收厚利。

陶澍征询了魏源等人的意见,决定从根本上改革纲盐制,创行票盐法,打破食盐运销垄断之弊。道光十二年(公元1832年),陶澍制订了票盐法章程,以淮北作为票盐的试点。所谓票盐,简单地说就是设局给票,注明斤数、运地,允许商人买盐销盐。所以,无论何人,只要照章纳税,均可领票销盐。这就废除了盐业专商,又将官营彻底改为商营,将营运盐业变成一种自由贸易活动。票盐法实行后,两淮所得食盐税利一下增加不少,一改过去亏欠窘境。后来淮南、浙江、福建也改行"票盐法"。

不少奸商贪官对陶澍恨之入骨,设法攻击他。当时扬州人爱玩纸牌,在纸牌上画一棵桃树,又画一个人作持斧砍树形状,暗示对陶澍的诅咒。可大多数人还是得到很大的利益,尤其是两淮盐商,十分拥戴陶澍的做法,过去遭受排挤打击的私贩,实行票盐法后也可正式营运盐业。票盐法保障了多数自由从事盐业购销商人的合法利益,也活跃了市场。

陶澍对两淮盐政的整顿改革,不仅促进了两淮制盐业的发展,而且促进了江南经济的复兴。

致力河工

河工水利也是清代三大政之一。陶澍在安徽巡抚和江苏巡抚任内致力河工,保全民生,政绩十分显著。

东南一带河湖较多,一旦大雨滂沱,湖水泛滥,横溢民田,便时有水患,百姓苦不堪言。道光四年(公元 1824 年),安徽濒江发生水灾,陶澍奋力赈灾后,决意兴修水利。他亲登涂山(今安徽蚌埠西淮河南岸)、八公山(今安徽寿县北)绝顶,周览全淮形势,筹集款项,组织人力,治理、疏浚了寿城西湖等。怀远县新涨沙洲阻水,陶澍又开引河数道,导水入淮。淮水所经之地,陶澍劝民修堤防水,保障农田水利。很快,安徽出现了"嘉禾满大田"的丰收景象。

江苏由于太湖入海水路不畅,连年发生水灾。陶澍认为太湖流经吴淞江及浏河、白茆河入海,治水当以吴淞江为最重要,治吴淞又当以通海口为最重要。陶澍上奏,准以海运节省银二十余万两修浚吴淞江。他实地勘察,因势而作,挑深挖直,一冬而工竣。后陶澍任两江总督时,又与当时的巡抚林则徐一起疏浚了浏河、白茆河,治理了练湖(今江苏丹阳市西北)、孟渎(今江苏常州市西北)。《清史稿》中肯定陶澍治水的这一政绩时说:"吴中称为数十年之利。"

在治水过程中,陶澍已朦胧地萌发出修建较为系统的治水工程的意识,他说:"天下的水利,最大的就是江南,太湖又是江南水利最大的工程,因此治理江南的水利,首先是治理太湖,而治理太湖最主要的又在其下游出海口吴淞、浏河、黄浦。太湖治理好了,百姓可以免遭水害了。"

道光十一年(公元1831年)六月,洪泽湖水暴涨,江淮又发生特大洪水,堤岸处处发生险情。陶澍亲自动身前去察看,并在现场指挥抢险,保护下游。七月下旬,高邮湖水漫溢,沿江一带民田房舍被淹没,百姓流离失所。陶澍急令调集人力搬石运土,抢险救灾,并分发救灾物资。洪水过后,陶澍仍不辞辛劳地到灾区视察,见百姓纷纷逃荒外地,田舍村庄空荡无人,四周茫茫一片,灾民只能以野草树皮充饥。陶澍下令属吏极力设法安抚灾民。在治水救灾过程中,陶澍亲驻工地,食宿简朴,经常通宵达旦地办公。有的堤坝四面背水,要到数里之外挑土,并雇船装运,陶澍仔细查勘,不准属下有丝毫松懈。在陶澍的努力下,灾情损失有所减轻,水利设施次第兴修。

道光皇帝知道后十分赞赏陶澍,对大臣们说:"看此光景,今年江南虽遭水灾,待明年一定会渐渐恢复,国泰民安。陶澍是良臣,而我也获得了知人并善于用人的美名了。"

陶澍最可贵的是民本思想。当特大洪水淹没农田之时,陶澍不能一下子使大水退掉,非常着急,也曾祷告于城隍,幻想有天助之力来力挽狂澜,他说:"尊敬的天神应该与民最亲,希望赶快降水神之威,收敛风雨,让水都归流,使百姓可以新生,这将是地方的大幸,也是我身为父母官的大幸。"陶澍的爱民忧民为民之心赤诚可见。

实际上陶澍并不迷信,他曾经写过自己经历的这样一件事:一位唐氏女子,自己的未婚夫不慎跌落水中淹死了。这位女子虽未过门,可已有婚约,所以就要守节。于是传出这样一个说法,在女子的未婚夫淹死的当天早晨,该女子晨起梳妆,看见她未婚夫的人影在镜子中出现,女子很惊恐,马上告诉她母亲,过了一会儿,就传来未婚夫淹死的消息。陶澍听说后不相信,去问那位淹死的未婚夫的弟弟,才知道这只不过是让外人知道该女子重节,并夸张神传其事。陶澍不赞成这样做,认为让女子守节实际上是对女子的一种压抑和迫害。

择贤任能

陶澍生于封建社会末世,早年居川东道时,总督蒋攸铦大力推荐他,称他极有才干,为四川第一。陶澍自己也做到知人善任,人尽其才。《清史稿》这样评价陶澍:"见义勇为,胸无城府,用人能尽其长……在江南治河、治漕、治盐并赖王凤生、俞德渊、姚莹、黄冕诸人之力。左宗棠、胡林翼皆识之未遇,结为婚姻,后俱为名臣。"

嘉庆二十四年(公元1819年),陶澍路过益阳(今湖南北部的益阳市),遇见胡林翼。那时胡林翼才七岁,但颖悟绝伦,陶澍认为他将来一定大有作为,遂把自己的女儿琇芝许配与他,后又对胡林翼多方培养。果然胡林翼后来官至湖北巡抚,很有成就。陶澍对左宗棠也十分赏识,虽然直到道光十八年(公元1838年)左宗棠上京会试仍名落孙山,可陶澍认为他才志不凡,生死可托,把自己年幼的儿子陶桄托付与他,向左宗棠表达联姻的意向,后来左宗棠把长女许配给了陶桄。

陶澍与林则徐结识后,觉得林则徐是个难得之才,当他任两江总督时，便奏举林则徐出任江宁布政使，主持赈灾治水事宜。不久，林则徐又被提拔为江苏巡抚。后陶澍又举荐林则徐继任两江总督，他评价林则徐"才长心细，识力十倍于臣"。的确如此，林则徐与陶澍"心同道合，相得无间"。

陶澍既有识别人的眼力，又有宽容人的度量。河督张升、麟庆与陶澍政见不一，但陶澍仍能与他们共同商议、虚心恳谈，他们对陶澍也没有什么成见。正是因为他善于识人、容人、用人，所以大批人才聚集在他周围，如陶澍保举的两淮盐运使俞德渊，就是个深得民心的好官吏。

陶澍主持两淮盐政，俞德渊殚精竭虑，全力支持，而且清廉刚正，崇尚节俭。靠着俞德渊的惨淡经营，两淮盐业大有起色。俞德渊也积劳成疾，于道光十六年（公元1836年）骤然病逝。陶澍正在省亲返家途中，闻此噩耗失声痛哭，他对旁人说："俞德渊是难得的人才，他的离去就如同失掉了我的一只右臂啊！"

陶澍周围的人才还有贺长龄、梁章巨，历官江苏最久、被陶澍视为左右手的陈銮，武进知县和护盐运使姚莹，多年在江苏任知县、知府的黄冕，两淮盐运使王凤生等，这些政务专家对陶澍的改革起了很大的作用。这一大批勤于思考、勇于开拓的实才，被提拔任用，深浅不等地影响着当时的政治、经济、文化、教育各个方面，陶澍择贤任能方面的功绩不容忽视。

一方面，陶澍对属下十分礼遇，常常不耻下问，才学之士都愿与他交往；另一方面，陶澍十分惜才、爱才。王凤生因一时过失，受到了降级处分，陶澍十分了解他，因为在革除盐政弊端时王凤生做了大量的工作，百姓对他印象很好，认为他清直。于是陶澍大胆上疏，希望朝廷留下王凤生。道光帝被陶澍的诚意打动，批准了陶澍的请求。王凤生更加尽心尽力，盐政改革十分顺利。

姚莹当初曾因"坐事落职"，陶澍不避前嫌，纳之自己手下，终由知县、知州升为两淮护盐运使，陶澍又向朝廷推荐他，认为可以大用,后加按察使衔,不久又特升为台湾兵备道。姚莹抗御外侮有功,再获朝廷嘉奖,加二品衔,获云骑尉世袭职务。

陶澍与魏源关系更加密切,原本是世交,其渊源可追溯到陶澍与魏源祖父的交往。魏源的祖父孝立公继承祖业,家境富裕,为人慷慨。《魏氏族谱》记载,陶澍少时家境贫寒,曾慕名前往孝立公处求助,孝立公慷慨解囊,借给陶澍本钱。后来陶澍为官,就派人备礼送还借款,孝立公却坚决不收,他说:"钱财只是流通的东西,我并不是靠它来谋取厚利的,愿你们的主人做官清廉,珍爱百姓。"陶澍很受感动,将孝立公的话一直铭记在心。

后来魏源在科举上屡屡名落孙山,只好委屈地长期做幕僚。道光七年(公元1827年),魏源来到陶澍幕下,从此他如鱼得水,两人共事十四年,十分默契。陶澍对魏源甚为倚重,凡有重大事宜都与魏源商议而定,这不仅为魏源著书立说提供了良好的条件,而且也使魏源的经世思想与才干在陶澍推行的改革中大获用武之地。魏源对陶澍十分崇敬。陶澍逝世后,魏源为他撰写了行状、墓志铭和神道碑。

廉正自守

陶澍以勤政廉洁著称,其座右铭是:"要半文,不值半文,莫道无人知;办一事,须了一事,如此心乃安然。"封建社会官场较黑暗,贪官常见,所谓"一年清知府,十万雪花银"。而陶澍则是一位为人称道的清官,他常说:"古人语功名,首在敦廉洁。"

陶澍是一位有才能的官吏,他在清政府的中央和地方机构均任过职,熟谙清朝典章制度,出色地处理了刑名、财政、赈灾等事务。他时时处处对自己严格要求,根据"一日三省吾身"的古训,设立《省身日记》:"每天在灯下把白天所见所闻所言所行都记录下来,到无事的时候就可拿出来翻阅,知道哪天是虚度或有做错的,可以提醒自己改正。"

陶澍在嘉庆年间曾任御史,指出了当时州县的积弊,提出了只有惩治腐败才能使吏治清明的见解。他每到一地任官,都对属官奖惩分明,裁汰滥竽充数、贪污无能之人,培养、提拔贤能人才。

嘉庆十九年(公元1814年),陶澍在任江南道监察御史时,巡视中城,仅半年,就断明八百余件案件,当时他在厅堂大书一联以自警:"绕案风清,尘埃扫除吏牍;举头日近,光明洞照吾心。"用清风烈日来表明自己的心迹。第二年巡视江南漕务时,宣告"立法除弊,先从本衙门为始"。安徽巡抚任上,他关心孤儿,督促各地创修了育婴堂收养孩子。兼理两淮盐政时,他不要兼职的俸银,并把朝廷本来用于盐政的养廉银五千两如数上缴,裁减盐衙浮费十六万两。他主持海运时,海运费用只有河运的三分之二,结余的部分用来重建了苏州的尹山桥,为民造福。史称陶澍"服官数十年,起居如寒素"。

陶澍要求为官要关心民生疾苦。他认为州县的官吏是百姓的父母官,亲近百姓,就会得到百姓拥护,天下要治理好也就容易了。陶澍很平易近人,在乡中视察,只要见到乡中父老绅士,他都上前行礼慰问。他还喜欢了解风土人情、地理掌故,百姓都很亲近他。有一次,陶澍路过嘉定(今上海嘉定),嘉定的父老乡亲听说陶大人经过,扶老携幼,熙熙攘攘,就像远离家门的游子回家亲人在盼望着一般,忘记了他是个父母官,场面着实让人感动。

陶澍一生简朴,从不奢靡浪费,他不仅对自己这样要求,对家人、对亲属也是如此。在陶澍的影响下,他的亲属都能洁身自好。

陶澍还注重培养清官的思想和行动。他对读书人的要求很严,提出:"今日的读书人就是明日的官吏。当他还是读书人时就已不能吃苦,那么当他为官,身处在有权有势的职位时,怎么能廉洁自守呢?如果不廉又不勤,那吏治就腐败,而百姓便要受害了。"陶澍提倡读书人要"劳其筋骨,饿其体肤,空乏其身",就是要培养他们吃苦耐劳的毅力和意志,使他们将来能胜任繁重的官吏工作。他还说读书人在读书时就如子女一般,而到入仕途做官时就如父母一般,要培养出好的官吏先得从教育入手,所以陶澍很重视办学,曾在江苏三次捐款建书院。

有一次,陶澍过合肥包公祠,写下这样的诗句:"愧无摘伏能,亦无关节到。仆仆泥涂中,应教包老笑。"可见陶澍亦是一位有高风亮节的清官。

道光十七年(公元1837年),陶澍六十寿辰,道光帝亲书"绥疆锡祜"匾额一面及"福""寿"字各一方,并赐铜佛、如意、朝珠、蟒袍等寿品十六种。许多官员、上大夫均吟诗作文称贺。第二年,陶澍突然中风,起居不便,只好告假,可病情一直未有好转。道光十九年(公元1839年),陶澍病体加重,不久卒于两江总督任上。

百姓听到陶澍去世的消息,十分悲痛。当时两淮盐商因怀念陶澍,筹集巨款四万两银子赠给他夫人黄德芳,可陶澍夫人对他们说:"夫子活着时无所亏欠,死了以后也要无所亏欠。"婉言谢绝了这笔厚赠。陶澍的灵柩由妻儿护送回湖南安化小淹安葬。朝廷赠太子太保官衔,谥号"文毅"。后来左宗棠为陶澍建祠,亲自写楹联赞颂。

陶澍一生为政廉洁,匡时济世,颇有建树。除以上实绩外,他还进行了币制改革,禁止鸦片走私。他一生从政,名高位重,是一位值得肯定的历史人物。

参考文献:
1. 陈浦清:《陶澍传》,岳麓书社出版2011年版。
2. 《清代七百名人录》,北京图书馆出版社2008年版。

吴中名贤人物篇

五湖渺渺烟波阔,谁是扁舟第一人
——范蠡"三聚三散"的慈善思维

唐代大诗人李白在《悲行歌》中说:"范子何曾爱五湖,功成名遂身自退。"范蠡是春秋战国时代著名的人物,他的一生,跌宕起伏,不知疲倦地从政治军,务农经商,创造了人生的辉煌,为历史发展作出了杰出的贡献。

范蠡(约公元前517—公元前448年),字少伯,楚国宛地三户邑(今河南南阳)人。出身贫寒,父母早亡,由哥嫂扶养成人。他从小苦读《书》《易》《诗》等大量书籍,学到了许多历史知识和治国安邦的理论。当时著名的理财家计然(名研,姓辛,字文子,著有《文子》一书,春秋时期名人)到南阳云游,范蠡拜其为师,跟他学习经济知识和经商技巧。范蠡还潜心钻研了姜尚的军事书籍《六韬》和《三略》。姜尚把大力发展农业、手工业和商业作为军事韬略的"三宝",这对后来范蠡治家和治国都有很大的影响。

春秋楚荆王时,楚国名士文种(字子禽,楚国郢人)到宛地任令,听说范蠡是个很特别的人才,就差手下官员去拜访他。手下人回来说:"范蠡这人行为怪异,像个疯子。"文种说:"人有才能,必假装疯狂,来掩盖其贤德。"于是文种亲自拜访,却发现范蠡的大门紧闭,正要下车,忽见院墙下的一个破洞里有个人蓬头垢面,趴在那里冲着文种学狗叫。手下人便说:"这就是范蠡。"手下人怕文种难堪,忙用宽大的衣袖把洞遮住。文种却说:"我听说狗只对着人叫,他是个人身,却对着我学狗叫,意思是说我是个人,是看得起我呀!"于是文种下车便拜,范蠡看也不看他,文种只好悄然离去。第二天,范蠡对其哥嫂说:"今天有贤人来拜访我,请借给我一套干净的衣帽。"哥嫂以为范蠡说疯话,给了范蠡一套衣服,范蠡赶紧换洗,刚穿戴梳洗完毕,文种就来了。两人交谈后,都觉相见恨晚,结为终身知己。这就是"范蠡狗洞遇文种"的传说。可是楚国的政治非常黑暗,有才之士得不到重用,范蠡和文种两人的政治抱负无法实现,两人商量离开楚国,另投贤明,实现政治抱负。因伍子胥已投奔了吴国,于是两人就投奔了越国,遂受到越王的重用,成为越王勾践的左膀右臂。

司马迁在《史记·越王勾践世家》中有记载:

范蠡事越王勾践,既苦身戮力,与勾践深谋二十余年,竟灭吴,报会稽之耻,北渡兵于淮以临齐、晋,号令中国,以尊周室,勾践以霸,而范蠡称上将军。还反国,范蠡以为大名之下,难以久居,且勾践为人可与同患,难与处安,为书辞勾践曰:"臣闻主忧臣劳,主辱臣死。昔者君王辱于会稽,所以不死,为此事也。今既以雪耻,臣请从会稽之诛。"勾践曰:"孤将与子分国而有之。不然,将加诛于子。"范蠡曰:"君行令,臣行意。"乃装其轻宝珠玉,自与其私徒属乘舟浮海以行,终不反。于是勾践表会稽山以为范蠡奉邑。

范蠡辅佐越王勾践，终于使得越国复兴，范蠡被封为上将军。可范蠡知道勾践为人可共患难不能共富贵，灭吴后，范蠡给勾践上书说："我听说主忧臣劳、主辱臣死。当年大王受辱于会稽，我之所以没死，只是为了今日。现在是我该为会稽之辱死的时候了。"勾践对他说："我刚要把越国分一部分给你来酬答你的功劳，你如果不服从，我就杀了你。"范蠡知道离开勾践的时候到了，喟然叹息说："我从计然那里学到的本领，已经让越国富强了，我再用于我自己的家吧。"于是在一个深夜，范蠡携带金银细软，带领家属和手下，驾一叶扁舟泛于江湖，开始了经商致富之路。这可谓"一聚一散"。

范蠡辗转来到齐国，变名更姓，自谓鸱夷子皮。他与儿子们耕作于海边，齐心合力，同治产业。由于经营有方，没有多久，产业竟然达数十万钱。齐人见范蠡贤明，欲委以大任。范蠡却喟然叹息道："居官致于卿相，治家能致千金；久受尊名，终不是什么好事！"于是就归还宰相印，将家财分给乡邻，然后又怀带少数珠宝，再次隐去，这可谓"二聚二散"。

范蠡离开齐国来到山东定陶，再次变易姓名，自称为陶朱公。陶朱公一日做三件事：写书、练武、养鸡。他和家人在那里挖了三十来条沟，每条沟有十来丈长，三四尺宽，一尺来深。挖好后，放上柴草，盖上细泥，饲养白蚁。白蚁养起来后，把鸡放到沟里吃。鸡长得又大又肥，蛋下得很多。每逢青黄不接的时候，陶朱公常常到外坳、长坦一带看看山下几个村庄，只要有哪一户屋顶上升不起炊烟的，范蠡就把粮食、鸡蛋送去。司马迁在《史记·越王勾践世家》中也有记载：

范蠡浮海出齐，变姓名，自谓鸱夷子皮，耕于海畔，苦身戮力，父子治产。居无几何，致产数十万。齐人闻其贤，以为相。范蠡喟然叹曰："居家则致千金，居官则至卿相，此布衣之极也。久受尊名，不祥。"乃归相印，尽散其财,以分与知友乡党,而怀其重宝,间行以去,止于陶,以为此天下之中,交易有无之路通,为生可以致富矣。于是自谓陶朱公。复约要父子耕畜,废居,候时转物,逐什一之利。居无何,则致赀累巨万。天下称陶朱公。

范蠡看到山东定陶为贸易要道,可以据此致富,于是根据时机进行物品贸易。他做生意讲究薄利多销,赚钱只赚十分之一的利润,看准行情买卖货物,货物的买入和出售都很谨慎,不多久家产已达上亿计,富比王侯,陶朱公也闻名天下了。

后来,范蠡次子因杀人而被囚禁在楚国。范蠡说:"杀人偿命,该是如此,但我的儿子不该死于大庭广众之下。"于是就派少子前去探视,并带上一牛车的黄金。可是长子坚持要替少子去,并以自杀相威胁。没办法,范蠡只好同意。过了一段时间,长子带着次子的死讯回到家。家人都感到悲哀,唯有范蠡笑着说:"我早就知道会有这个结果的。他不是不爱他的弟弟,而是他太爱金钱了,这是因为他年轻的时候和我一起置家产,深知钱财来之不易,看得太重。"这就是著名的成语"千金之子,不死于市"故事的来源。范蠡年老的时候,由子孙持家,财富越来越多。他再散千金,这可谓"三聚三散"。

当时有一个叫猗顿的人听说陶朱公经商有法,就拜他为师,后来经商致富,家产也达亿计。后人说起富豪就把他俩并称为"陶朱猗顿之富"。

范蠡的"三聚三散"表现了他淡泊名利、急流勇退的思想,给后人很大的启示,后代有贤德的人都把范蠡的这种行为作为处世的楷模。范蠡经商思想中最可贵的是"富好行其德"。他仗义疏财,施善乡梓,多次把钱财分给贫穷之人和远房兄弟,受到人们的高度赞扬。范蠡凭借自己的勤奋和智慧致富,又慷慨回报社会。司马迁称:"范蠡三迁皆有荣名。"史书中这样评价范蠡:"与时逐而不责于人。"世人也誉之:"忠以为国,智以保身;商以致富,成名天下。"宋代王十朋曾写诗"只与君王共辛苦,功成身退步逸出。五湖渺渺烟波阔,谁是扁舟第一人"来赞扬他。

今天从范蠡的"三聚三散"来认识他"富好行其德"的慈善意义很有必要。范蠡经商,"十九年中,三致千金",而他的散财之举表现了对社会的一种责任、一种人间的美德,受到人们的高度赞扬。从范蠡的散财之举来分析中国传统文化背景下的慈善思维,对今人会有所启发。

范蠡之举体现了儒家的"仁义"思想和"识时务者为俊杰"的思想

孔子提出人要有"仁义"之心,"仁义"也就成了人们崇尚的为人处世的美德。"仁义"作为中国古代历史上有良知的知识分子慈善情怀的一种典范深入人心,体现着中国人对慈善精神的认可和崇尚。范蠡的行为无疑也是先秦思想的一种表达,是"仁爱"之心的一种诠释。

几经辗转,范蠡来到齐国。他跳出了是非之地,但想到风雨同舟的同僚文种对自己有知遇之恩,于是投书一封,劝说道:"飞鸟尽,良弓藏;狡兔死,走狗烹。越王为人,长颈鸟喙,可与共患难,不可与共富贵,你为何还不离去?"文种看到书信后,便称病不上朝。后来有人诬告文种要造反,勾践便赐剑一把给文种,令其引颈自杀。文种只得遵旨,落得悲惨的结局。范蠡得知消息后,只能独自垂泪。范蠡离开越国和他劝说文种的行为,体现出"识时务者为俊杰"的思想。

范蠡慈善之举体现了墨家"兼爱"的思想和乐善好施的美德

墨子提倡人与人相互救助、相互扶持,多做利人利己的善事益事,人相爱而不相贼,各得其所的兼爱救助思想。兼爱就是兼相爱,交相利,就是爱人,爱百姓而达到互爱互助,而不是互怨互损。慈善的精神永远不会过时,而且越来越放射出照亮人们心灵的光芒。任何一个有良知的人,都会在慈善事业上献出自己的一份爱心。

范蠡富有,凭借的是自己的勤奋和智慧,没有官商勾结,没有假冒伪劣,其子孙继承他的事业,不断发展,拥有了巨万家财,可谓中国古代劳动致富的典型。范蠡经商聚集了大量的财富,他却屡聚屡散,乐善好施,周济贫困,他认为,"授人以鱼,不如授人以渔",为帮助百姓发家致富,他毫无保留地传授生财之道。陶地低洼多水,陶朱公便教百姓凿池养鱼。他告诉百姓,"致富之法五,养鱼第一"。定陶县城内现仍存有一大池塘,传说是陶朱公当年教民养鱼的地方。后来,陶朱公在总结民间养鱼经验的基础上,结合自己的养鱼实践,写出《养鱼经》一书,对传播养鱼技术、帮助百姓致富起到了积极的作用。1999年出版的首部《中国古代动物学史》称陶朱公《养鱼经》"是世界上最早的养鱼专门文献,对世界养殖学史来说是有重要价值的文献"。

陶朱公善于聚财,乐于疏财,又肯帮助别人发财,定陶一带至今还流传着一首民谣:"红兰寺,朱漆门,堂上坐着大财神。大财神,出凡尘,三聚三散越王臣。越王臣,富贵身,手里捧着聚宝盆。聚宝盆,天下闻,财源滚滚满乾坤。"红兰寺是供奉陶朱公的一座庙宇,在定陶县城南古柳河畔,今已废。宋朝诗人吕本中在《过定陶范蠡庙》中写道:"悠悠千载五湖心,古庙无人锁绿荫。为问功成肥遁后,不知何术累千金?"古往今来,向先贤拜求"致富术"者络绎不绝,但是今天我们更要认识范蠡的"散财"之举,不能像今天的千万富翁们一样,要么紧紧捂着钱袋,不肯拔一毛以利天下,要么出手豪阔,专捡奢侈品买,目的就是为了炫富。范蠡散尽家财,救助穷朋友和远房兄弟,这种对待财富的散淡态度,这种仗义疏财的义举,不仅照亮了两千年中国历史,也照出了今天富翁们狭小的肚量。

范蠡之所以能将财产"散"尽而又"聚"来,是因为他把握了"得""舍""散"之间的平衡。分析范蠡"三聚三散"的慈善思想和行为,有三层含义。一是他勤劳,"耕于海畔,苦身戮力,父子治产";二是他善于经商,善于使财富增值,"废居,候时转物,逐什一之利";三是他视权力与财富为"不祥之物",所以能散财于知交和百姓,把对权和财富的过度贪婪式的占有视为"不祥"。

范蠡的善举体现了"上善若水"的思想和"善聚善散"的思想

老子说:"上善若水。水善利万物而不争,居众人之所恶,故几于道。居善地,心善渊,与善仁,言善信,政善治,事善能,动善时。夫唯不争,故无尤。"慈善应该有如同流水一般的境界。流水滋养万物,而不会同万物相抗争。老子笔下的"善",是指自我感觉的最佳状态,这种状态包括品质、智慧、行为的最高境界。他一是分析了善的本质,强调慈善,与世无争;二是由此义引申出只有慈善,与世无争,才是最高的境界。一般情况下,善总是体现在自身相对整体中,跨越了这一相对整体,就会争得多,善得少。争也存在一个适度的问题,一旦失去了对手,自身就会停滞不前。这种适度,依靠建立在人类智慧上的法律、条例的扼制。

范蠡的人格精神,应该是与先秦各家思想互补的,就慈善之举及言论而言,所有古代圣哲,没有比范蠡更早的。当然,这种精神对于范蠡来说,虽然没有形成系统的理论体系,但已经萌发了朴素的慈善思想。古人云:"如积而散,则有水火盗贼之灾生;如散而不积,则饥寒困厄之患至。"范蠡受此影响,几次把累积的财富散尽,接济穷人,其"三聚财,三散财"的举措值得肯定。遗憾的是,人们今天提到范蠡,如果只记得他这些"聚财"之道,而忽略了他的"散财"之善,那就无法真正懂得财富。聚是大道,散是大德。范蠡的慈善也表现出他是一位真正了解财富的圣贤之人。以大聚创造大散,回报社会,这种行为是一种文化理念和道德规范,也是一种社会责任。慈善在中国有着悠久的历史,如何使这种滋润人的心灵、保障社会在健康的状态下平稳发展的传统文化发扬光大,关键在于要使传统的"爱人之心"能被全社会由衷推崇。由范蠡之善举而推及社会,使它成为被大家自然拥有的平常心态和自觉遵守的行为准则,让慈善的光辉在今天的中国更加灿烂。

  在当今世界上,需要帮助的人太多了。人类主宰的这个蔚蓝色的星球,并不是一个天堂般的乐园,天灾人祸,屡屡发生,这是一个有目共睹的铁的事实。贫穷而无助、无奈的人们发出心灵深处强烈的呐喊,亟待救助。善良是一张珍贵的信用卡,每个人都要有一颗慈善之心。可以预见,随着我国经济的高度发展,中国社会正在从小康走向富裕。然而,贫富差距的拉大,不是一个好现象,潜伏着深刻的危机。社会财富的占有与分配,必然要通过多种手段来调节,而慈善精神与公益事业,必须会上升为社会的主流意识,成为促进社会和谐进步与经济可持续发展的主导力量。从这个意义上讲,范蠡的富而轻财,乐善好施,厚德载物,必将对今天人们的思想与行为产生特殊的影响和启迪作用。

参考文献:
  1.(西汉)司马迁:《史记·越王勾践世家》,中华书局1990年版。
  2.(西汉)司马迁:《史记·货殖列传》,中华书局1990年版。

不以物喜，不以己悲

——忧乐天下范仲淹

冬天的夜晚，呼啸的北风裹挟着飞舞的雪花，掠过山东淄州连绵的深山，扑向一座古庙。在这座名为醴泉寺的古庙的一间破败的僧舍内，昏黄的烛光在灰墙上映出两个晃动的黑色身影。十九岁的范仲淹和他的同伴，正在聚精会神地读书。此刻，他们在炭火的余温中读着《论语》："子曰：一箪食，一瓢饮，在陋巷，人不堪其忧，回也不改其乐。贤哉回也！"读到这里，范仲淹停下来跟同伴说：

"颜回不计生活贫困，不改读书乐趣！真是难能可贵，让人敬佩！"

"可如何理解颜回的苦中之乐呢？"同伴问。

"能从容面对简陋的环境、贫困的生活，不抱怨，不懈怠，这是人生至高境界呀！"范仲淹感叹说。

"那么在逆境中，颜回如何排解心中的忧愁、烦恼呢？"同伴还是不能理解地询问道。

范仲淹接着说："还记得《孟子》吗？'天将降大任于斯人也，必先苦其心志，劳其筋骨，饿其体肤，空乏其身。行拂乱其所为，所以动心忍性，曾益其所不能。'"他边抬起头来边回答同伴，并用双手抱着微微发抖的躯体，因为他的衣服很单薄。

"按孟子讲，成大事者，必先要经历艰苦人生？"同伴又追问了一句。

"是啊！为官必先要为国家百姓着想,先忧后乐,才是最大的幸福。"范仲淹满怀信心地说。

"我明白了!"同伴也似有所悟。

"做官是为求利泽民,要上安社稷,下忧生灵,将来入仕后恐怕还是忧多乐少啊!"范仲淹又紧接着谈出了他的理想与抱负。

两个人在风声与寒冷中讨论得越来越激烈,心中热乎乎的。范仲淹少年艰涩的生活,有点像孔子的贤徒颜回:一碗饭、一瓢水,在陋巷。而范仲淹每天煮两升米的粥,等锅里的粥凝冻成块,用刀划成四块,早晚各取两块。然后,醋汁加盐,拌少许切碎的荠菜,就着粥吃下去。那时范仲淹就慨然有志于天下,他满怀一腔"利泽生民"的情愫,要实现"救人利物"的心愿。

少有壮志

车声辚辚,马声萧萧。山东淄州长山县热闹非凡,大街小巷一片鼓乐之声,那时,正是淄州长山人、当朝谏议大夫、后官至枢密副使的姜遵衣锦回乡,这是大中祥符二年(公元1009年),范仲淹正在醴泉寺读书,长山的知县、学师带着醴泉寺的学子一起去拜见姜遵。姜遵素以刚严著名,平常与人不通款曲。姜遵见到这些同乡后辈很高兴,问道:

"苦读是为了什么?"

"将来学有所成,可以出人头地!"其他学生都这样回答。

"为国家昌盛而读,人生忧多乐少,惟自适为好!"范仲淹上前大声回答。

范仲淹语惊四座,等众人告退后,姜遵独留下范仲淹,并将他引入中堂,参坐置酒,待之如骨肉,勉励他努力学习,实现自己的理想。事后姜遵对自己的夫人说:"朱学究(此时范仲淹尚未复本姓)年虽少,是奇士啊!他日不只是显官,当立盛名于世。"二十岁的范仲淹之所以能得到一位朝廷命官的赏识,是因为他有不同凡响的胸襟和抱负。

童年时的范仲淹不清楚自己的身世,北宋端拱二年(公元989年)八月,范仲淹出生于徐州,他父亲范墉当时在武宁(今江苏徐州)节度掌书记任上,是一个下层官吏。范仲淹就是范墉在徐州任职时所生的第三个儿子。

范仲淹两岁的时候,父亲在徐州病逝,家境变得窘困起来。两年后,母亲谢氏带着他改嫁到了山东长山县朱文翰家。继父朱文翰也是一位朝廷小吏,做过醴州安乡县令和淄州长史。范仲淹随继父更名为朱说,继父朱文翰视范仲淹为己出。范仲淹的母亲慈爱过人,从小教育他要刻苦学习,将来要学有所成。范仲淹的继父联系了淄州长山醴泉寺,让范仲淹寄宿就读。在范仲淹离家就读的前夜,母亲领着他烧香拜佛,对他说:"从今后要发奋苦读,为母开始断荤食素,每日都会夜叩星象,长斋礼佛。"

"母亲,孩儿已铭记在心,您放心吧!"懂事的范仲淹跪拜告别母亲。范仲淹在长山醴泉寺读书时,经常彻夜不眠,等到僧人们都起床了,他才和衣而卧。

过了三年,长山醴泉寺的书籍已渐渐不能满足范仲淹的需求。那天回家,范仲淹想与父母商量寻找新的书院就读,很偶然,父母不在,只有朱家兄弟在家,桌上残羹剩饭,一片狼藉。看到朱家兄弟的浪费行为,范仲淹立即上前好言规劝,结果朱家兄弟脱口说道:"我们花朱家的钱,关你何事?"

范仲淹听了一愣,觉得话中有话。

"你们的话是何意?"范仲淹不断追问。朱家兄弟见范仲淹不依不饶,只得道出实情:"难道你不知自己不是朱家的后代,而是范家子孙!"

"什么,范家子孙?哪个范家?"

"苏州的范家呀,问你母亲吧!"朱家兄弟扬长而去。

范仲淹含着眼泪找到母亲:"母亲,为何隐瞒我的身世?他们说我不是朱家的后代,是范家的子孙!"

母亲知道不能再隐瞒,只得将实情相告。原来范氏家族在历史上曾经是一个名门望族,范仲淹的先祖范滂曾做过汉朝清诏使,祖籍陕西彬县。十代祖范履冰是唐朝武则天时的宰相。唐末战乱时,范氏南渡长江,定居在苏州吴县。五代时期,范仲淹的曾祖父和祖父都在吴越国为官,宋太祖赵匡胤统一天下,范仲淹的父亲范墉从吴越王钱俶归宋,任武宁军节度掌书记。

范仲淹一下子目瞪口呆。这突如其来的打击使少年范仲淹顿时有一种天崩地陷的感觉,一时间他悲痛欲绝,万念俱灰。原来自己和母亲靠的是继父的关照度日,这让他愧愤交集。

年少气盛的范仲淹不愿意再寄人篱下,经过很长一段时间的痛苦挣扎,范仲淹终于从身世之悲中解脱出来。他毅然决定离开朱家,去奋斗出一条自己的路,待将来卓然立业,再接母亲归养。于是他匆匆收拾了几件简单的衣物,佩上琴剑,不顾母亲和朱家的阻拦,与母亲洒泪而别,依依不舍地离开了生活了十多年的朱家,往当时的南都应天府(今河南商丘)书院走去。

应天府书院是宋代著名的四大书院之一,藏书数千卷。进入应天府学舍后,范仲淹更加勤奋刻苦。在应天学舍的五年学习生涯中,他从来没有解衣就枕睡过一个好觉,不分寒暑,每天都夜以继日地拼命读书。半夜头脑昏沉了,就用冷水洗脸冲头,使自己保持清醒,有时候竟然忘了饥饿,到太阳西斜的时候还没有吃早饭。

当时南都留守的儿子也就读于应天府书院,对范仲淹很同情,就把范仲淹的事告诉他的父亲,南都留守让儿子准备一份饭菜送给范仲淹。那天南都留守的儿子兴冲冲地带了两份丰盛的饭菜,交给范仲淹一份:"给你,改善生活!"没想到范仲淹再三推谢,不肯接受。

留守儿子热情地说:"此乃我的心意,没有不受之理。"

"好,盛情难却,多谢!"范仲淹终于答应了。

没想到过了几天后,南都留守的儿子发现给范仲淹的饭菜原封不动地放着,而且饭菜已经长了毛。留守的儿子很生气,拿着发霉的饭菜对范仲淹说:"你为何不吃,难道你瞧不起我?"

"不是,你的厚意我很感激,只是我已经习惯粗茶淡饭,如果现在享受这丰盛的饭菜,日后如何吃苦?"范仲淹急忙解释。留守儿子听了范仲淹的话,更加佩服他的人品。

范仲淹连岁苦读,由春至夏,经秋历冬,凌晨舞剑锻炼,夜半和衣而眠。别人看花赏月,他在六经中寻乐,渐渐通儒家之经典,以天下为己任。

一天,范仲淹走在街上,看到一群人围在一起,他上前一看,原来一位算命先生在给人算命。范仲淹忍不住上前问:"我也算一卦,测测将来可否当宰相。"

"不行!"算命先生回答。众人大笑。

"那我能成为名医吗?"范仲淹再问。

"奇怪,刚才理想那么高,为何突然又降这么低?"算命先生惊讶地问。

"宰相和名医可以救人!我的志向是或者做贤相,或者做名医。"范仲淹回答。

"你有如此仁心,将来定是当宰相之才!"算命先生称赞他说,众人也对他刮目相看。

功夫不负有心人,大中祥符八年(公元1015年),范仲淹进士及第,被任命为安徽广德军司理参军。从此,他把母亲接到身边,赡养侍奉。虽然范仲淹已经入仕,但母亲食素礼佛二十年之久,从未间断。这个时期,范仲淹作出了他人生中的一次重要决定,他回到苏州重归范氏家族,恢复了原来的范姓,改名仲淹,字希文。

为民造福

烟波浩渺,浊浪滔天!濒临黄海之滨的西溪镇,风浪呼啸,野鹤长唳。岸边,范仲淹目光坚定,同科进士滕子京站在旁边。

"范兄,辛苦了,淮南发运副使张纶派我助您修理捍海堤!"

"谢谢!相信捍海堤一定能造福百姓的!"两位好友相互鼓励。

天禧五年(公元1021年),范仲淹被调往泰州海陵西溪(今江苏东台附近)做盐仓监官——负责监督淮盐的贮运转销。六年前,二月的汴京,春花如锦,他与滕子京等新科进士们坐跨骏马,在鼓乐声中游街。"长白一寒儒,名登二纪余。"范仲淹吟着这样的诗句,满怀鸿鹄之志。不久,他步入仕途,后调任西溪盐仓监官。在西溪,范仲淹考察民情,发现沿海大堤年久失修,当地的海堤已经坍圮不堪,广阔的农田民宅屡受海涛威胁。为此,他上书给江淮漕运张纶,建议重修一道坚固的捍海堤堰。张纶慨然表示赞同,并奏准朝廷,让范仲淹全面负责治堰。范仲淹拿出全部精力,夜以继日地奋战在工地上,克服了诸多困难,工程进展顺利。

可是天有不测风云,一场灾害不期而至。一天,寒流袭击东南沿海,雨雪交加,几万民工在百里大堤上筑堤已是万分艰巨,突然阵阵狂风铺天盖地般袭来,更是无处可躲。

"当心,狂风来了,快躲一躲……"监督筑堤的官吏一面挥手,一面快跑。可是几万民工又能躲到哪里去?

狂风一阵紧似一阵,掀起了千层浊浪,大堤即将溃决。

"大堤倒塌了,快跑……"人声被风声噎住了。

狂风继续大作,巨浪冲堤,卷走一百多名筑堤民工。

突如其来的自然灾害,被原先反对修筑捍海堰的官员利用,有人上书朝廷告状。宋仁宗派出官员调查,范仲淹坚持复工主张,终于得到了朝廷赞同。由于工程巨大,涉及泰、楚、通、海四州,张纶就安排时任泰州军事推官的滕子京参与协助指挥。滕子京与范仲淹临危不惧,果断指挥,经过两人的苦心筹划、指挥,捍海治堰全面复工。不久,数百里的长堤,铁铸似的绵延在黄海滩头。盐场和农田的生产从此有了保障,往年受灾流亡的数千民户,又扶老携幼返回家园。人们感激范仲淹的功绩,都把海堰叫做"范公堤"。

天圣四年(公元 1026 年),范仲淹的母亲病逝,他回到家中含泪为母亲守孝。范仲淹丁忧居于南京,晏殊刚罢枢密使出守南京,亲自到范府,邀请范仲淹督掌应天府学。范仲淹慨然领命,自己搬到应天府学督学,制定了一套严格的作息时刻表,按时训导诸生读书。应天府书院的学风很快就焕然一新,前来就读和特意向范仲淹问业的人络绎不绝。范仲淹想起自己当年苦读的情景,更是热诚接待这些迢迢而来的莘莘学子,不倦地为他们讲授课业,有时还用自己微薄的俸禄接济他们的生活。

一次,有位游学乞讨的孙秀才前来拜谒范仲淹,范仲淹即刻送了他一千文钱。过了一年,孙秀才又来拜谒范仲淹,范仲淹一边又拿出一千文钱给他,一边问:"你为何匆匆奔讨,不坐下来静心读书?"

"因为家有老母,难以赡养;若每天有一百文的固定收入,便足够使用。"孙秀才悲戚地说。

"听语气,你不像乞客。待我帮你在本校找个职事,让你一月可得三千文钱,去供养老人。如此这般,你能安心治学不能?"范仲淹问他。

"那敢情好,谢范大人!"孙秀才大喜拜谢。

从此,孙秀才跟着范仲淹攻读《春秋》。第二年,范仲淹离开南京,孙秀才也辞去职事。十年之后,朝野上下传诵着有位学高为范的学者,在泰山广聚生徒,教授《春秋》,姓孙名复,这位学者,便是当年那位孙秀才。范仲淹听说后感慨地说:"贫困实在是一种可怕的灾难。倘若孙复一直乞讨到老,这杰出的人才岂不湮没沉沦。"

以后范仲淹每到一处,总是首先兴学聘师,关心教育,后来做到宰相时,更下令所有的州县一律办学。而许多经他指教和受他影响的人,都各有所成。

天圣六年(1028),范仲淹三年孝期已满,经过晏殊的举荐,出任秘阁校理。晏殊之于范仲淹,虽年少两岁,却有着师长之恩、密友之谊。范仲淹与晏殊还有一段关于选婿的佳话。当初在泰州,范仲淹与比自己小十五岁的另一位北宋名臣富弼结下终生不渝的忘年交。当时,富弼侍父来泰州读书,还是一个二十岁左右的青年,他的文章深得范仲淹赏识,恰巧晏殊为自己的女儿选女婿,范仲淹作伐,立即向晏殊推荐富弼说:

"晏公,令千金要嫁官吏之辈,我不敢多言,如找有为青年,莫若富弼啊!"

"是吗?百闻不如一见,果真如范兄所言,那是小女之福了!"晏殊要求范仲淹安排让他见见富弼,晏殊见到富弼,几句问答,觉得富弼果然极不寻常,心中十分喜爱,欣然将自己的女儿嫁给了他。

敢于直谏

草木扶疏,花窗掩映!范仲淹静静地坐在书房内埋头疾书,夫人在一旁做针黹。书房布置得非常高雅,一面是点缀着名人书画的粉墙,一面是摆满经典古籍的书架。忽听门外传来书童的声音:"晏大人来了,老爷在里面,请进!"范仲淹连忙迎将出来,晏殊也躬身施礼,忽见夫人也在一旁,忙拱手说:"嫂夫人好!"范夫人还礼作谢,答道:"晏公官高位尊,却能谦约待友,让人感慨万千,景仰之至。"

范仲淹笑着道:"晏公光临寒舍,蓬荜生辉啊!"

范仲淹将晏殊引进书房,将自己写的《再呈皇太后疏》交给晏殊。晏殊看后大惊,悄声嗔怪道:

"范兄!我观朝廷之大势,当以宽厚沉默为德,以避谤避怨为智。而你却反其道而行之,居然要皇太后交权还政,这……这不是自寻尴尬,自讨苦吃么?"

"晏公容我辩解……"

"你不必辩解!"晏殊劈手打断范仲淹的话,"你并非不知,前任宰相王曾因为不满'请立'而遭贬,现任宰相吕夷简等人皆因'劝进'而晋爵。难道范兄亦欲步王曾后尘不成?"

范仲淹神情怆然地说:"其实,您知道我前一次已经呈《乞太后还政书》,乞请皇太后还政于皇帝了,因未被采纳,才又撰写了《再呈皇太后疏》,特意请晏公代呈。倘若晏公不肯代劳,岂不堵塞了言路?"

晏殊闻言心头咯噔了一下,前一个月的情景又浮现在眼前:宋仁宗为显自己的孝道,决定秉宋真宗遗训,为垂帘听政的章献太后上寿。朝廷上下一片忙碌,准备着隆重的上寿仪式,仁宗要率领文武百官在会庆殿朝拜太后并祝贺寿诞。此时仁宗已满二十,如此上寿不符合皇帝事亲之礼。慑于太后的权威,没人敢站出来说话,只有范仲淹闻讯后敢于上书:

"皇帝带领群臣于会庆殿向太后参拜祝寿是亏君体,损主威,不可为法后世,天子有事亲之道,无为臣之礼;皇帝只能带领皇室亲族在内廷为太后祝寿,行家人之礼。"也望太后还政"春秋已盛"的仁宗皇帝。但仁宗不敢违逆太后,没有采纳区区秘阁校理的建议。

"范兄如此直言不讳,别人会误为非忠非直,好奇邀名!"

"我受晏公举荐,常常担忧自己不能以危言危行而负公望,害怕玷污您的名声。想不到而今因为忠直得罪于您!"范仲淹直言陈述。

"可是范兄,我也不敢犯大臣之威!"晏殊直截了当地说。

"晏公,古代圣贤正是因为崇尚名教而使天下人勉力上进,如果都不爱惜自己的名声,那么古代圣贤的权威也不复存在了。"

晏殊心想范仲淹真是刚正不阿,值得钦佩,阻拦也无济于事了!他凝视着范仲淹问:"范兄意决了?"

范仲淹点点头:"位卑不敢忘忧国!"

"那好。心底无私乃无惧。既然范兄不怕,我晏殊为国家、朋友担点风险,也无关紧要。"

"多谢晏公!"范仲淹躬身作揖道。

晏殊亦报之一揖:"请范兄放心,我这就进宫为你代呈《再呈皇太后疏》。"

明肃刘皇后,真宗即位时还是美人身份,后立为皇后。她很能干,长得聪明伶俐,且知书能文,还有过人的记忆力,能原原本本说出很多朝廷故事,真宗留下遗诏:"以明肃皇后辅立皇太子,权听断军国大事。"范仲淹以一身之微再次上书。朝中好心人听说范仲淹又让晏殊呈递《再呈皇太后疏》,都为他捏着一把汗,有人劝他说:"生杀大权握在别人手中,忧来忧去,一不小心,失去官位还是轻的,弄不好甚至拼了身家性命。"

范仲淹回答:"我虽官职小,俸禄少,但每年有三百贯钱,约合两千亩地一年的收成。如果我坐食禄米,不为国为民立功,和糟蹋粮食的蟊虫有何两样?朝廷内外的官员敢于直谏,君主才不会犯错,百姓才没有怨言。政治上清明,才能祸患不生,天下无忧。这不正是远离祸乱、保全自身的根本之计吗?"

果然,范仲淹的上书触怒了太后,很快被贬往河中府任通判。

明道二年(公元 1033 年),太后去世,仁宗亲政,朝政一新。范仲淹被召回朝廷,任右司谏。第二年,范仲淹因谏止仁宗废郭皇后一事,被贬知睦州。在春意绵绵、风景如画的新安江畔,身心疲惫的范仲淹凭吊了严子陵钓台,主持重修了严光祠堂。桐庐郡小政闲,公务之余,范仲淹与幕僚一起登临游赏,交相唱酬,饱享畅游山水之乐。就在范仲淹陶醉在江城赏心悦目的诗情画意之中时,同年八月,一道诏令将他调知乡郡苏州。当时苏州正发大水,范仲淹行装未卸,就赴常熟、昆山实地考察灾情,提出了疏浚五河,引太湖之水注入东海的治水方略。这一方略成为苏州地区北宋迄今屡见成效的一条治水主导性思路。回到苏州城内,范仲淹又全力以赴地赈济救助十万灾民。范仲淹在苏州南园买了一块地,准备盖一所住宅。一天,他请阴阳先生看风水,这位先生巡视一遭后,向范仲淹贺喜道:"这是块贵地,今后您家中定有公卿相继出世。"

范仲淹听了笑道:"我家独占贵地,倒不如让出建学,使士人都在此受教育,公卿将相不是更多吗?"

不久,范仲淹就在这里创办苏州府学,亲自聘请学识渊博的人任教,如胡瑗、朱长文等,学堂越办越好,名冠东南。

苏州城西的天平山也称范坟山,当时有一对儿女亲家,其中一家选天平山为祖坟,而另一家也看中这里,两家自愿互换。换得天平山的一家请风水先生测度,发现周围有锥形石块包围墓穴,指为万箭穿心,是大凶之地,于是两家相争不休。范仲淹知道后出来调解:

"我家有一块墓地,风水先生称风水宝地,不如跟你们换吧,因为我不信此道。"

两家人听说换的是一块风水宝地,自然满心欢喜,一口答应。

没想到当夜风雨大作,天平山的石块全部倒过来,成为"万箭朝天"。风水先生第二天早上一看,傻眼了,原来的大凶之地已经成为绝佳宝地了。虽然,这仅是民间传说,但也体现了当地百姓对范仲淹的敬钦。

由于政绩斐然,范仲淹又被召回京师。

西陲建功

烟尘滚滚,杀声盈天!秋天的边塞,与繁花似锦、车水马龙的京都宛如两个世界:万物凋零,到处都可见断壁残垣、尸骸废墟、难民流离。

五十二岁、满头白发的范仲淹,紧急挂帅,风尘仆仆地赶往西部战场。范仲淹登高放眼一望,但见斜阳下,寒霜满地,孤城默然矗立,长烟寥寥,连大雁也不想停留,呜咽着向南飞去。

宝元元年(公元1038年),党项族首领元昊建立西夏国,自称皇帝,并调集十万军马,侵略大宋。两年不到,宋朝延州北部的数百里边塞,大多被西夏军洗劫或掠夺而去,元昊气焰嚣张,扬言要灭了大宋。国难当头,危难之际,仁宗匆匆召见了范仲淹,给他荣封龙图阁直学士、天章阁待制的职衔,任命他为陕西经略安抚副使兼知延州,防御西夏。

边塞的战争场景令范仲淹心情十分沉重,夜不能寐,写下了一阕被后人誉为绝唱的《渔家傲》:

塞下秋来风景异,衡阳雁去无留意,四面边声连角起。千嶂里,长烟落日孤城闭。　　浊酒一杯家万里,燕然未勒归无计,羌管悠悠霜满地。人不寐,将军白发征夫泪。

百姓疾苦,边关情事,使范仲淹忧之在心,如焚如割。

在延州,范仲淹实行将兵法,采取积极防御战略,不拘一格选拔人才。他了解到麾下有个骁勇善战的猛将叫狄青,立即召见他。见到英武挺拔的狄青,范仲淹十分喜爱,问他:"读何书?"狄青出身兵士,识字不多,答不上来。范仲淹劝勉他:"你是将官。做将官如不能博古通今,不知古今兴衰之理、兵法权变之机,那不过是匹夫之勇,不足称道。"

狄青闻言大惊,自己勇冠三军,纵横沙场多年,从没有想过应该读点书来充实自己,更没有意识到自己只是胸无点墨的一介勇夫。他猛然省悟,向范仲淹请教:"主帅,我该读何书?"范仲淹就授给狄青《左传》一本。狄青见范仲淹这样热情地鼓励他,十分感激。他利用打仗的空隙时间刻苦读书,没几年,他就把秦汉以来的兵法读得很熟,屡立战功,不断得到提拔,名声很大,遂成一代名将。

庆历元年(公元1041年),少壮勇武的陕西经略安抚副使韩琦对西夏采取攻策,在对待战争的问题上,范仲淹与韩琦有很大的分歧。韩琦认为:"用兵打仗,应当把胜败置之度外。"范仲淹则认为:"战争是利害攸关的大事,一定要谨慎从事。"他对韩琦说:

"大军一动,万命所悬,如果将将士性命置之度外,此乃作战大忌!"

不出范仲淹所料,韩琦的自信终于招来了大祸。宋军的冒进,使其在好水川战役中被西夏军队击溃,几乎全军覆没,而且将士死得非常惨烈。统率任福在战斗中身中十余箭,仍力战不退,手下劝他,他说:"我乃大将,军队败了,我只能以死报国!"最后被刺中面颊,断喉而死。宋朝的残兵败将班师回营的路上,数千名阵亡将士的父母妻子在半路上拦住韩琦的马头,焚烧纸钱,为亲人招魂,一时间满山遍野哭声震天。看到这种悲惨的场面,向来自负的韩琦也不禁肝肠寸断,悔恨交加,在马上仰天长叹,掩泣不已。范仲淹听到这个消息后,悲愤地说:"当是时,难置胜负于度外也!"

好水川之战后,西夏元昊派被俘的宋军守将高延德来见范仲淹,试探求和之事。范仲淹并不相信元昊的归顺,但心中希望早息战祸,以求边境安宁,他接待了高延德,并给元昊写了一封信。没想到元昊态度骄横强硬,回信充满轻薄傲慢之语,范仲淹气得将信烧毁了。消息传到朝廷,认为范仲淹这是私行外交,被降官户部员外郎,贬知耀州。

庆历二年(公元1042年),范仲淹上疏再论攻守之策,主张增筑堡塞,行坚壁清野之计,实施招纳怀抚之策。九月,主将葛怀敏与元昊于定川一仗正连连溃败之时,范仲淹及时从庆州出兵驰援,方稳住阵脚,迫使西夏退兵。战报到达朝廷,仁宗大喜说:"朕知范仲淹可当大用!"亲自下令进范仲淹为枢密直学士、右谏议大夫。范仲淹看到定川杀伤满野,日夜悲忧,对朝廷的加官晋爵,坚辞不受。

朝廷接受了范仲淹的辞让,调整了西北边帅的配置。经过精心筹划,在范仲淹、韩琦等的主持下,宋陕西四路立体纵深攻防体系始构筑完成,宋夏战争进入相持阶段,宋夏议和。范仲淹稳妥的积极防御战略初见成效。经过三年的辛苦经营,宋朝西北边疆的防务终于有所起色,对西夏产生了强大的威慑力。西夏盛传一句话:"无以延州为意,今小范老子(指范仲淹)腹中自有数万甲兵,不比大范老子(指宋军前守将范雍)可欺也。"宋朝边疆也流传着这样一句民谣:"军中有一范(指范仲淹),西贼闻之惊破胆。"

庆历新政

绿树浓映,翠竹环绕!天章阁位于皇宫的深处,原来专放真宗的文字及图书典籍、符瑞宝玩等物。仁宗接位,天章阁成了专放真宗遗物与祖宗遗像的地方。天章阁乃宫中偏僻幽静之处,就在范仲淹等任新职不久,一天,仁宗突然吩咐:"去开了天章阁,朕今天要在那儿接见大臣。"时值八月中旬,艳阳无遮无挡地炙烤着京城的角角落落,皇宫虽是清凉之地,亦难逃闷热的侵扰。在这样的日子里,仁宗闷在宫殿中无休无止地览奏、听政、召见朝臣,实在难熬。因而,为避闷热而移驾天章阁,当是情理中事。

大臣们都应召而来了。见礼之后,仁宗说道:"天章阁修建陈列之后,各位爱卿还未拜谒过祖宗与先帝的遗像,先帝遗留的墨宝、符瑞、珍玩,各位恐怕也很少见过吧。今儿特意开阁,也好与朕一起感戴祖宗与先帝的恩德。"

大臣们明白了皇上的心思,都磕头谢恩起来。

仁宗说:"都免礼,随朕来吧!"说着已站起来,先是拜谒了太祖、太宗与真宗三位皇帝的御容遗像,接着又观看了真宗的遗物。拜谒参观完毕,回到偏殿,仁宗不无感慨地长叹一声:"唉,太祖、太宗朕未见过,先皇晏驾时朕已记事。一切都好似昨天的事!先皇将江山社稷托付于朕,朕无德无能,实在有负于先帝的重托,愧对列祖列宗啊!"

皇帝如此自责,大臣如何能够安心?大家都跪倒在地道:"都是臣下无能失职,有负圣恩。陛下如此自责,臣等更罪不容诛了!"

仁宗见大家这样,也抚慰道:"平身!朕不过一时动情,不能自已,才感慨了几句!"

大臣们感激涕零道:"皇上天恩浩荡,臣等肝脑涂地,也不能报答于万一!"

"各位爱卿有什么高见,不妨畅所欲言。"仁宗因势利导,话锋转得不露痕迹,当场就征询起朝政来了。

仁宗对于新提的范仲淹、韩琦、富弼等几个人,尤其抱有厚望,所以对他们微微一笑:"朕想听听你们的意见。"

范仲淹上前磕头道:"臣等无能为力,让陛下操心。请陛下宽限三天,容我们回去仔细斟酌。三天之后再没有奏章,请陛下明令正法!"

仁宗哈哈笑道:"勿立军令状!且回去慢慢考虑吧,也不在乎三天两天的,只要心里有事就行了。"

当天晚上,范仲淹就在书房准备奏章了。可每次拿起笔,却又不由自主地搁下了:"自从踏上仕途,经州历县,治军治民,风风雨雨近三十年,又是一向心之所系,事事挂怀,大宋朝的弊政与出路所在,不说烂熟于心,也早已思之再三了。而且,自读书立志,盼的不就是这么一天吗?独立朝堂,天子宠信,兴利除弊,造福黎民。可今天为什么总是踌躇犹豫,以至于一再不能措辞呢?"

他一时找不到答案,也没法儿集中精力去寻找解答。时序已是深秋,又下起淅淅沥沥的小雨,透过窗棂的冷风吹得烛影四下摇曳,更增加了几分寒意,他不由得打了一个寒噤。

范仲淹知道仁宗求治心切,或者可以言听计从,但兴利除弊是要大动干戈的,不会一蹴而就,皇上能坚持到底吗?

范仲淹望着烛影出了一会儿神,又摇摇头,似乎要摆脱所有这些束缚他的想法:总不能就这样什么也不做,怎么向皇上交代呢?

范仲淹正出神,夫人走进书房,问道:"怎么还不睡?"范仲淹吩咐道:"替我换一支蜡烛,再磨一池墨,你就睡去吧。刚才磨的,没用就干了。"

"好!夜深了!都打二更了!"

"嗯,过得真快呀!"

"明儿还要早朝,也该歇着了。什么急事,不能明儿再说吗?"

"不成,今儿晚上我怕不能睡了,你先去睡吧。"

夫人知道拦不住,没再吱声,换了蜡烛,磨好墨,又去找了一件衣服披在范仲淹身上:"夜深了,披上这个,当心着凉!"

"不要紧。你先去睡吧!"

烛影下的范仲淹,面庞更见消瘦,满头白发也更加明显。夫人禁不住眼泪要涌出眼眶。她怕搅了范仲淹的正事,赶紧掏出手绢擦擦眼泪,悄悄地退出去了。

范仲淹理清思路,很快就奋笔疾书起来。等写好了,早朝的时间差不多也就到了。他索性夹着墨迹未干的奏章,直接上朝了。

这封奏折虽是急就章,却并非一时心血来潮的妄言,说的十件事,几乎件件都是他长期观察思考的结论,也几乎件件都关系到除弊更新、正本清源的大事:

一是明升黜,二是抑侥幸,三是精贡举,四是择官长,五是均公田,六是兴水利,七是修武备,八是减徭役,九是覃恩信,十是慎出令。

皇上看了奏折,喜形于色,当即夸赞范仲淹:"爱卿果然言而有信,不负所托。说的也详实可行。朕这就批转二府,让他们尽快与你一起参酌施行。"

范仲淹叩头谢道:"陛下圣明。微臣陋见,挂一漏万,全仗陛下圣裁。还请陛下关照二府多多斟酌,以免失误。"

仁宗陆续下诏,全国执行。时人称为"新政",历史上把这次改革成为"庆历新政"。

范仲淹为了推行新政,先跟韩琦、富弼等大臣审查分派到各路担任监司的人选。有一次,范仲淹在官署审查一份监司的名单,发现有贪赃枉法的人员,就提笔把这些人的名字勾去了,准备撤换。在旁边的富弼看了心里不忍,就对范仲淹说:"范公啊,你这笔一勾,会害得人家一家子哭的。"范仲淹回答:"一家哭总比一个地区都哭好吧!"富弼听了,更加佩服范仲淹的见识高明。

范仲淹的新政推行后,就像捅了马蜂窝一样。一些皇亲国戚、权贵大臣、贪官污吏,纷纷闹了起来,散布谣言,攻击新政。有些原来对范仲淹很妒忌的大臣天天在宋仁宗面前说范仲淹的坏话,说范仲淹交结朋党,滥用职权。特别是一些丢了乌纱帽的地方官,把王鼎等三人称为"三虎",恨得咬牙切齿。相当一批大官僚、地方官和大太监暗中开始串通,组织力量策划,要除去范仲淹。

新政开始不久,监察御史梁坚就上书弹劾陕西地方官滕子京和西部军区副司令张亢贪污挪用机要费。这两个人一向为范仲淹器重,是新政的坚决支持者。机要费是皇帝批给官员的一小笔机动钱,在使用上有模棱两可的余地。范仲淹见此,不惜辞职,起来为他俩辩护。滕子京曾经批评仁宗好吃好喝,措辞有点夸大,闹得仁宗下不来台,仁宗便将滕、张二人贬官了。

前朝老臣夏竦曾遭欧阳修等人弹劾而贬官,对范仲淹、欧阳修等十分痛恨。老夏喜欢书法,精于字形字体的研究,他还培养身边一个丫环也迷上了这一道。他唆使这个丫环模仿名士石介的笔迹,渐渐能以假乱真。石介是坚决支持范仲淹的大名士,经常写文章和诗赋议论朝政,十分大胆。老夏十分阴险,竟让丫环模仿石介的笔迹,篡改了石介给富弼写的一封信,篡改添加的内容暗示要发动政变把仁宗拉下马。夏竦把这封信上交仁宗,算是重大举报。

谏官钱明逸也向仁宗告状:范仲淹拉帮结派,结党营私,扰乱朝廷。他们推荐的人,多是自己的朋党。凡是他们一党的,竭力保护张扬;不是他们一党的,一概加以排斥,置之死地。这一告,触到了北宋建国以来最敏感的政治痛点。

庆历四年(公元1044年)四月的一天,仁宗拿着告状的奏折问大臣:"过去小人多为朋党,君子难道也结党吗?"胸怀坦诚的范仲淹回答:"臣在边防之时,见到勇敢善战的人聚在一起,自称一党,怯懦的人也自为一党。在朝廷上,正邪两党也是一样。陛下只要用心体察,就可以分辨忠奸。假如结党做好事,那对国家有什么害处呢?"仁宗对这个回答很不以为然。

就在朝廷中朋党之争甚嚣尘上,范仲淹逐渐失去仁宗信任之时,三十七岁的欧阳修直抒胸臆,写了一篇《朋党论》的政论呈交仁宗,并在朝官中传阅。欧阳修提出,做皇帝的,应当辨别君子之党与小人之党,"退小人之伪朋,用君子之真朋"。这就等于向仁宗宣布，我们已经结成了一个朋党派系。这是向仁宗的家法和底线挑战。仁宗为了维护皇帝的专权统治，终于下决心将"气锐不可折"的范仲淹逐出中央政府。范仲淹一走，宋仁宗就下令把新政全部废止。

庆历五年（公元1045年）正月，朝廷罢免了范仲淹参知政事职务，贬官到陕西彬县。罢免富弼枢密副使职务，贬官到山东郓城。罢免韩琦枢密副使职务，贬官到扬州。庆历新政仅一年多就失败了。

忧乐天下

秋风送爽，阳光明媚！范仲淹站在邓州风光秀美的百花洲览秀亭中，手中拿着滕子京的书信，滕子京请他为重修的岳阳楼写一篇散记。

庆历新政失败，范仲淹被贬邓州，被风景如画的园囿所吸引，他修建了百花洲公园，该园除亭台楼阁之外，各种奇花异草更让人流连。洲前的城楼上，则建了一座春风阁，高敞明亮；阁前是一个四角攒尖的览秀亭。登城入亭，放眼四望，邓州风物尽收眼底，"览秀"名副其实。傍着百花洲，就是他新建的花洲书院了。滕子京既是同雅之好，又是患难与共的好友，此时范仲淹自有满腔的激情需要喷涌，接到信，略略准备了一下，就在览秀亭铺纸研墨，把笔临风了。

滕子京被贬岳州，性情不变，被岳阳名胜所吸引。岳阳南倚潇湘，北靠长江，西枕山峦，东临洞庭，是个山川秀美的胜地。三国时孙吴鲁肃来岳阳治水军，建造了岳阳城。为了阅军方便，鲁肃又在枕山临湖的西城门上修了一座阅兵台。到唐代开元年间，中书令张说谪守岳州，全面翻修扩建了阅兵台，且给它新起了一个雅致气魄的名字——岳阳楼。从此岳阳楼就成为整个岳阳的核心了。可从开元到庆历，三百多年过去了，风雨剥蚀，岳阳楼已不成模样。身为知州,滕子京又是个喜山爱水的人,觉得这样一座破楼横亘在山川秀色之中极不协调,因而下了决心,要将此楼重新整修扩建一番。

新的岳阳楼,三层重阁,飞檐起翘,流光溢彩,高耸于烟波浩渺的千里洞庭之上,就如一只展翅欲飞的大鹏,雄伟恢宏。名楼须配名文!滕子京千里迢迢打发专人送信来请范仲淹作记。为了弥补他尚未登临的遗憾,滕子京还特意叫画师画了一幅《洞庭秋晚图》,让人一道捎给了他。

范仲淹虽没登上岳阳楼,但祖籍苏州吴县,濒临浩瀚的太湖,加上一生宦游各地,湖上烟波早已烂熟于心。一旦握笔临纸,那水光山色,风雨晴晦,人物风情,无不历历在目;还有一辈子蹉跎、奋斗的无限感慨,时时凸显其间。两者互相裹挟,互相席卷,终于汹涌澎湃,汇成一股滔天洪流喷薄而出。范仲淹笔不停辍,由着那一股洪流,将他推向遥远的天际。只见他写道:

> 庆历四年春,滕子京谪守巴陵郡。越明年,政通人和,百废具兴。乃重修岳阳楼,增其旧制,刻唐贤、今人诗赋于其上,属予作文以记之。
>
> 予观夫巴陵胜状,在洞庭一湖。衔远山,吞长江,浩浩汤汤,横无际涯。朝辉夕阴,气象万千。此则岳阳楼之大观也,前人之述备矣。然则北通巫峡,南极潇湘,迁客骚人,多会于此。览物之情,得无异乎?
>
> ……
>
> 嗟夫!予尝求古仁人之心,或异二者之为。何哉?不以物喜,不以己悲。居庙堂之高,则忧其民;处江湖之远,则忧其君。是进亦忧,退亦忧。然则何时而乐耶?其必曰:先天下之忧而忧,后天下之乐而乐欤!
>
> 噫!微斯人,吾谁与归!

写完最后一个字,范仲淹搁下笔,抬起头望着城下无边无际的田野,仿佛仍在执拗地寻找那位"斯人"。

滕子京得到文章后立即请苏舜钦书写,找雕刻名家制成雕屏,悬挂在楼上。大好湖山,千古名楼,更加光彩夺目,千秋万代,令人流连忘返。

皇祐元年(公元1049年),范仲淹移守东南重镇杭州。在赴任途中,他最后一次在乡郡姑苏逗留,创办了范氏义庄。

皇祐三年(公元1051年),范仲淹移知青州,适逢河朔饥荒,他平抑粮价,帮助州民渡过青黄不接的艰难时光。当初被贬饶州时范仲淹得了一种眩晕症,后又染上肺疾,此时老病一身,形体羸弱,力不能支,无法任事了。他上书朝廷,求在颍、亳间知一州,以图将养。朝廷同意他徙移颍州,范仲淹扶病上道。

皇祐四年(公元1052年)初夏,行至徐州,范仲淹就病得无力承受前路风尘,停留在徐州就诊,仁宗也派使臣赐药问候,但终因病入膏肓,神不在形,于五月二十日(公元1052年6月20日)于徐州溘然长逝,谥号"文正"。

北宋初年的士大夫们往往怀有以天下为己任的抱负和志向,具有博大的胸怀、渊博的知识和高雅的情趣,他们一方面以一种广阔的心胸探索着安身立命的哲理,另一方面又以一种浩然正气追求着重气节、尚志操的独立精神。开风气之先者,就是"不以物喜,不以己悲""先天下之忧而忧,后天下之乐而乐"的范仲淹。

参考文献:

1. (元)脱脱、阿鲁图等:《宋史·范仲淹传》,中华书局1990年版。

2. 刘维治、张作耀、周汝昌等:《中华名人传记》,大众文艺出版社2010年版。

山水田园,范成大的精神家园

——《四时田园杂兴》六十首

一

　　石湖的月夜,如一幅淡雅的水墨画。

　　淳熙九年(公元1182年)农历八月十七,湖里的月亮已经饱满得溢出水来,湖边楞伽山顶的月亮将山的轮廓一点点缩小。到满月偏西时分,湖畔的行春桥九个环洞北边水面便将出现九洞串月的奇景。其时,楞伽塔下皓月当空,湖波山岚,九月成串,那是怎样一幅美妙景色?五十八岁的范成大站在湖边,不觉吟出"身外水天银一色,城中有此月明无"的诗句。星芒流转,月色溶溶,微风吹过水面,蜻蜓点水般将细碎的月亮和青峰一并柔柔地融进了微波之中……

　　范成大因病从建康(今江苏南京)府知府的位置上向朝廷请辞,告老还乡,退隐故乡苏州的石湖,流连徜徉在湖光山色之中。他从此再没有离开,吸引他的是秀丽的山水、清新的田园、农家的耕作、淳朴的民风和远离尘世的幽静。范成大在这里最后十年的生活是真实而自由的,他可以自由地呼吸，可以自由地畅想，不需要看任何人的脸色，不需要隐瞒内心的感受，他成为大自然的一员，成为自由的存在。

> 昼出耘田夜绩麻，村庄儿女各当家。
> 童孙未解供耕织，也傍桑阴学种瓜。

在小学课本中读到的这首诗就选自范成大的《四时田园杂兴》，写的是夏日村庄的生活场景：农家生活是男耕女织，日夜操劳，虽然辛苦，其乐陶陶。最精彩的是后两句，农村里孩子的游戏，也多是模仿大人的劳动。一个"学"字，透出儿童的天真活泼，极富生活情趣，他们从小耳濡目染，喜爱劳动。诗以老农的口吻写就，虽没有出现老人的形象，但称农夫农妇为"儿女"，称小孩为"童孙"，是一位老祖父眼中的农家乐事图。这里有写实的成分，更蕴含着诗人对田园生活的赞美。语言通俗浅显，文笔清新轻巧，使人由景见情，给人以极美的艺术享受。透过这一首小诗，我们已经体会到石湖人家的风土人情，感受到一种恬淡悠闲的农家生活乐趣。

石湖位于苏州西南，这里是一片秀山媚水，遗留着吴地先民的生活痕迹，也是吴国盛衰的见证。据传春秋时期越人伐吴，横截山麓，掘溪进兵，经胥江直入吴都，发现湖底皆石，始称石湖。这里有岁月留下的断简残章，曾经的吴钩越剑已经淹没在荒烟野草之中。石湖一碧千顷，波澜不惊，湖西层峦叠嶂，寺塔耸立，湖东水港成网，田圃相属，山水之胜更兼田园之美。石湖之北有行春、越城两座古石桥，一东一西有湖堤相连，如长龙卧波。随着岁月的流逝，吴地百姓在这里渔耕生息，田圃渔舟，水乡湖居，错落于山水石桥之中，好惬意的幽闲恬静的田园生活。

范成大（公元1126年—公元1193年），南宋著名诗人，字致能，自号石湖居士，平江吴郡（今江苏苏州）人。后人称为田园诗人，与陆游、杨万里、尤袤并称"南宋四大家"。从小受到良好的教育,遍阅经史,善为文章。父母早亡,他抚养弟妹,直到妹嫁,才重操学业,专意科举。绍兴二十四年(公元1154年)中进士。绍兴二十六年(公元1156年)起,任徽州(今安徽黄山)司户参军。孝宗乾道二年(公元1166年)升吏部员外郎。乾道四年(公元1168年)起知处州,在处州(今浙江丽水)减轻赋税,兴修水利,颇有政绩。次年,被召入朝,任礼部员外郎。乾道六年(公元1170年),范成大胸怀报国大志,出使金朝,慷慨抗节,不畏强暴,不辱使命而归,写成了使金日记《揽辔录》和著名的七十二首纪事诗,回朝后即升任中书舍人。淳熙四年(公元1177年)权礼部尚书。淳熙七年(公元1180年)起知明州(今浙江宁波)兼沿海制置使。淳熙八年(公元1181年)改知建康府兼行宫留守。第二年因病辞归故里。

范成大的家乡石湖是诗人的伴侣,湖上明月、山间清风"耳得之而为声,目遇之而成色",给了范成大恬淡愉悦的快感,还有一种秀雅洁婉的情怀。范成大喜欢石湖,喜欢这里的民俗风情,他在山水田园中感受最本真的农家生活和农民疾苦,对当时的社会生活进行了深刻审视,也对恬静闲适的田园生活深深地依恋。

湖边的农家、祠堂、书院恬淡幽静,倒映在水中,分明是一处明镜里的古村落。年少时走出家乡石湖的范成大泛舟书海十余年,宦游沉浮又近三十年,晚年终于叶落归根,筑石湖别墅颐养天年,他徜徉在湖光山色和水乡田家之间,山魂水魄的灵感冲击着诗人,一首首脍炙人口的田园诗在诗人的笔下缓缓流出,《四时田园杂兴》六十首如一股农家田园的清新气息般扑面而来……

二

《四时田园杂兴》六十首的序曲是范成大的《初归石湖》。诗人满怀欣喜之情回归故乡,"晓雾朝暾绀碧烘,横塘西岸越城东",清晨,稀疏的晓雾弥漫在周围,初阳把一片天空染成红的紫的黑的,似一幅画。诗人的身影从晓雾中透出,漫步在横塘西岸越城东边。依旧是那身白袍,悠然行走,伴随着"无限鸣蜩",却更映衬出这清晨的宁静。一句"行人半出稻花上,宿鹭孤明菱叶中",表现出田家悠闲自在的味道。农人早已来到田地,开始了他们一天的活计;池塘里栖息的白鹭,在碧绿色菱叶的映衬下,更为纯白可爱。辞官回乡,诗人寻的是属于自己的宁静。"信脚自能知旧路,惊心时复认邻翁",诗人信步湖畔,复认邻居老翁,更觉得惊心异常,不得不感叹岁月的流逝。"当时手种斜桥柳,无限鸣蜩翠扫空",当年亲手栽种的斜桥柳还在,可因为没人管它,如今无数的鸣蝉在上面已经把它原本翠绿的叶子扫食尽了。全诗到这里就戛然而止,对世事变迁的感慨却溢于言表,同时也留下了无尽的思绪让读者自己去体会、揣摩。行人、稻花、白鹭、菱叶交织成一幅田间的水墨画,淳朴、雅致又难掩其中的几分洒脱之意。这一切的一切,宛如一位江南女子,个性淳朴,面容雅致。

  范成大亲自考察了石湖的周边,发现"山自西群奔来,遇石湖而止",浩淼石湖如天然翡翠,静谧而美丽,山景倚着湖景,湖景映着山景,这真山真水的美丽石湖,这清雅恬淡、妙趣横生的田园风光是那样吸引着诗人。美丽的石湖波光塔影、景色宜人,在石湖旁,范成大筑园结庐,栽花种蕉,读书写诗,抚琴吹箫。别墅四周广植梅花,更是堪称奇绝。经历了世间沉浮的范成大明了人生的荣辱得失,他已经懂得用平常心去看待万物,容纳万物,体会这平淡的相守,恬静的归依。范成大行走于田间街巷,以另一种身份、另一种眼界去看待世间事,体会人间情……

  诗人的代表作《四时田园杂兴》六十首就在这样的背景下自然而然地流露出来,这一组田园诗远追晋唐陶渊明和王维,又别设樊篱,鄙俚皆录,曲尽水乡风物、时令土俗、农圃故事、田家苦乐,在塑造的形象和创设的环境中,流露出浓郁的平民意识和诗家的人文精神,融生活化的乡土气息与典雅化的书卷气息于一体,为山水田园诗开拓了新的境界。范成大隐居石湖十载,足迹遍布苏州的湖山,对石湖感情最深。他说:"凡游吴而不止石湖,不登行春,则与未始游者无异。"是的,"一面青山三面湖"的石湖独特景观,向来被誉为吴中最胜处、东南之绝景。范成大陶醉于石湖田园的优美宁静和文人的隐居乐趣之中,同时又深切感受到石湖农村农民的生活情调,他心灵的弦被一次次拨动,完成了《四时田园杂兴》六十首的创作。

范成大创造性地采用七绝连章的组诗方式,把劳作生活的苦乐与田园情趣融为一体,全面、真切地描写了农村生活的各种细节,展现了田园生活的真实内容,诗歌主人公也由隐士转变为农人:他成功地实现了传统题材的改造。《四时田园杂兴》充溢着江南农村浓郁的乡土气息,宛如一轴生动的农村生活立体长卷,对后代影响深远。

三

《四时田园杂兴》是一组大型的田家诗,分别咏叹春日、晚春、夏日、秋日、冬日的田园生活,共五个部分,每部分各十二首,共六十首。范成大是一个关心国事、勤于政务、同情人民疾苦的士大夫,可是居庙堂之高无法实现其理想,于是只能处江湖之远,退而修身养性了。他在这里开阡陌,耘田地,充分体验到快乐的农家生活情趣,激发了他的诗情。凡农家生活、季节气候、风土民俗、耕织、收获及苦难与欢乐等,都在他诗中得到了真切生动的展现。范成大题的小序是:"淳熙丙午,沉疴少纾,复至石湖旧隐。野外即事,辄书一绝,终岁得六十篇。号《四时田园杂兴》。"下面我们精选几首,逐一赏读。

春日其一

柳花深巷午鸡声,桑叶尖新绿未成。
坐睡觉来无一事,满窗晴日看蚕生。

这是一首写春日景色的诗。柳絮飘零的深巷内传来午时鸡鸣的声音，田间的桑树刚发新芽，还没有长出桑叶。春天的绿色已经在大地舒展，特别令人欣喜的是桑树的新芽，让在田头散步的范成大心中充满希望。午睡醒来好像无事可做，但是诗人透过铺满窗子的阳光欣赏农家养蚕，蚕在吞吃桑叶，农家希望蚕迅速成长结茧子，可以抽丝织绸缎。"满窗晴日"也预示着一种对生活的希望，非常淳朴，也很美好！

晚春其三

胡蝶双双入菜花，日长无客到田家。
鸡飞过篱犬吠窦，知有行商来买茶。

这首诗描写了晚春农村恬静的景色，表现了作者对农村生活的热爱。诗的前两句，写日常农村静景。蝴蝶双双在菜花田里飞来飞去；白昼慢慢地显得长了，田户人家没有客人来临，村子里十分恬静。这是从正面描写日常农村景物。诗的后两句写茶商来到时的动景。茶商来是为了采购茶叶，却连鸡犬都为之震动，这反衬出村庄平时极少有外人到来，来了陌生人，大家都十分注意。这是动景，却进一步说明了农村的恬静。这首诗最大的特点是以动来反衬静。首句写动景，却加深了"日长无客到田家"的静；三、四句写动景，却反衬了整首诗所描写的静。整首诗用平易如话的语言描绘出了一幅农家生活图。

夏日其一

梅子金黄杏子肥，麦花雪白菜花稀。
日长篱落无人过，惟有蜻蜓蛱蝶飞。

这首诗从侧面着墨。前两句写景，选取的都是江南初夏农村景物，初夏正是梅子金黄、杏子肥的时节，麦穗扬着白花，油菜花差不多落尽，正在结籽，一片丰收在望的景象。夏天日长，篱落边无人过往，大家都在田间忙碌，只有蜻蜓和蝴蝶在款款飞舞。诗写出了农村恬淡祥和的自然风光。"梅子金黄""麦花雪白""杏子肥""菜花稀",色彩绚丽。第三句叙事,写夏日初"长",但农事正忙,白天篱边少有行人。最后一句又写景,以只有"蜻蜓蛱蝶飞"衬托农事的繁忙。全诗不直接写劳动,却从侧面透露劳动情况,含蓄有味。

夏日其十一

采菱辛苦废犁锄,血指流丹鬼质枯。
无力种田聊种水,近来水面也收租。

这首诗写秋日农民采菱的景象,揭露了封建统治者对农民的残酷剥削。前两句写采菱辛苦。辛辛苦苦地去采菱,没有田可以耕作,犁锄也无用。十指流了许多殷红的血,枯瘦的面貌看起来半似人半似鬼。没有能力去买田地,只好在水上种香菱;近来官府催逼得很紧,千顷湖面也要收租税!首句概括农民的辛苦,第二句则是对辛苦的具体描绘。"鬼质枯"写全人,"血指流丹"则是写局部,是一个特写镜头。后两句写农民所受剥削之残酷。"无力"说明农民采菱是由于贫困不得已而为之。"近来"句说明农民即使贫困如此,仍免不了要缴租,所受剥削可想而知。这首诗在艺术上有两点很值得注意:一是概括交代与具体描绘相结合,使读者的认识形象而深刻。二是进层写法,首二句为第一层,第三句是第二层,第四句是第三层,层层深入,从而将剥削之残酷写得十分深刻。作者生活在农民之中,农村的生活并非历代隐居者所向往的世外桃源,而是充满痛苦和辛酸。诗人对农民的苦难倾注了深厚的同情。

秋日其八

新筑场泥镜面平,家家打稻趁霜晴。
笑歌声里轻雷动,一夜连枷响到明。

这首诗从田家劳动的场所写起:新造的场院地面平坦得像镜

子一样,家家户户趁着霜后的晴天打稻子,农民欢笑歌唱着,场院内声音如轻雷鸣响,农民挥舞连枷打稻子的声音一直响到天亮。

冬日其十

黄纸蠲租白纸催,皂衣旁午下乡来。
长官头脑冬烘甚,乞汝青钱买酒回。

这首诗体现了农民受到赋税剥削的艰难生活:朝廷颁布官样文章,豁免灾区的赋税,而当地官吏照样还是勒逼人民缴纳。这种剥削人民的双簧戏,苏轼早在奏章中向皇帝指出过,可是各地仍在上演着。这首诗的公差说,县官是糊涂不管事的,做好做歹都得由我,你们得孝敬我几个钱买酒喝。全诗不加议论,但衙役那无赖的行径,蛮横的嘴脸,作者的愤恨,还有蕴涵其中的农民的无奈,让人过目难忘。

范成大的《四时田园杂兴》六十首,描述了当时江南农村生活的各个方面:有写四季物候变化的,有写桑麻菽麦之景的,有写耕耘纺织之事的,有写生计艰难的,有写丰年收获欢乐的……内容十分丰富。尤其可贵的是,诗人把揭示封建官吏、地方豪绅鱼肉人民的罪行,表现农民勤劳淳朴的美德和描写景物结合起来,把农民生活的苦乐和自己的情感变化融为一体,从而使田园诗除写景状物抒情外还包含了深刻的社会内容。田园诗有了泥土和血汗的气息,扩大了境界,成为名副其实的反映农村生活之诗。这方面可说是范成大的独创,是他对田园诗发展的一大贡献。

在艺术上,范成大的田园诗广泛地吸取前人田园诗的优点,从内容到形式都有创新。正因为如此,范成大的《四时田园杂兴》六十首一向被称作我国田园诗的典范。至范成大,田园诗已经发展成熟。钱钟书在《宋诗选注》中称赞范成大"也算得中国古代田园诗的集大成"。钱先生认为,范成大在田园诗方面完全可以和陶渊明相提并称,甚至是后来居上,是田园诗的集大成者。范成大晚年把自己对国家、百姓的拳拳之心转移到田园生活上来,使得他的田园诗洋溢着热爱生活的激情,使得苏州石湖的田园风光从此永恒地留在了中国文化史上。

月夜的石湖畔,永远站着田园诗人范成大!

参考文献:
1. 《范石湖集》,上海古籍出版社1981年版。
2. (元)脱脱、阿鲁图等:《宋史·范成大传》,中华书局1990年版。
3. 钱钟书:《宋诗选注》,人民文学出版社1979年版。

桃花坞里桃花庵，桃花庵里桃花仙

——唐寅与桃花坞的不解之缘

"桃花坞里桃花庵，桃花庵里桃花仙；桃花仙人种桃树，又摘桃花换酒钱。"明代唐寅所作的这首《桃花庵歌》，展现了一种诗意栖居的悠然自得，至今仍令很多人心醉神驰。五百年前，唐寅、沈周、文徵明、祝枝山等在苏州桃花坞共创了"吴门画派"，开创了中国文人画的新境界。桃花坞孕育了唐寅文化，唐寅也成为苏州桃花坞的一张文化名片。在苏州桃花坞地区，现在还有桃花坞大街、桃花坞桥弄、唐寅坟巷、唐寅祠（今称准提庵）和双荷花池。

史料记载，桃花坞一带最早是农桑之地，到宋熙宁年间，梅宣义在此筑台冶园，柳堤花坞，风物一新，称"五亩园"，又名"梅园"。宋绍圣年间，枢密章楶在五亩园南筑"桃花坞别墅"，占地七百亩。章氏子弟在此基础上又广辟池沼，建成一座庄园式园林，人称"章园"。梅、章两家为世交，梅宣义子梅采南、章楶子章咏华，仿效曲水流觞典故，将两园池塘打通，建双鱼放生池，一端通梅园的"双荷花池"，一端通章园的"千尺潭"。当时吴郡人多于此游春看花，一时鼎盛。宋末兵变，梅园、章园废圮不堪。唐寅三十六岁时选中城北桃花坞,建了优雅清闲的家园。那时章氏的别墅久经风雨沧桑,早成一片废墟,尽管元以后屡有兴建,但规模大不如前。唐寅看中这里景色宜人,更有一曲清溪蜿蜒流过,溪边几株野桃衰柳,一丘土坡,很有几分山野之趣。于是第二年,唐寅用卖画的积蓄买下了章氏的桃花坞别墅,再行修葺,改名"桃花庵"。唐寅还在四周种桃树数亩,自号"桃花庵主"。好友祝枝山、文徵明、沈周等经常来饮酒作诗。"日般饮其中,客来便共饮,去不问,醉便颓寝。"(祝允明《唐子畏墓志铭》)唐寅从此在桃花坞度过了他余下的十八年人生,在此创作了脍炙人口的诗歌和独树一帜的画作。

根据《苏州府志》和《百城烟水》等书记载,清代初年,桃花庵尚存部分建筑。顺治间,名医沈明生徙苏得此宅,构亭台,植竹木,池沼叫长宁池,内植荷花,岸夹芙蓉,并跨塘建一亭,取名"蓉镜亭"。当时莫俨高曾写有《送明生先生迁六如别业》一诗:"六如泼墨狂歌处,桃树无多潭水秋;之子移家当胜地,一楼八咏继风流。"到了乾隆年间,僧禅林、道心,又就其地改建为宝华庵,古庵至今犹存。

唐寅为何对桃花坞有如此深厚的依恋情结?他的人生经历和他的才情志向的纠结促使他寻找这样一个适合他的地方,他找到了,所以桃花坞是唐寅暂时逃离社会现实、实现自己人生理想的庇荫所。让我们通过唐寅的人生经历和诗画作品来感受唐寅的桃花坞情结。

唐寅的人生经历造就了一位独特的诗画家

唐寅(公元1470年—公元1524年),字伯虎,一字子畏,因生于寅年寅月寅时,便取名"寅",别号六如居士、桃花庵主、鲁国唐生、逃禅仙吏等,苏州人。明代著名书画家、文学家。绘画与沈周、文徵明、仇英齐名,史称"明四家"。诗词曲赋与文徵明、祝允明、徐祯卿并称"江南四大才子"(也称"吴门四才子")。唐寅的祖籍是山西晋昌(今山西晋城一带),所以他的书画落款往往写"晋昌唐寅"四字。自唐寅曾祖父起,世代在苏州经商,其父唐广德,在皋桥开设唐记酒肆,生意不错。唐寅自幼聪颖,熟读四书五经,博览《史记》《昭明文选》等史籍,能诗擅画。十六岁时参加童生试,经县试、府试、院试,高中第一名。十九岁娶徐氏。徐氏文静秀气,温柔体贴,夫妻恩爱。正在唐寅意气风发时,父亲突然中风过世,母亲因太悲伤也随父亲而去,后又惊闻妹妹在夫家丧亡,心爱的妻子在生育孩子时,产后热盛,悄悄离世,可怜的小婴儿在出世三天后也不幸夭折。亲人接连病故,对唐寅打击甚大,使唐寅意志消沉。二十七岁时续弦,娶了何氏。后在好友祝枝山、文徵明的鼓励下,重拾古文,发愤苦读。

弘治十一年(公元1498年),唐寅去参加应天府乡试。二十九岁的唐寅高中第一,史称唐解元。主考官梁储在读唐寅试卷时,情不自禁地赞叹。唐寅所撰之文受《昭明文选》影响,辞藻优雅,才气风发,他的试卷被梁储一眼看中。唐寅此时也是踌躇满志。岂知"福兮祸之所伏"。与之同船来京赶考的是江阴巨富之子徐经,两人来京后又住在一起。徐经吃喝玩乐惯了,进京会试还带了六名戏子。他认为能否进入仕途,重要的是赢得权贵的赏识,因此,整天奔走于豪门显贵之间。徐经和唐寅常常骑着高头大马招摇过市,受到其他应试举子的妒恨,在朝廷其他大臣中也引起了非议。

是年京城会试主考官是程敏政和李东阳,两人都是饱学之士,试题出得十分冷僻,很多应试者答不上来,惟有两张试卷,不仅答题贴切,且文辞优雅,使程敏政高兴得脱口而出:"这两张卷子定是唐寅和徐经的。"据说这句话被在场人听见并传了出来。因唐寅和徐经到京城后多次拜访过程敏政,特别在他被钦定为主考官之后,唐寅还请他为自己的一本诗集作序。这次程敏政在考场这样说,就给平时忌恨他的人抓到了把柄。给事中华昶给孝宗皇帝上了一道奏章:"国家求贤,以科目为重,公道所在,赖此一途。今年会试,臣闻士大夫公议于朝,私议于巷:翰林学士程敏政,假手文场,甘心市井。士子初场未入,而论语题已传诵于外;二场未入,而表题又传诵于外;三场未入,而策之第三四问又传诵于外。江阴县举人徐经,苏州府举人唐寅等,狂童孺子,天夺其魄,或先以此题骄于众,或先以此题问于人,此岂科目所宜有,盛世所宜容?陈待罪言职,有此风闻。愿陛下特礼部场中朱卷,凡经程敏政看者,许主考大学士李东阳与五经同考官重加翻阅,公为去取。俾天下士就试于京师者,咸知有司之公。"(《明孝宗实录》)弹劾程敏政受贿,把试题泄露给唐寅和徐经,并说程早已内定此二人是本科会元、亚元了。继华昶后,又有一帮人纷纷启奏皇上,均称程敏政受贿泄题事件在应试考生中反响很大,使考生大失所望,对朝廷多有怨言,若不严加追查,将有失天下读书人之心。孝宗皇帝看后信以为真,十分恼怒,立即下旨不准程敏政阅卷,凡由程敏政阅过的卷子均由李东阳复阅,将程敏政、唐寅和徐经押入大理寺狱,派专人审理。"或言敏政之狱,傅瀚欲夺其位,令昶奏之,事秘莫能明也。"(《明史·文苑传》)李东阳复阅后才知被程敏政称赞的卷子其实不是唐寅和徐经的。皇帝下旨,华昶所奏不实,调任南京太仆寺主簿。程敏政出狱后,愤懑不平,发痈而卒。唐寅出狱,竟还要缴"赎徒"之钱。这一事件对唐寅来说是极其严重的。他在给文徵明的信中描述狱中情况说:"身贯三木,卒吏如虎,举头抢地,涕泗横集。"此时的唐寅从应天府乡试第一的兴奋,一下子坠入痛苦的无底深渊,时间前后不到半年,一荣一辱,真可谓天壤之别,唐寅从此绝了仕进之心。

弘治十三年(公元 1500 年)唐寅释狱后,贬谪往浙江为小吏。唐寅耻不就官,归家后纵酒浇愁,傲世不羁,落魄潦倒。唐寅的续弦何氏有相当浓厚的功名利禄思想。当唐寅科场蒙冤,返回故里之后，她见唐寅升官无望，以致门前冷落，生计艰难，唐寅也失去仕进希望，便与唐寅日日争吵，唐寅无奈，一纸休书将何氏送回娘家。

　　此年，唐寅离开苏州，坐船到达镇江，登金山、焦山，遥望金陵，回忆往事，百感交集。他打消了重游金陵的念头，从镇江到扬州，游览瘦西湖、平山堂等名胜。然后又坐船沿长江过芜湖、九江，到庐山。庐山雄伟壮观的景象，给唐寅留下了深刻的印象，在他以后的绘画作品中被充分地反映了出来。他又乘船溯江而上到了黄州，看到赤壁之战遗址。又南行入湖南，登岳阳楼，游洞庭湖。直至衡阳，登南岳衡山。再入福建，漫游武夷诸名山和仙游县九鲤湖。传说湖畔的九仙祠，祀奉的九鲤仙十分有灵气，唐寅夜宿此祠，梦见了九鲤仙。为纪念此事，唐寅在他后来建造的桃花庵别墅中专门修建了一间"梦墨亭"。

　　唐寅由闽转浙，游南北雁荡山、天台山，又渡海去普陀，观看壮丽的日出。游览杭州西湖后，再沿富春江、新安江上溯，抵达安徽，上黄山与九华山。

　　弘治十五年（公元1502年），三十三岁的唐寅囊中已罄，只得返回故里。唐寅因倦游而心力交瘁，大病了一场。愈后整理旧籍。

　　当时，他仍住在苏州吴趋坊巷口临街的一座小楼中，以丹青自娱，靠卖画为生。他白天作画，晚上读书，喝酒。他家颇富藏书，文徵明曾有诗道："君家在皋桥，喧阗闹市区。何以掩市声？充楼古今书。左陈四五册，右倾三二壶。"这是唐寅当时生活的真实写照。唐寅在勾栏中结识了官妓沈九娘，两人志趣颇为相投。弘治十八年（公元1505年），他便与沈九娘结婚。婚后，九娘对唐寅十分关爱，体贴入微，成为唐寅的"红粉知己"。家里有了九娘的打理，也变得井井有条，唐寅又可以潜心自己的诗画创作了。可是唐寅久居闹市，嫌过于喧杂，就在这年的一天，他来到城北桃花坞散步,这里原是宋代章氏的别墅所在,虽已破败,但仍有土山、池沼,风景不俗,且环境十分幽静,唐寅决定在此筑室居住。回来后立即写信给在北京做官的徐祯卿说:愿把一部分藏书出让,以聚筑室之款。谁知徐正因事降级,处在"正逢天子失颜色,夺俸经时无酒钱"的窘境之中,故无力相助。后来经过两年努力作画,唐寅才筹足了钱,建成了他的新居,这就是有名的"桃花庵"(今称唐家园)。园内四周围以短墙,中间筑有茅屋和亭榭,取名为"学圃堂""梦墨亭""六如阁""蛱蝶斋"等。池塘中满栽荷莲,又辟庭前半亩多地,各植牡丹花。春日,园内花开如锦,他邀请沈周、祝允明、文徵明等来此饮酒赋诗,挥毫作画,尽欢而散。他自称桃花坞主,作《桃花庵歌》,自比采花仙人。他的后半生主要生活在桃花坞,一生中的主要艺术作品也产生于此。他的《桃花坞》诗中,还有这样的描述:"花开烂漫满村坞,风烟酷似桃源古;千林映日莺乱啼,万树围春燕双舞。"但每逢阴晦天气,在凄清冷落的氛围中,唐寅看到地上落英满布,联系起自己的坎坷遭遇,怅然不已,无奈弯腰拾起地上的落红,装进一个锦囊之中,埋葬在药栏东畔。为此又陆续写了多首《落花诗》,抒发了对封建统治者摧残人才的愤慨情绪。据俞平伯考证,《红楼梦》中黛玉葬花的情节,就是依此作为蓝本的。

明正德四年(公元 1509 年),苏州水灾。唐伯虎的卖画生涯越发艰难了,有时连柴米钱都没有着落。一家人的生活全靠九娘苦心撑持。唐寅与九娘后生一女,名叫桃笙。九娘终因操劳过度病倒了,唐寅请来医生,医生诊断后,确诊九娘已经病入膏肓。唐寅悲痛欲绝,尽力服侍九娘,无心于诗画。1512 年冬至前,九娘紧紧握着唐伯虎的手,说道:"承你不弃,要我做你妻子,我本想尽我心力理好家务,让你专心于诗画,成为大家。但我无福、无寿,又无能,我不行了,望你善自保重。"听了这番话,唐寅禁不住泪如雨下。九娘死后,唐寅就将她葬于桃花庵,人称"九娘坟"。

明正德九年（公元1514年），江西宁王朱宸濠突派人来吴地征聘贤豪名士，此时四十五岁的唐寅也想从失去九娘的痛苦中摆脱出来，抱着能实现理想的美好愿望乘船去南昌，得到宁王的热情款待。不久，唐寅发现宁王在乡里欺压百姓，对上密谋造反，才知自己陷于虎穴狼窝，却又不敢提出辞呈，只好装疯卖傻，使朱宸濠最后也觉得"孰谓唐生贤，真一狂生耳"，放唐寅返回苏州。后来宁王起兵反叛朝廷被平定，唐寅幸而逃脱了杀身之祸。

唐寅晚年笃信佛法，"皈心佛乘，自号六如"，思想渐趋消沉，自号"六如居士"。"六如"取自《金刚经》，他自治一方"逃禅仙吏"印章。此时唐寅生活更加贫困。由于年老多病，他不能再经常作画，且画也卖不出去。著名书法家王宠常来接济，并娶了唐寅唯一的女儿为儿媳，成了唐寅晚年最快乐的一件事。人生经历的曲折使唐寅日渐心灰意冷，他叹息人生如梦，时常陷入及时行乐的消极情绪之中。然而他贫贱不移，苦中作乐，即使晚年贫病交加，依然不改豪迈放浪的生活态度。明嘉靖二年（公元1523年）十二月二日，这位才华横溢的天才艺术家在贫困潦倒中离开了人世，享年五十四岁。他逝世后由其亲友王宠、祝允明、文徵明等凑钱安排后事，安葬于横塘王家村的祖坟。祝允明写了千余字的墓志铭，由王宠手书，刻在石碑上。

唐寅居桃花坞的思想变化对诗画创作的影响

唐寅生于经济繁荣的成化年间，生活在地处东南富庶之地的苏州。明代市民文学兴盛，而诗坛却相对沉寂。唐寅曾经苦读儒家经典，渴望考取功名，所以其思想中有很深的儒家思想的印记，但他毕竟是出身于商贾之家，参加科考也是为了扬名显亲，这和儒家所强调的"兼济天下"是有区别的。他才华过人，曾少年得志，却惨遭仕途重创和家庭变故，绝意仕途，在科考路途走不通的情况下，选择了放弃，寄情书画。他以画家的目光和诗人的敏感来审视世界。不幸的人生经历造就了一位具有独特面孔的诗人,他的诗歌创作明显受到其人生经历的影响。他在书画领域同样享有盛誉,是"吴门四大家"之一。经历人生各种挫折以后,晚年的唐寅选择了依靠佛教来平和自己的内心。这些思想都体现在唐寅诗画作品中,他的诗歌内容丰富,有关注社会现状之作,有咏叹个人感情失落与理想难以实现之作,也有大量的题画诗等等。这些作品,表现出唐寅以画家的目光观察景物的独特视角,折射出诗人的心灵世界。唐寅诗歌最突出的风格是真趣天然和重情尚俗。唐寅诗中的景物描写清新自然,趣味横生,有很强的画面感和动人的力量。唐寅的诗歌注重抒情,并且务求尽情,这在其歌行体诗中表现得最明显。唐寅诗歌的"尚俗",既表现在语言的通俗明畅上,又表现在诗歌内容反映普通市民的生活和情感上。唐寅的诗不拘成法,大量采用口语,意境警拔清新,对人生、社会常常怀着岸傲不平之气。如《把酒对月歌》:"我愧虽无李白才,料应月不嫌我丑;我也不登天子船,我也不上长安眠;姑苏城外一茅屋,万枝桃花月满天。"唐寅在受科场舞弊案牵连后便无意上进,以诗、书、画、酒自娱,但仍自视甚高,《言志》诗写出他的境况和心态:"不炼金丹不坐禅,不为商贾不耕田。闲来写就青山买,不使人间造孽钱。"他因经历坎坷而满怀苦恼,于是归心佛教以寻求寄托。《叹世》一诗展现了他此时的人生观:"万事由天莫强求,何须苦苦用机谋。饱三餐饭常知足,得一帆风便可收。生事事生何日了,害人人害几时休。冤家宜解不宜结,各自回头看后头。"潦倒落魄的他,五十四岁即悄然病逝,临终前写下这首七言绝句诗:"生在阳间有散场,死归地府也何妨。阳间地府俱相似,只当漂流在异乡。"

　　唐寅才气横溢,诗书画并称"三绝",绘画更是独树一帜,自成一路。他行笔秀润缜密,具潇洒清逸的韵度。唐寅擅长山水,又工人物,尤工仕女,笔法秀气缜密,为后人推崇。传世之作有《一世姻缘》《簪花仕女图》等。他的山水画大多表现雄伟险峻的重山复岭,楼阁溪桥、四时朝暮的江山胜景,也有描绘亭榭园林、文人逸士悠闲生活的。他的山水画,大幅气势磅礴,小幅清隽潇洒。他的人物画多描写古今仕女生活和历史故事。其所画《山路松声图》,松泉相映,似可闻声,极尽清妙。上海博物馆藏唐寅画的《秋风纨扇图轴》,一位美人拿着一把大纨扇,旁边有四句题诗:"秋来纨扇合收藏,何事佳人重感伤?请把世情详细看,大都谁不逐炎凉?"佳人年老色衰会"门前冷落车马稀",纨扇到了金风送爽之日便是见弃之时。美人与纨扇成了唐寅看破世象的两种最有说服力的形象道具。上海博物馆藏唐寅的《落霞孤鹜图》,绢本,水墨淡设色,诗曰:"画栋珠帘烟水中,落霞孤鹜渺无踪。千年想见王南海,曾借龙王一阵风。"画面垂柳高岩,水阁依山临江,阁中有人眺望落霞孤鹜,用笔苍劲秀丽,色墨浑然一体,清润明洁。此图山石皴法用笔较干而反见秀润,林木及水榭用笔工整,很见功力。

　　苏州流传着不少关于唐寅的故事。据说,有个人与唐寅结交,向唐寅索画一幅,画的是一竿清竹临风而立,竹竿上趴着一只纺织娘。此人回家后,就把唐寅的赠画挂在房间里。半夜,此人在睡梦中被纺织娘的阵阵叫声吵醒,他爬起来掌灯四处寻找,最后发现,鸣叫不停的纺织娘,居然就是唐寅画中的那只。还有一次,唐寅在一个朋友的扇子上画了三只河虾,这个朋友爱不释手。一次乘船出游,不小心失手把扇子掉到河里,扇面上的三只虾竟一齐从扇面上跳到河里游走了。这些传说,传神地说明了唐寅画技之高超。

　　唐寅诗文潇洒,书画冠绝,而内心实际上充满了苦闷忧愁和悲哀愤懑。唐寅一生处处碰壁,心灵与人格备受煎熬与折磨。然而唐寅不甘作茧自缚,他在痛苦与失意中努力寻求精神的自由和灵魂的解放。他以花为友,豪饮长醉,为孤傲本真的心灵披上了一件磊落不羁、似真亦幻的风流外衣。他率真颖达、清高自傲的人格特征通过花鹤琴笛等一般象征寄托物和放旷的言行、风流的外表曲折反映在其诗歌之中。

唐寅《桃花庵诗》的隐喻和对"三笑点秋香"等逸事的质疑

《唐伯虎点秋香》的故事家喻户晓,现在因为有苏州的评弹《三笑》和电影故事,所以唐寅似乎完全就成为艺术作品中那个情愿卖身为奴、与秋香眉来眼去的唐伯虎。然而这一段故事却完全是艺人们为了招徕听众和观众硬加到唐寅头上的。

唐寅因科场舞弊案而变得消沉,他要逃避现实,所以爱酒、爱月、爱花,尤酷爱桃花,靠卖画筑室苏州城北桃花坞,其名"桃花庵",自号"桃花庵主",作诗咏道:"车尘马足贵者趣,酒盏花枝贫者缘。若将富贵比贫者,一在平地一在天。若将贫贱比车马,他得驱驰我得闲。别人笑我太疯癫,我笑他人看不穿。不见五陵豪杰墓,无花无酒锄作田。"他常有感月食缺、花凋落,把"一片西飞一片东"的桃花瓣,小心翼翼地逐一拾起放入锦囊,然后边吟着上边的诗句边祭之葬之。这首诗还寄托着唐寅对妻子沈九娘的怀念:"酒醒只在花前坐,酒醉还来花下眠。半醒半醉日复日,花落花开年复年。但愿老死花酒间,不愿鞠躬车马前。"九娘与唐寅一起在桃花坞的生活,是唐寅最美满的一段生活。九娘积劳成疾,过早地离开了唐寅,葬在桃花庵,唐寅酒醒酒醉徜徉花下,不忍离去,夫妻之情生死不渝。唐寅半醒半醉间,都会睹物思人,想起九娘……不愿像年少时那样贪恋富贵权势,只愿能和九娘白首偕老,可是事与愿违,所以唐寅留恋在桃花庵的花前月下。唐寅对沈九娘的真挚感情可能成为民间流传《三笑姻缘》的蓝本。沈九娘原来又是官妓,所以连九娘的名字似乎也给后来的文人附庸风雅时造成了一种错觉。

唐寅是一位画艺高超的画家,留给世间许多佳作,尤其是仕女画,重红颜粉颊,或杏眼明眸,或柳眉瑶鼻,或樱口贝齿,多细条清劲、设色妍丽,更带风流韵味。从前有本叫《九美图》的书,讲的是唐伯虎娶了九位美女的故事,情节很离奇,其实历史上并没有这桩事,不过唐伯虎画九美图倒是真的。关于九美图,有这样一个故事:祝枝山有一次去拜访唐伯虎,与唐伯虎打赌,只要唐伯虎能在一年内,依苏州城里有名望的小姐为模特,画出十张美女图来,祝枝山将付给他三百两银子。但当时唐伯虎平日大门不出,二门不迈,哪里认识什么大家闺秀?这时,书童唐兴建议唐伯虎,每月初一、月半到玄妙观去,必可轻易得到画十张美女图的素材。唐伯虎依此建议,但只完成了九张。

所以,民间传说的唐伯虎点秋香的故事纯属虚构。清代学者俞樾,曾在《茶得室丛钞》中专为唐伯虎辟谣,断定"三笑姻缘"是好事者借重唐寅的盛名,把别人的事张冠李戴而成。明代冯梦龙《警世通言》中就有"唐解元一笑姻缘",这个故事经明清两代文人渲染后,遂将唐伯虎演绎成了世人眼中的一个"风流才子"。据考证,秋香确有其人,不过她并非是大户人家的婢女,而是当时南都金陵风月场中的名妓。秋香本名林奴儿,字金兰,号秋香,她琴、棋、诗、画样样精通,当时被誉为"吴中女才子"。秋香早年被迫堕入青楼,后从良嫁人。秋香至少比唐寅大十几岁,唐寅根本不可能与她发生一场风流瓜葛。显然这位秋香也不是故事中的人物。目前发现明代小说家王同轨在他的《耳谈》中有一个故事与唐伯虎点秋香故事情节基本相同。王同轨叙述了一个苏州才子陈元超点秋香的故事:"元,少年倜傥不羁,尝与客登虎丘,见官家从婢姣好姿媚,笑而顾己,悦之。令人迹至其家,微服作落魄,求佣书焉,留侍二子。自是二子文日奇,父师大惊,不知出元也。已而以娶求归,二子不从,曰:'室中惟汝所择。'曰:'必不得已,秋香可。'即前遇婢也。二子白父母,嫁之。元既娶,婢曰:'君非虎丘遇者乎?'曰:'然!'曰:'君既贵公子,何自贱若此?'曰:'汝昔笑顾我,不能忘情耳!'"这个故事可能到了冯梦龙手中,就被改写成了《警世通言》中的"唐解元一笑姻缘"。而戏曲中的唐伯虎故事,最早有明末孟称舜的杂剧《花前一笑》,后来人们觉得"一笑"不太过瘾,又从"一笑"发展到"三笑",出现了王百谷的"三笑缘"弹词、卓人月的《唐伯虎千金花舫缘》杂剧。乾隆、嘉庆以后,苏州评弹艺人口中常唱的弹词有《三笑姻缘》《三笑新编》《三笑八美图》《笑中缘》等等。到了清朝末年,民间开始流传弹词唱本《九美图》,开始有了唐伯虎娶九个貌美如花老婆的说法。当然,关于唐伯虎三笑的故事还有很多的考证,在此不一一赘述。

唐寅一生坎坷,晚境凄凉,以致身后诗文几近散轶。明万历年间,有人仰慕唐寅的诗文和为人,不惜重金,征求片纸只字,将唐寅生前散轶的近百首诗文核阅后付梓,这就使唐寅有了第一个较完善的诗文集传世。后来,常熟书商毛晋十分敬重唐寅的才情为人,在编录《明诗纪事》及《海虞古今文苑》时,又特地详细收录了唐寅生前的诗文和轶事,丰富和完善了唐寅诗文的内容,为后代积累了生动的文化资料。

参考文献:

1. (清)陈田:《明诗纪事》,商务印书馆2010年版。
2. (明)冯梦龙:《警世通言》,河北教育出版社2002年版。

忠烈两全，永垂青史
——明末志士张国维

地处浙江省中部的金华市东阳县，素称"歌山画水"之地。东阳历史悠久，于东汉兴平二年（公元195年）建县，迄今已有一千八百多年的历史。东阳人文荟萃，英才辈出。清顺治三年（公元1646年）六月的一天，东阳县黑云压城，闷热的空气中预示着一场暴风雨即将来到。东阳张府前巷有一座古朴的宅院，由于连年战乱，这座黑瓦红柱的明代官宦府第墙面斑驳，有一种断垣残壁的荒凉感。院子里高大的树枝随风摇曳，书房窗内油灯的火苗在黑夜中跳动，灯下坐着一个坚毅的身影，灯火映着他刚毅凝重的脸庞。

他坐在书桌前久久地沉思，又长长地叹息，忽然，他奋笔疾书，过了一会又坚定地起身，有力地点了点头，目光炯炯有神，对着门外呼唤："来人！"此人就是明代十府巡抚、兵部尚书张国维。

他让仆人叫来自己的两个儿子，长子世凤和次子世鹏。虽然夜色已深，但是听到父亲叫唤，两人披上衣服就匆匆来见父亲，看见父亲神情严肃，忙上前询问："父亲，出什么事了？"张国维很严肃地说："大明大势已去，为父救国无望,我想听听你们俩的生死抉择。"

长子世凤明白父亲的意思,大声说:"父亲请放心,儿不孝,但是绝不偷生!"张国维满意地点了点头。次子世鹏还没有反应过来,只是下意识地对父亲说:"禀告父亲,我……我……我……"话音未落,张国维不假思索,随手拿起书桌上的石砚朝世鹏砸去,世鹏猛然惊醒,头一偏才得幸免。世鹏立即跪在父亲面前泣不成声地说:"父亲,为儿不孝,儿子愿意为国从容尽节,慷慨捐躯,儿等甘之如饴,唯祖母年迈八旬……"张国维听罢,才理解儿子的一番孝心,连忙把儿子扶起来说:"父亲错怪你了!你们决不会做异朝臣民!"

午夜,张国维穿戴衣冠,向夫人诀别,将自己所赋《绝命书》三章从容交给夫人。夫人了解张国维的心意,可是接过《绝命书》时仍泣不成声。张国维又为两个儿子书写遗书:"忠孝不能两全,身为大臣,谊在必死。汝二人或尽忠,或尽孝,各行其志,勿贻大母死,使吾抱恨泉下!"掷笔于地,将遗书交给世鹏保管,自投家院中池水而死,年五十有二。

张国维(公元 1595 年—公元 1646 年),字玉笥,浙江东阳人。出生于明万历二十三年,其时明朝政治已相当腐败,又加上连年饥荒,灾民遍野,张国维家道也日趋衰落。年纪渐长,父亲亲自教学,监督他的学业。张国维幼有大志,常以名臣豪杰自励。

明天启二年(公元 1622 年),张国维中进士,授番禺(今广东广州)知县。崇祯七年(公元 1634 年),升任右金都御史,巡抚应天、安庆等江南十府,主持兴建繁昌、太湖二城。曾经疏浚了松江、嘉定、上海、无锡等地的河道,修筑了吴江、江阴、苏州等县桥、塘堰、漕渠。清兵大举进攻明朝的危难时刻,他临危受命,任兵部尚书。清兵入关后,他宁死不降,带兵抵御清军,终因大势所趋,明朝灭亡,张国维也以身殉国。

初入仕途，造福于民

明天启元年(公元1621年)，浙江省乡试发榜的公榜前，人头攒动，人群中不时发出激动的喊声和叹息声。张国维早就看到了自己的名字，他名列全省第七，可是他喜形不露于声色，脑海中翻腾着幼时父母对他的希望，思考着自己的寒窗苦读和远大的报国之志。他的理想就是读书仕进，为国建功。

他悄悄离开了拥挤的人群，回到家又默默地看书，开始着手准备第二年参加会试的课业。家人看到他回家后一言不发，还以为他名落孙山，也不敢作声。晚餐时，他淡淡地对家人说："我乡试中了全省第七名。"家人突然明白过来，自然是十分欢喜，都说要拿酒为他庆贺一下，张国维却说："不用了，我刚才回家后就已经开始准备明年的考试了。"

夜晚，人声寂寥，灯光下又映出了张国维苦读的身影。

第二年，张国维就早早动身了，他离开了家乡东阳，赴京参加会试。功夫不负有心人，礼部春闱，他列第十二名，五月殿试，列三甲一百六十名。那一年他二十八岁，得到消息，他立即起程回家，来不及等家人为他庆贺，就去拜见辞官在老家的同乡前辈、前兵部尚书许宏纲。许府仆人禀告："新科进士张国维拜见许大人！"许宏纲既不说见也不说不见，张国维就在许府的门口等待，一直等到中午，许宏纲还是没有出来见张国维。许府的仆人见张国维还在门口等待，就劝他说："先回去吧！"张国维问："许大人有没有亲口说不愿意见我？"仆人说："那倒没有，许大人只是不说话。"张国维不急不躁继续等待，太阳慢慢偏西落山，天色也开始渐渐暗下来了。家人见张国维一直不回来，就找来了，让他回家吃晚饭，他在这里已经坐了一天，不吃不喝。张国维说："我今天一定要见许大人，俗话说：精诚所至，金石为开。"就在这时，许府的大门打开了，许大人亲自出来迎接。张国维见许宏纲出来，立即整整衣冠迎上前去:"打扰许大人了!晚辈张国维拜见许大人!"许宏纲看到张国维,很是赞赏,连忙把他让进府中,并对他说:"年轻人有毅力,我观察你很久了。人等久了一定会急躁,而你没有,你中午饭也没有吃,应该会很疲惫,而你也不疲惫。人不急躁就能忍事,人不疲惫就能经事。以后你必定是国家的栋梁之才!"许大人跟张国维一直谈到深夜。

次年,张国维至京谒选,寓居古寺,依然挑灯夜读不松懈。寺里僧人问他:"你已经高中了,为什么还要苦读呢?"张国维按捺不住兴奋的心情回答:"要报效国家,为民出力,还得多多以史为鉴呀!"他感觉此时已是报国有门了,只等朝廷安排职务,距离实现他的远大理想已经很近了。

明天启四年(公元1624年),张国维被选授广东番禺知县,虽然番禺比较偏远,但是张国维立志为官一任一定要为民造福。没想到他一到任上就遇到了百年不遇的粤东大饥荒,邻省福建的米商见发灾难财的机会来了,纷纷涌入番禺,联合哄抬番禺的粮价,百姓苦不堪言。时任广东巡抚的陈保泰是福建人,竟然包庇福建不法米商,粮价一再上涨,百姓卖儿卖女,怨声载道,要求官府严惩奸商,因而爆发了数万粤人聚集的请愿事件。陈保泰无法控制局面,事情越闹越大。张国维刚到番禺,见形势严峻,毅然挺身而出,连夜起草了《筹荒十二策》,一早来到请愿队伍中间,自报家门,当众宣布《筹荒十二策》,并立下军令状。番禺百姓见这位新知县如此诚恳,都投来了信任的目光。张国维立即按照自己颁布的政策行事,严厉打击不法奸商,开仓赈济灾民,粮价终于得到抑制,请愿一事也得以平息。

番禺为广东大县,政务繁剧,向称难治。张国维莅任后,即着手筑城垣、平盗贼、除豪猾、兴贤才,番禺百姓对这个为民办事的新知县很赞赏,有冤情的就到县衙喊冤。张国维随即深入民间进行察访,所到之处看到的都是民不聊生的惨状,土豪劣绅巧取豪夺，将农民的沙田全部剥夺殆尽，田农无以为生。张国维派人翻检旧籍，寻出原始根据，不畏压力，将田地全部从土豪劣绅手中收回，将数万亩沙田还给贫民耕种。不出一年，番禺百姓都歌颂他为"神明父母"，为他建生祠奉祀。他在任职期间，又兴办学校，课教农桑，扶危济困，以德化民。

崇祯元年（公元1628年），张国维由于治理番禺有方，被调回京城任职，提升为刑科给事中，曾劾罢魏忠贤党人，陈时政五事。继任礼科都给事中。京师发生地震，张国维又规谏除弊政，升为太常少卿。

单舸巡汛，治水有方

明崇祯七年（公元1634年），大明朝已经风雨飘摇，岌岌可危。李自成与张献忠的农民起义军纵横天下，努尔哈赤率领的后金军队在东北的山海关外对大明王朝虎视眈眈，对明朝构成了极大的威胁。鱼米之乡的苏州本是明王朝间最为富庶的地区，可是江南由于雨水连绵，水利失修，河道泄洪不畅，故水灾泛滥，崇祯帝就任命张国维为右佥都御史兼十府巡抚。张国维毅然受命，驻节苏州。

张国维一到苏州就了解民情，苏州地处长江下游，水灾频发，每至夏季，良田阡陌悉成汪洋泽国。这里河湖纵横，夏季一有大雨就湖水泛滥，横溢民田。张国维亲自巡视农田，看到遍地哀鸿，民不聊生，田间地头都是衣衫褴褛的农民在不停地排水。张国维做了详细调查后，就着手大抓水利建设。

张国维不知疲惫，亲力亲为，制订了治理水患的规划。他巡视农田，没有当地官员陪同，没有前呼后拥的仪仗，而是"单骑驰驱"；他巡视河道，没有人鸣锣开道，而是"单舸巡汛"；他认真地探溯河流走向，精密地绘制了水利图。苏州人郑敷教在其笔记《巡方诧事》中记载张国维"率以日出为度，行晓日中"。他与老农谈抗旱法,"下至田郡,皆得陈疾苦"。自张氏离任,"遂不睹此风矣"。所以苏州的百姓经常能看见张国维的身影,他已经在巡汛的调查中形成了较为系统的治水工程的规划图。

崇祯八年(公元1635年)初夏,苏州吴江的平望河边,时任巡抚都御史的张国维同巡抚御史王一鹗正在察看这里的水域。一年的奔波已经在张国维的脸上刻下了辛劳的痕迹,他的头发开始花白,可是神情坚毅,目光犀利。他对王一鹗说:

> 太湖翕聚众水,吴江仰承委灌分注吴淞、娄江以入海,其长桥七十拱与九里石塘一带诸水窦皆宣泄之分,必由今桥拱旁架浮图阁,淤遏水势,渐致闭塞,则折卸不容缓,石塘诸窦年久亦多壅淤成陆,并宜一体开浚,以免农田之患。

王一鹗没想到仅仅一年时间,张国维就已经把江南的水系摸清,并抓住关键,他打心眼里佩服这位同僚,不住地点头称是。于是他俩又在现场修改张国维绘制的水图。崇祯九年(公元1636年),张国维上书请求开浚吴江县长桥两侧的泄水通道,并和王一鹗一起修吴江石塘,勘核全坍应修一千五十五丈,半坍二千八十六丈,平望西诸聚水缺,筑内外塘七百六十丈,并修长桥、三江桥、翁泾桥。针对太湖洪水下泄不畅的情况,张国维疏浚了上海、松江、嘉定、无锡、江阴等地河道,还修筑了许多县内桥梁、塘堰、漕渠、河浜驳岸。《明史》记载,张国维"建苏州九里石塘及平望内外塘,长洲至和等塘,修松江扞海堤,浚镇江及江阴漕渠,并有成绩"。

张国维任右佥都御史期间,巡抚应天、安庆等十府六年,由于大兴水利,取得了农业丰收,江南百姓也过上了较为安定的生活。张国维为官一任,勤政恤民,由于操劳过度,四十岁前头发全白,人称"白头巡抚"。

苏州百姓对张国维极为敬倾，深爱他如父母，崇敬他如神明，尊重他如河岳，景仰他如日星，为他建了生祠，年年祭拜。中国近代史上有名的社团组织南社第一次雅集就选择在苏州虎丘张国维祠，深有寓意。至今苏州沧浪亭中，仍有张国维的石刻画像，题词为："抚绥十郡，大度渊涵，疏通水利，泽被东南。"

由于张国维在治水方面的声望，也由于北运河漕运对明王朝经济的举足轻重，崇祯十三年（公元1640年），张国维被擢为工部右侍郎，加兵部右侍郎，总督河道，兼理提调徐（州）、临（清）、津（门）、通（州）四镇漕饷的钱粮大事。

这年恰遇山东大饥，一石米售价银八两，而苏州时价才三两。张国维便派人将米从苏州运到山东贩卖，将所赚取的收入设立免费粥厂十多个，到处分布，救活灾民数以百万计。其间，山东大盗李青山竟截漕舟，杀官吏，张国维亲自率兵击降，为民除害，深得民心。

崇祯十五年（公元1642年），张国维由于功绩彪炳，被提升为兵部尚书。崇祯十六年（公元1643年）四月，张国维带八总兵之师与清兵作战于罗山，由于不了解敌情，大败，牺牲二万余人。崇祯帝偏信谗言，将张国维解职返乡。同年七月，追论罗山事，崇祯帝又下令将张国维逮解回京，将其下狱。当押解张国维的船经过苏州时，成千上万群众拦道跪拜这位当年的"白头巡抚"。士民号哭，阻塞枫桥。有的百姓自发杀牛宰羊，痛哭生祭，还有士绅聚集在张公祠内商量推派代表赴京为其申辩。请愿者中有人表态：只要张大人没事，我东南民众愿意从军随其抗清；又有人向崇祯帝建议：东南民众忠勇善战，若让张国维回乡募兵筹饷，可解国难。这些举措打动了皇帝，皇帝又念张国维治河有功，将他释还。

著书出书，馈遗后人

夜幕降临，幽幽的灯光下，张国维正冥思苦想着，一会儿翻阅资料,一会儿握笔疾书。书房外的庭院是半封闭的,四周围有曲廊,南庭有挺立的石笋,青藤蔓绕,古木翠竹相衬。书房内两侧墙上挂着张国维所书对联,北墙嵌三个花窗,有如三幅图画,幽静、秀美、典雅。除了宽大的书桌外,书房三面都是书架,上面放满了各种书籍资料。张国维在苏州任十府巡抚期间,大兴水利,白天奔波,夜晚挑灯,夫人见了心疼,总是轻轻地端上一杯清茶,有时为他熬一碗汤,有时给他披上一件外衣。

这天午夜时分,夫人端上亲手熬制的鸡汤,又要悄悄退下的时候,张国维站起身对夫人说:"谢谢夫人!我已经完成了书稿,要与你商量一事。"

夫人望着张国维满头的白发和疲惫的脸庞,泪水在眼眶中打转,但是她忍着不让眼泪流下来。张国维抬起头,眼睛红红的,布满血丝,可他的眼神仍是那样坚毅,他用商量的口吻说:

"夫人,我的书稿付梓需要一笔钱,我不想用官府的钱,我想用自己的俸禄来付梓,这部书将为后人留下许多有用的东西。这样你又要节衣缩食跟我过苦日子了。"

夫人了解张国维的为人,他奉公廉洁,是绝不会动用公款的,所以很坦然地说:

"放心,我没有问题,你决定的事情就做吧,一定没错的!"

张国维为夫人对自己的支持感到格外欣慰。夫人临走时饱含深情地说:"还是早点休息,注意身体,趁热把鸡汤喝了吧!"

张国维所撰的书稿就是《吴中水利全书》,他将积累了数十年的治水经验,写成并刊刻了这部七十万字、二十八卷的《吴中水利全书》,这是我国古代篇幅最大的水利学巨著。《吴中水利全书》成书于崇祯十二年(公元1639年),该书先列东南七府水利总图十二幅,次标水源、水脉、水名等目,又记录了有关诏敕、章奏,包括宋、元到明崇祯时的有关治水的议论、序记、歌谣等,是一部研究苏、松、常、镇四郡的至关重要的水利文献。先题名为《三吴水利全书》，后命名《吴中水利全书》，被收入《四库全书》。这书是张国维用俸禄自费出版的，没用一分公费，这在明朝从政官员中极为罕见。后人敬其高风亮节，洁己奉公，特刻"风清江海"的赞语于浙江东阳张公祠门前的坊额"泽被东南"的背面。

崇祯十一年冬（公元1638年），瑞雪初晴的天空非常明净，白雪皑皑的道路上留下了一行深深浅浅的脚印，脚印通到了张国维的府前，江南名士，后来成为复社、几社领袖的陈子龙一早来拜见张国维，他带来了徐光启的农学巨著《农政全书》。张国维任十府巡抚期间，经常向当地的名士请教，很多有识之士都很信任张国维，陈子龙也是其中之一。张国维听说陈子龙来拜见，虽然刚睡下不久，还是急急忙忙披上衣服出来相见：

"人中（陈子龙字）兄，这样急急地赶来，想必有大事吧！"

陈子龙急不可待地从怀中掏出书稿，递给张国维，书稿上还留有陈子龙的体温。

"张大人，这是徐光启的《农政全书》手稿，烦请您看一下，我想帮他整理出刊。我素来十分敬佩徐光启，早年曾到北京拜访他，请问当世之务。徐光启负经世之志，博究天人，但都着重于实用。对于农事，尤所用心。徐光启以为农事系生民率育之源，国家富强之本。先生为国事积劳成疾，不治而逝，遗命其孙缮成《农政全书》。其次孙徐尔爵将先生的《农政全书》草稿数十卷交给我，我日夜抄录，今日书稿已经抄录完毕，交给大人一阅。"

张国维听罢，慨然应允："放心吧！我一定会想办法让书稿与世人见面的！"

陈子龙走后，张国维细心审阅书稿，欣喜若狂，赞为"经国之书"，认为这是一本难得的奇书。他一方面和松江知府方岳贡商量合力将此书出版，一方面让陈子龙着手整理、删补，并明确地称它为《农政全书》。崇祯十二年（公元1639年），陈子龙删其繁芜，补其缺略，灿然成《农政全书》六十卷，七十多万字。陈子龙作《凡例》,概述《农政全书》的基本宗旨、各篇主要内容、思想渊源和徐光启的独到见解。张国维亲为作序。在国难方殷的岁月,张国维指示松江知府刊印出版徐光启的《农政全书》,终于完成了徐光启的遗愿。徐光启所著的《农政全书》,是与北魏贾思勰《齐民要术》齐名的著作,是我国的四大农书之一。

同年,水乡泽国的苏州经历了久旱不雨的日子,又遇灾难。唇焦舌燥的百姓拥挤在一口口干枯的井台边,可是一点点的水源根本满足不了百姓的用水需求,人们筋疲力尽,奔走呼号。在苏州东中市的承天寺内,达始和尚看着饱受旱灾的黎民百姓,内心特别沉重,他发动寺内众僧挖掘院中已经淤塞多年的枯井,想寻找水源。

众僧找来铲子,你一锹我一铲地干起来,希望找到水源布施百姓。挖着挖着,他们碰到一个坚硬的东西,达始和尚亲自下井,小心翼翼地拨开泥土,原来是一个长方形的铁盒,他们好奇地将铁盒拿出井口,上面镌刻着"大宋铁函经"字样。众僧纷纷猜测,达始和尚当众打开铁盒,盒内铺满石灰,中间还有一个锡匣,再将锡匣打开,原来是一部书稿。该书的收藏方法较为奇特:先将书稿折褶成卷包好,用蜡漆封固,放在锡匣中,外套一铁盒,两匣中填石灰,再投入井中,三百多年没被浸坏。展开书稿,封面上书"心史"二字,原来是南宋郑思肖《心史》诗集手稿。书稿字迹清晰如新。后人称其为《井中心史》或《铁函心史》。书中说的全部是南宋亡国的痛史,表述了一个普通人对国家民族坚贞不渝的忠义之心,是"民族大悲剧"时代的心智与理想的写照。此事很快传遍苏州的大街小巷,张国维得知立即前往承天寺,拜读郑氏书稿,认为是一部天下奇书。张国维对达始和尚说:

"虽然你偶然发现了《心史》,但此是奇书,我要让它在天下流传。"

达始和尚也很激动:"那太谢谢大人了! 此书发现后,苏州爱国人士已经纷纷传抄,我寺筹划刊刻,却缺少经费。"

张国维说:"放心吧,我会想办法的。"

张国维慷慨捐出俸金,立即出版此书,并在井旁立碑纪念。几年后,清兵入侵中原,参与此书付印的官员,后来全部以死报国。可见这部奇书在一定程度上激励了许多人的爱国之心,不愧为是一部激励中华儿女的最好教科书。

靖忠报国,以身殉难

崇祯十七年(公元1644年),北方的清军已经大举攻明,明廷告急,张国维被任命为兵部尚书,离开北京前往江南募兵。十四天后他到苏州,可是从北京传来消息,李自成攻破了北京,崇祯皇帝投缳自尽。五月,清兵占领北京,大遵先帝遗命,练兵募饷,以作抗清复明之举。不久,南明福王朱由崧在南京登基,改年号为弘光,令张国维协理戎政。继而又令他往山东讨贼,以功加太子太保。在国破家亡之际,张国维大义凛然,誓死抵抗清军。这时,张国维想起义乌人骆宾王,希望有人像骆宾王一样发出震动天下的《讨武氏檄》,唤起天下人对明朝怀念与忠贞的激情,重振旗鼓,收复河山。

南明弘光元年(清顺治二年,公元1645年)五月,南京陷落,张国维谒鲁王于台州,请王监国,移驻绍兴。鲁王封其为太子太傅、兵部尚书、武英殿大学士,督师钱塘江。七月,克复富阳。八月,克复於潜。鲁王赐给张国维尚方宝剑以统诸军。此时,唐王在福州登基,国号为隆武。可惜大厦将倾,独木难支。

南明隆武二年(清顺治三年,公元1646年)五月,鲁王手下大将方国安拥王南行。在张国维一方,虽将士英勇杀敌,屡有斩获,但毕竟小胜不足以扭转全局,反清复明的壮志总难实现。然而在这样的困境下,张国维仍誓死苦守钱塘江南岸,前后达一年之久。

同年六月二十五,清兵破义乌,抵东阳七里寺。张国维只能退到东阳,带兵在东阳的陷坑岭作最后的抵抗。六月的东阳,正值酷暑,烈日炎炎,战鼓声声,张国维来到抗清阵营前哨,将士大呼:"抗清军,拼命保家国!"众将士斗志昂扬,视死如归,誓与清军搏斗到最后。

可是清军已经大军压境,败局无法挽回。张国维只能让部队退守东阳。

当清军兵临东阳城下,张国维知道大势已去,他想,如果清军久攻东阳不下,一旦城破,清军必然将大开杀戒。为了避免东阳百姓生灵涂炭,张国维决心以死殉国。他立即派人召来东阳吴县令,对他说:"如今我军只剩千人,而清军不下百万,若与它死拼,一定伤亡惨重,东阳百姓也会遭受灭顶之灾。我身为明朝大臣,今日就以死报国。无奈天气炎热,如尸体腐烂不可辨识,将谓我带兵潜逃他乡,必然贻祸于东阳,因此,特请你来作一见证。"

吴县令听后掩面痛哭,不忍心目睹张国维就此殉难。他悲痛地劝阻张国维:"大人,我们绝不投降,我们抵抗到底!"张国维沉思一下说:"现在最重要的是为东阳的百姓着想,你身为县令,必须这么做!"于是他开始从容布置后事,取来白绢一幅,在白绢上写下三首诗,一首为"自述",一首为"念母",一首为"训子",然后在绢尾落款:"大明遗臣张国维绝笔"。张国维又叫来家人,先对仆人说:"我是死于王事,这就是礼。还有不少兵马因我而共赴国难,我死后,无以为报,可将我的遗体抬到大门口,写上这样一句话:'今生无以相报也。'"接着又让仆人拿上笔墨纸砚,让长子世凤和次子世鹏站在身旁,问他俩的生死抉择,这就是本文开头的一幕。

张国维对仆人说:"不要对太夫人说我已死,只说我已远逃而去。我死后,将我的遗体坐在中堂,等到清兵见到我的遗体后方可入殓。"接着他将明朝官服穿戴整齐。午夜时分,他从容迈步走出厅堂,来到后院内池塘边,仰天长叹后纵身跳入池塘。家人急忙打捞,可是张国维已气绝而亡。家人将他的遗体搬来,帮他整理衣裳,让他坐在中堂太师椅上。张国维时年五十二岁。后人将池塘命名为"靖忠塘"。

  第二天上午,清军攻入东阳城,清军骑兵先头部队来到张府,见到已经去世的张国维被人扶坐于大厅太师椅上,面色如生,清兵中有些人就叩头拜谢,痛哭不已。原来,清军中的骑兵多数为山东济宁人,是被迫投清军的。当他们尚未投清军前,曾得到张国维在济宁的施粥而得以活命,所以见到救命恩人后,良心发现,下跪礼拜。这是清军中的济宁籍骑兵对张国维的感恩。东阳幸免于屠城之灾。次年十月,东阳百姓安葬张国维于八面山东郭塘之原。

  张国维殉国后,才华横溢的陈子龙继张国维被鲁王封为兵部尚书,继续抗清,结果被俘。陈子龙此时还留着长发,清吏问陈子龙:"何不剃发?"陈子龙回答:"吾惟留此发,才可以见先帝于地下。"

  南明(桂王朱由榔)永历元年(顺治四年,公元1647年)五月十三日,陈子龙被押往南京,在押解途中时,他乘守者不备,仿效张国维纵身投水。虽然有会水的清兵下水打捞,但陈子龙已经自溺身死。清兵割下了陈子龙的首级,然后将他抛尸河中。几天后,陈子龙的几个学生捞回了他的遗体,将其安葬于陈氏坟地。

  张国维死后不到三个月,长子张世凤抗清被俘,不屈而被杀死于钱塘江畔;次子张世鹏被关押在清军牢中。清军的浙江总督张存仁敬佩张国维的气节,不忍心他断绝香火,遂将张世鹏释放了。清乾隆四十一年(公元1772年),为笼络人心,以巩固清王朝的政权,朝廷追封张国维谥号为"忠敏"。

  时光飞越到1909年11月,虎丘山下山塘街张公祠内,柳亚子、陈去病、高旭等发起成立爱国社团南社。柳亚子和陈去病等深受孙中山先生所领导的同盟会影响,以"取操南音,不忘本也"

将新成立的社团取名"南社"。南社的宗旨是提倡民族气节,鼓吹(旧)民主主义革命,反对清王朝的腐朽统治,并以诗为号角,在张公祠内作了第一次雅集。南社首次雅集就是向世人宣示,他们将以明末民族英雄为楷模,大无畏地承担起历史所赋予的责任。

参考文献:
1.(清)张廷玉等:《明史·张国维传》,中华书局1990年版。
2.(清)邵廷采:《东南纪事》卷五,上海书店2008年版。
3.(清)嵇曾筠、李卫等:《浙江通志·浙江人物志·张国维》,上海古籍出版社1991年版。

三军曾亦殪天狼

——抗清义士吴日生

这天是南明隆武（唐王朱聿键）二年，清顺治三年（公元1646年）阴历六月十七日，上午天空晴朗，阳光照耀着邓尉山上葱郁的草木和裸露的山石。可是过了中午，突然阴云密布，接着大雨倾盆而下。明末文学家叶绍袁完全沉浸在巨大的悲痛之中，两行老泪潸然而下。在之前，叶绍袁听到山中谣传：他的好友、太湖抗清义军首领吴日生在杭州草桥门殉难。猝然之间，他不敢轻易相信。午后，从家乡赶回来的僮儿证实："军营中的人所说，确实如此。"顷刻之间，这噩耗犹如五雷轰顶！叶绍袁颓然坐在椅子上，往日和吴日生的交往一幕幕地浮现在他的眼前。

叶绍袁是明天启四年（公元1624年）进士。十九年后，即明崇祯十六年（公元1643年），吴日生也高中进士。两人都是吴江人，正在迈向人生巅峰的好时机，面对晚明朝廷腐败，清军大举进攻的局势，叶绍袁不耐吏职，最后乞求归养，但秉性刚烈的吴日生愤于时局，投奔了史可法。两人都有一颗炽热的报国忧君之心。他俩从相识、相知，直到成为至交。此时，叶绍袁百感交集，感慨万千。他在国破家亡的打击下,虽仰慕吴日生的反清壮举,却无勇气参加,最后遁入空门。叶绍袁素来有记日记的习惯,出家流亡的途中,仍然坚持写日记,这就是著名的《甲行日注》,日记始于崇祯十七年(公元1644年)八月二十五日,取《楚辞》"甲之朝吾以行"一句而得名。日记记录着自己同吴日生抗清义军的往来,并为他们出谋划策,当抗清义师胜利时,他为他们高兴欢呼,当义军失败后,他黯然神伤。

吴日生(？—公元1646年),南明抗清将领。名易,字日生,号朔清,他的故乡是吴江松陵柳胥村(今属江苏苏州)。少负才气,兼好兵法。曾为复社的活跃分子,能诗善文,又喜读兵书。清军入关,吴日生写了"讨贼复仇"四个大字贴在自己的门上,作为誓词。据方志记载,今天江南古镇吴江同里的北面,在碧波荡漾的九里湖畔的北摄坞,有庙一座,同里人称为吴日(生)夫人庙,原来是小屋一间,刻石像树壁间,纪念的就是抗清义士吴日生。

随史可法征战清军

崇祯十七年(公元1644年)三月,崇祯帝在煤山自尽殉国的消息传到明朝陪都南京,南京的大臣们一片慌乱。他们选了逃到南方的王族福王朱由崧即位,在南京建立了一个政权,即南明弘光王朝。弘光帝即位以后,兵部尚书史可法主动要求到扬州去统率军队抗清,这时清兵已经逼近扬州。史可法发出紧急檄文,要各镇将领集中到扬州守卫。明王朝突然"天崩地陷",清兵压境,吴日生在家乡吴江坐不住了,星夜启程远赴扬州投奔史可法。此时史可法正四处调兵。哨兵报史可法有人前来助阵,史可法非常高兴,立即接见吴日生。吴日生向史可法上呈《中兴末议》,并献策说:"扬州城内地高,城外地低,可以决开淮河,将水灌入敌军阵地,不怕敌人不退。"史可法觉得这个办法虽然可能制服敌军,但是也会伤害百姓,就说:"那样办,敌人未必能全军覆没,淮南一带的百姓可要遭殃了，我怎么忍心呢？"但是史可法很赞赏吴日生的智慧和勇敢，立即授吴日生兵部职方司主事。兵部职方司是明朝兵部四司之一，掌理各省地图，武职官之叙功、核过、赏罚，抚恤军旅，参与检阅、考验等事。设郎中、员外郎各一人，主事二人。主事掌章奏文移及缮写诸事，协助郎中处理该司各项事务。于是吴日生立即投入到繁重的事务之中，不分白天黑夜，深得史可法的信任。

弘光元年，即清顺治元年（公元1644年）七月，清摄政王多尔衮致书史可法劝降，史可法写了著名的《复多尔衮书》，表明了自己的严正立场。尽管如此，围攻扬州的多铎，仍想伪作诱降，妄想利用史可法在南明的威望，兵不血刃地收取江南，先后派降将李遇春等人，多次致书招降。史可法不置一眼，当众焚毁来书，扬州军民深受感动，虽势单力薄，却群情激奋，誓死守城，并且常常"簿有斩获"。

形势越来越严峻，清兵已经兵临城下，可是南明各镇将领都拥兵观望，只有总兵刘肇基率领两千人来到扬州救援。史可法见兵力太弱，无法迎击清军，就命令刘肇基将部队开入城内，紧闭城门。史可法身披铠甲，手持宝剑，亲自和刘肇基在城墙上指挥。百姓也都组织起来，青壮年男子登城站岗，老年人和妇女烧水煮饭，扬州城的军民决心与敌人血战一场。

在震天的火炮轰鸣声中，惊恐的情绪传染极快。四月的扬州本是春花烂漫之时，可是战争的残酷让灿烂的花朵染上了血色。清军虽然只围不打，但总让人觉得这孤城在那隆隆炮声中显得非常脆弱，唯一的期望是援兵的到来，然而督师飞马传檄的四镇援兵，却一直没有信息……

虽是中午时分，扬州城却是灰蒙蒙的。吴日生心急如焚，看到街角蜷曲着三三两两的难民，面色麻木，在等待着扬州督府衙门的接济，偶有炮弹的飞子落入民宅之中，已不稀奇。扬州城内，满目疮痍。走在这死寂的街道中，吴日生两耳轰鸣，口燥唇焦，舌尖苦涩……

扬州督府衙门正堂，昏黄的灯光下，每个人的脸色都显得枯槁而凝重。镇守各门的主官，北门刘肇基、西门史可法、东门何刚、南门施凤仪和各路将士等列坐两边，死一般沉寂的正堂只能听到灯油燃烧时偶尔发出的噼啪之声。

当听完各门战况的通报后，他们就这么一直坐着。史可法轻咳了一声，打破了沉寂，正堂上的一盏油灯灯芯闪烁，已快熄灭，一种不祥的预感在每个人心头升起。一阵凉风袭来，灯光猛烈地抖动，众人的心也跟着抖动起来，大厅重又归于沉寂，沉重的气氛让人有些喘不过气来。史可法不得已告知大家：粮草已经快要竭尽，必须派人去江南筹集，做好长期作战的准备。吴日生听到此话，想到自己熟悉江南，立即上前主动领命。史可法就把这一重任交给了吴日生。第二天凌晨，吴日生就带了一小队人马从扬州东门悄悄出城，从水路往江南而去……

隆武元年，清顺治二年（公元1645年）四月二十四日，清兵以红衣大炮轰击城内，城堞轰塌，史可法即率兵民填修，终因力量悬殊，退守旧城。二十五日，清兵突然攻城，扬州城破。史可法见大势已去，欲拔刀自刎，被一参将阻止，护行至小东门。史可法见军民遭清兵屠戮，即挺身而出，大呼："我史督师也，万事一人当之，不累满城百姓。"于是被俘。多铎伪作劝降，史可法大义凛然地说道："我堂堂男儿，安肯苟活？城存我存，城亡我亡！我头可断而志不可屈！"遂从容就义，年仅四十四岁。残暴的多铎下令屠城十日，几十万扬州民众被残杀，造成扬州历史上最大的一次惨案，也是扬州人民最为英勇而光辉的一页。噩耗传来，才到江南的吴日生痛不欲生，发誓要与清兵血战到底。

太湖举旗反清复明

分湖(亦称汾湖)位于江苏吴江和浙江嘉善交界处,长约六公里,宽约三公里,半属江苏,半属浙江,相传为春秋战国时期吴越两国的界湖。湖泊面积九千七百亩,其流域涉及苏浙沪两省一市。分湖位于太湖流域南部,周边正好是苏南和浙西的水网地带。那里大大小小的湖荡、水泊星罗棋布,而镶嵌在这块美丽富饶的土地上的分湖,在我国古代作战史上,却有着特殊的地位。自南宋"大迁徙"以来,这里人文荟萃,翰墨飘香,但也有刀光剑影,怆天悲歌。

分湖及沿岸地区不但河港密布,水路交叉,地形复杂,而且茂树成林,芦苇丛生,曾是用兵打仗之地。沿岸一带,至今还保留着许多与作战有关的古地名,如有古代打铁铸剑留下的"打铁港",有潜伏部队的"藏兵荡",还有吴越时期吴军的水上营盘"子胥滩"。吴江境内的"老军荡",就是因吴日生面对血腥的"扬州十日"之后挺身而出,在分湖流域竖起义旗,登高一呼,组织起抗清的义军舟师而得名。

受命到江南筹集粮草的吴日生才离开扬州,就得知史可法英勇就义和扬州沦陷的消息,他立即只身返回到家乡,与同乡好友孙兆奎商议抗清之事。孙兆奎是吴日生的至交,两人情同手足,他们首先想到的是要联络更多的抗清义士。可是清军已经兵临苏州胥门城下,抗清义士夏允彝说服吴淞副总兵吴志葵带领淞江抗清义军抗击清军,但在与清军抵抗数日之后,终因寡不敌众,弹尽粮绝而退到泖湖结寨。

南明隆武元年,清顺治二年(公元1645年)农历六月初一,以吴日生为总统帅、孙兆奎为副统帅的太湖抗清义军树旗起义,建立了江南第一支义军,太湖地区的各路义军纷纷响应,三天内招募了三千士兵,驻扎在长白荡,准备先收复吴江。太湖抗清义军声势浩大,他们用白布裹头,表示为明朝服孝,称之为"白头军"。义军将士斗志昂扬,视死如归。分湖北岸的吴江有一户姓沈的大族,家里弟兄很多,老大叫自征、老二叫自炳、老三叫自炯。老大有先见之明,他曾预料,清兵可能入关,天下将会大乱,心想这里是水乡,用兵打仗非船不可。于是,他就雇佣了几十名船匠,在分湖之畔打造船只,托名用于捕鱼捉虾,而实际上是为起义水军作战备。他们将造好的战船藏匿于芦苇丛中。还未等到战船造好,老大却驾鹤西去了,老二、老三继承遗志,经过几年努力,一千条战船终于全部落水。果然不出所料,那年清兵打到了距分湖还有一百多里的苏州府。沈姓弟兄听到吴日生举旗抗清,立即将战船送给了抵抗清兵的吴日生的"白头军"。老二自炳、老三自炯也加入吴日生麾下。

八月初六日,清军用小船截断泖湖出口,乘风纵火,明军水师船只高大,运转不灵,被烈火焚毁。黄蜚、吴志葵都被活捉,九月初四日在南京遇害。侯峒曾、黄耀淳等在淞江之役中殉国,夏允彝见兵败无成,于九月十七日在淞塘投水自尽。清军又大肆屠杀嘉定百姓,史称"嘉定三屠"。参加淞江之役突围战的义士有几社领袖陈子龙和夏允彝的儿子夏完淳,他们都前来投奔吴日生。特别是年仅十五岁的夏完淳,抗清决心十分坚决,因为父亲夏允彝以死抗争的行动激励了儿子。夏完淳刻不容缓地与老师陈子龙一起携家中所有金银奔赴太湖抗清。吴日生听到陈子龙和夏完淳讲述"苏州之役"和"淞江之役"的惨烈场面十分悲痛,热泪盈眶,立即表明了自己抗清的决心:"好!让我们同舟共济,生死与共,流血牺牲,在所不惜。"

陈子龙和夏完淳都是足智多谋之士,他们的到来让吴日生十分欣慰。当日,吴日生任命陈子龙、夏完淳为智圣军师,共同商议攻打吴江县城的计划。吴日生的侄子吴鉴被明降清县丞朱庭佐捕杀。吴日生带四名义军,夜闯县衙擒获叛国奸臣朱庭佐,第二天早晨，由吴鉴之父将朱庭佐斩首示众。

　　同时，清军开始调集大军前来围剿，吴日生就和陈子龙、夏完淳连夜商讨对付清军的作战计划。夏完淳对着作战地形图沉思了半响，微笑点头，若有所悟，吴日生便问道："世兄的见地如何？"

　　夏完淳回答："清军若来攻打我们，必然要经过五龙桥，五龙桥下水深难测，不通水性者必定淹死。不如在水下布下埋伏，杀他个措手不及。"

　　吴日生觉得言之有理，但是又有所顾虑："清兵号称五千人马，必然兵分几路，不可能全部兵马都走五龙桥。"

　　夏完淳说道："我们再出动千余艘渔船拦截，一定会把清军打个落花流水！"

　　八月中旬，清吴淞江提督吴胜兆带领五千清军征讨吴日生。果然，清军兵分两路，一路直奔五龙桥而来，清军才走上五龙桥，就听到一声巨响，桥梁断了。清军纷纷落水，他们不谙水性，大都在水中挣扎片刻就淹死了。原来，夏完淳已经事先布置了小队义军埋伏桥下，待清军到来，就用利斧砍断桥梁，然后迅速撤离。

　　夏完淳又让战船装作渔船，每隔一里就有伏兵埋伏在湖滨，清兵另一路人马路过时，吴日生指挥千余只渔船半路截击，清军毫无防范，大败。

　　八百里太湖，飘渺无垠地横亘在吴中的太空下，岸边再无一人，只有一波接一波的浪头汹涌拍打，平日里苍翠的芦苇叶，在阴暗的天空下看起来也阴森森的，像一个个招魂幡似的在冷风里摇曳。吴日生一时小胜，有轻敌之意，而且他的队伍战斗力还不够强。南明隆武二年，清顺治三年（公元1646年）八月，清廷不甘失败，又纠集大批人马，派降将李成栋和淞江提督吴胜兆层层围剿义军。清军冒大雨向太湖抗清义军进攻。因没有设防，太湖抗清义军全军覆没，吴日生的父亲、妻子都在九里湖投水而死。"白头军"惨败，孙兆奎与沈氏兄弟等一起殉难。吴日生寡不敌众，泗水潜逃。夏完淳也与吴日生等人走散。陈子龙因事前已经看出吴日生手下轻敌难成大事,便以筹饷为名暂时离开了"白头军"。

梅墩水战大败清军

绍武(朱聿锷)元年,清顺治三年(公元1646年)三月,吴日生与夏完淳重整旗鼓,在分湖边又打出义军旗号。这年元宵节,他们第二次攻入县城,杀清知县孔允祖,夺取了库藏。等到镇守将领吴胜兆带兵过来,义军已经退入太湖,吴胜兆气急败坏,在吴江大掠两天才回去。

这天傍晚落日时分,湖面浮金跃彩,水鸟并起,远处飘来不知名的苏吴小调,真是一番田园美景。一只小船在这万顷碧水之上,静静飘荡,然而船中诸人的心情却颇不平静。太湖号称"三万六千顷,周围八百里",其流域一直是鱼米富足之地,湖中只居有百十来户渔民。湖中有大小四十八岛、七十二峰,战时能伏数万雄兵,是个很好的藏兵所在。吴日生深知,清军不会善罢甘休,只要派出十数万兵丁即可以对太湖群英瓮中捉鳖。

"传令集合!"吴日生吩咐道,随即走上了前面的高台。

三百多疲惫不堪的兵士集队站好,他们对今日的训练已经腹诽多时了,开饭时又要集合训话,更觉不快。看着坡下的这群义军,吴日生仿佛看到了当年的自己,他相信假以时日这一定又是一支精锐之师!面对即将到来的大战,他没有等待的耐心,他必须以最快的时间打造好自己这支人数不多的部队。

被一天毒辣的阳光炙烤过的校军场上的每一个人,都有些无精打采。而吴日生标杆似的钉在台上,坚定的目光正视着前方,多日的杀伐征战已让他煞气逼人。

吴日生一言不发,面对下面三三两两聚集的人,猛然大喝一声:"我白头军勇士安在?"

无人应声。

又大喝:"我白头军勇士安在?"

台下忽有人应道:"在!"

吴日生一看,应者是水军前锋周瑞。周瑞是个虬须大汉,当地人,从小出没于芦苇丛生的湖荡、港汊之间,不但识水性、知潮汛,而且对于沿岸的地形、地貌相当熟悉。

吴日生对他很满意,高兴地说:"好!我们练好本领才能打败清军!"

台下将士终于齐声高呼:"练好本领,打败清军!"

入夜,太湖水面淡淡星辉闪动,远处是几点跳跃的渔火,何等静谧安详。第二日,太湖水军中的营寨,众将云集,吴日生居中而坐,众人分列两旁,每个人脸上都是压抑不住的兴奋——大战在即了。大厅中央,是夏完淳照着江南地理图和几个将士一起做出来的大型作战沙盘,河岳、山川、城池尽收眼底。

望着这一幅立体地理图,众人心中惊异,情不自禁地发出啧啧赞叹!

凌晨,天色还没有放亮,在太湖湖面放哨的哨兵发现前面半里之处旌旗招展,连忙吹响号角——清军果然来了。只见一大队骑军列成方阵急速奔来,那种气势甚是惊人,一种肃杀之气立即漫延开来,这是久经战阵之军才能显现出的彪悍之气。"满人!""是满人!""真是满人!"义军小声传递着这个信息。埋伏在沿路的太湖义军将三支火把抛将出来,顿时杀声大作。气急败坏的汪茂功水军带着浩荡之师还在快速推进,此处是九里湖一带,离吴江县不过十多里的路程。汪茂功加速奔往吴江,说要血屠吴江城,太湖义军主力从后面跟了上来。汪茂功立刻明白,当前情形很不利于自己的水师,再往前去可能会陷于腹背受敌的窘境,当今之计是掉头反击太湖水军,如能取胜,再来攻打吴江也不迟。

汪茂功立即传令下去,掉头迎敌。就在汪茂功传令掉头迎击时,吴日生水军也发现了清兵水师的踪迹,帅船上的气氛立刻紧张起来。吴日生要利用清军水性差、义军水性好的特点,引诱敌人进入湖面交战。吴日生当即命周瑞统领士兵佯装后退,实质与另一部分义军会合。

于是,在两支水师船队还没展开作战的时候,在分湖水域的下浜一带,两支部队不期而遇了。吴日生在军事上颇有见地,谙熟行军布阵。两支水军前锋在芦墟一带终于碰面了,都是有备而战,战斗自然更为激烈。此时水面上喊声震天,羽箭如蝗,火炮、火铳声不绝于耳。

水军前锋周瑞水性很好,一声招呼已带了几十个水鬼,一个猛子扎入水中,游向前面的两艘大船,口含利刃,手持凿锤等物。义军用于冲锋的都是"枪船",船形狭小,尤其利于在这样的水域中作战。那支清军原是投降过去的明朝水师,都是些高船巨舰,火力甚猛,但不能全面展开。义军均是太湖中的弄潮好手,一口气便已潜至数十丈外的清军水师船下,在侧舷丁当丁当地凿了起来。船上清军连忙持枪箭来射,然终无济于事,义军只需往水里一避,铅弹、羽箭便失了准头,再加上周围的小船穿梭般进出,更是自顾不暇了。大船虽有隔舱防水,可也经不住这四面穿凿,不一会工夫,一艘大船沉了下去,那边几十艘"枪船"划将过来,斩杀水面的人头。那边一船清兵,终于用钩镰枪吊住一艘小船,狂喜地拉将过来,可船上数十人却尽数跳入水中,潜入水底。清军忽见船上青烟直冒,原来吊来的小船装了许多火药,此时引燃了,清兵这才知义军使诈,未及逃脱,只听"轰隆"一声巨响,一大一小两艘船只均已被炸得四分五裂。

芦墟水域,清军的艘艘大舰,如一只只老长虫被众多小蚂蚁噬咬着,只能痛得翻来覆去,却无计可施。汪茂功见是如此战况,更担心腹背受敌,便决意率众突围,杀出一个缺口,冲将出去。然而,吴日生哪能放过这大好机会,又紧随其后粘了上去,双方在梅墩水域进行了一场恶战。汪茂功率领的清军再度败退,扔下了满湖战船和尸体，继续向庞山湖方向逃遁。吴日生一路追出四十余里水路才鸣金收兵。

此役毙敌千余，获战船六十余艘，战役结束后，响彻云霄的是太湖水师庆祝胜利的欢呼声。第一次大规模作战便取得如此大的战果，众人信心高涨，顿觉来日扫平江南清军水师不在话下了。

此次战役据清朝的战报上说"八百人全军覆没"，而叶绍袁在《湖隐外史》中称"（吴部）杀获二千人，斩其巨魁，遁去者二三十人而已。水流尽赤，草腥不绿。兵威褫其三蘖，雄名振于七郡"。这次"反扫荡"重创了南进的清军，而且极大地鼓舞了江南抗清义士的斗志，在南明史上被称为"梅墩之捷"。此役战况，《南明史纲·史料》是这样记载的："二十四日，北帅土国宝遣其将汪茂功来攻，易（吴易）檄周瑞御之。瑞善鸟铳，二十六日，与北兵战于分湖之梅墩，败之。追北去庞山湖四十里。斩伪将二十三员，歼敌三千余级，获船五百余艘，衣甲器械无算。"夏完淳立即以"蜡丸帛书"将捷报传至浙东的抗清鲁监国处。鲁监国大喜，便封吴日生为长兴伯，授璋为运粮监督，孙钜、倪抚为职方，陈槐为将军。另外，吴日生麾下的周瑞等四大将军也都有封拜。一时间，义军制旗铸印，设官部署，登台誓师，开幕府于苏浙交界的诸大泽中，还请陈子龙来监师。舟师分驻的防线从分湖（陶庄、芦墟）、祥符荡（西塘东郊）、长白荡（丁栅），一直到淀山湖（上海青浦）为止，在分湖流域沿岸摆开了抗击清兵的战场。叶绍袁对当时义师的盛况作过这样的描述："于是设坛建旗，祭纛莅盟。器仗鲜明，部伍整肃。画隼募兵，人进射声之号；水龙分翼，家列习流之阵。"真所谓"不图今日，复见汉宫威仪"了。

嘉善误中诈降之计

六月骄阳似火，太湖热气蒸腾，而比这日头还要火热的便是吴日生太湖义军的大小头领的心情了。周瑞、张三等兄弟都是草莽出身,心中自是藏不住话的。

"憋死老子了!在水中闷了这许多日子,赶紧和清军大干一场吧!"张三是水匪出身,说话行事向来如此。

周瑞也道:"若清兵再来,即使是万人水军也不够在这水荡中转悠的,我们可以顺水路直杀到苏州城下!"

梅墩水战的胜利冲昏了部分将士的头脑,周瑞等的得意之情溢于言表。夏完淳听了总感觉特别不是滋味。吴日生听后却很赞赏,他举手示意打断众人谈话,道:"我对江南形势都已知晓,今日便与各位商议前往苏州的作战事宜。"

夜更深了,月亮也从阴暗的云气中钻了出来,军帐外一位翩翩少年未曾入睡,在对月遥思。再次投奔太湖义军的夏完淳,自获得梅墩大捷以来,一直难以安眠,他总有一种不祥之感,这让这个十六七岁少年稚嫩的双肩上,重负太多,甚至有些早衰的样子了。白天那些将士得意的话音一直在他耳边回响,他难以入眠,奋笔给吴日生写下书信,便悄悄离开了。

第二天,吴日生看到了夏完淳留给自己的信,信中分析了太湖义军的情况:当前江南抗清整体局势喜人,陈湖、泖湖的水乡泽国已连成一片,均在各路义军手中,如果嘉善起事成功便能和淞江连成一体,那么自太湖到入海口的这一条战线就能形成,其战略意义是不言自明的。

隆武二年,清顺治三年(公元1646年)夏,清军暂时没来太湖进犯,多日来,吴日生并不明了外边的形势,外面的眼线也不见来湖,派出的探子有去无回。终于,张三从外面回来了,吴日生急忙问道:"湖外是怎么个形势?清军是否在准备围剿我们?"张三显得心事很重,坐在椅上叹口气道:"大哥,现在湖外的形势对我们很不妙啊!沿湖三十里内的村庄现在是一片废墟,清兵沿湖布防,显然要困死我们!"吴日生宽慰他道:"想困死我们只怕也没那么容易,实在不行我们就打出去,进长江,去舟山,将来有机可乘再打回来！"张三摇了摇头道："只怕是行不通啦！沿太湖的水旱路现在还不都封扎住了?!"其实吴日生心下也明白，清廷今次用兵，大非寻常，只怕真是算无遗策！他想到夏完淳说的若嘉善起事能成功，就不愁不能打败清军了。于是他派张三再去嘉善打探消息。

吴日生在焦灼之中等了两天，第三天夜半时分张三才返回。看着张三的表情有些颓丧，吴日生料到事情必不顺利，不待张三开口，便笑道："此事本就不易游说，何必这么一副丧气的样子呢？天无绝人之路，咱再想别的破敌之法。"张三坐下，喝了口茶道："大哥，这次去嘉善，我把兄弟安排下后，就和嘉善县令刘肃之推心置腹地谈了一个昼夜，他同意起兵，愿意和咱们里应外合，大破吴胜兆！"吴日生大喜道："好兄弟，这真是天佑我白头军不绝！"张三忽的脸上有了羞愧之色，嗫嚅道："是真的。只是、只是他说事关重大，得和你亲自面谈。"吴日生"哦"了一声。当时南明势力有两个中心，一个是八闽的隆武帝，一个是舟山的鲁监国，而吴日生联系的恰是鲁监国。

第二天吴日生就上路了，到了嘉善，拜访至交，等到傍晚时分，吴日生带着几名卫士和张三一道去见嘉善县令刘肃之。此时正是上弦月的时刻，天色暗沉沉的。张三和吴日生带着众人很快摸到城西南脚。四处静悄悄的，连值夜人的梆子声也不曾响起一下。他们来到一处宅院前，四处看了一下，轻轻触动那门上的兽环，四下一个节奏，连敲两次，那门毫无声息地开了，一个院丁出来轻声道："我家老爷料定你今夜会来，正和府尹大人在堂屋等候您呢。"张三点了下头也不出声，带着几人直奔后院堂屋。

堂屋内隔着窗纸透出淡黄的光亮，张三道："大哥，您稍候，我去给您通禀。"吴日生点点头，张三径直推门走了进去。时候不长，就听一声梆子响，墙头房上刷的亮出无数灯笼火把，满院子被照得如同白昼一样，"吴日生，还不束手就擒！"正是嘉善县令刘肃之。清军一拥而上,吴日生一惊之后,早已镇定下来,笑道:"不想今天栽到圈套之中,卑鄙!让我投降不难,只等吴胜兆来说这个话!"堂屋大门四开,吴胜兆在一群清兵的簇拥下走出,轻狂大笑道:"吴日生,本提镇在此!念你也是一条好汉,不合也姓个吴字,投过来吧,本提镇保你个参将没什么问题!怎么样?"吴日生笑道:"承蒙关照,可是我吴日生宁做大明鬼,绝不做鞑子的狗奴才!"

原来吴日生一直听说清政府任命的嘉善知县刘肃之想"反正",便派人与他联络,谁料这个刘知县是个王八吃秤砣铁了心的汉奸,他之所以散布自己想"反正",无非是想诱执吴日生。见吴日生自己送上门,刘肃之立刻派人禀告吴胜兆,然后邀请吴日生来商议"反正"之事,吴日生不疑有诈,只带随从数人来会。"鸿门宴"入易出难,刘肃之早就通知大批清兵埋伏,待吴日生一入门,便立即逮捕了这位"白头军"领袖,向吴胜兆和清军报功。吴日生很快被清军押解送往杭州处死。他从容就义,临刑前说:"今日微臣的责任,算完毕了!"浩然正气,充溢天地。吴日生为人虽属轻率无远略之人,但大节不亏,慷慨就义。其《绝命辞》曰:

> 落魄少年场,说霸论王,金鞭玉辔拂垂杨。剑客屠沽连骑去,唤取红妆。歌笑酒炉旁,筑击高阳,弯弓醉里射天狼。瞥眼神州何处在,半枕黄粱。成败论英雄,史笔朦胧,与吴霸越事匆匆。尽墨凌烟能几个,人虎人龙。双弓酒杯中,身世萍逢,半窗斜月透西风。梦里邯郸还说梦,蓦地晨钟。

夏完淳闻讯,立即素服前往,在吴江为吴日生建衣冠冢,与文人同道哭吊,赋《吴江野哭》《鱼服》二诗,祭奠吴日生,表达了复仇雪恨的决心。

往事历历在目,叶绍袁心事重重,这几年他与吴日生及其手下的抗清义军同悲喜。吴日生的得力助手沈自炳、沈自炯兄弟是叶绍袁的两个妻弟。由于这些关系,叶绍袁身在营外,却和白头军心心相印。白头军抗清捷报频频传入叶绍袁耳际,他盼望义师军威日壮。吴日生雄心勃勃,策划着联络各路义师大举进攻南京。但是,太湖抗清义军面临缺少衣甲、武器和军粮不足的困境,令人忧心如焚。阴历八月,义军惨败,孙兆奎与沈氏兄弟等一起殉难。迫于时危,叶绍袁携儿出家为僧,隐居吴县邓尉山中。

叶绍袁先后痛失亲人,又面临亡国之痛,现在吴日生殉难,义军惨败的悲痛深深笼罩着他,他一下子显得苍老了许多。夜不能寐,他披衣奋笔,为吴日生写下悼诗《哭吴日生》,一直流传至今:

南阳奇士著渔阳,大厦将倾陨栋梁。
八阵未能歼舍鼠,三军曾亦殪天狼。
江山坠冷千秋月,冠剑飞残九日霜。
忠武祠前今日泪,断桥回首忆孙郎。

血雨腥风的岁月,吴日生太湖抗清义军英勇奋战,为我们留下了宝贵的精神财富,从叶绍袁的诗中我们可以感受到吴日生光耀千秋的英雄气节。

参考文献:

1. (明)计六奇:《明季南略》,中华书局1984年版。
2. 顾城:《南明史》,光明日报出版社2011年版。

天地存肝胆，江山阅鬓华
——顾炎武诗中的爱国情怀

顾炎武不仅是明末清初一位著名的学者、思想家，而且是一位杰出的爱国诗人。他一生坚持反清复明，历经磨难，至死不衰。"远路不须愁日暮，老年终自望河清。常随黄鹄翔山影，惯听青骢别塞声。"就是顾炎武一生坚贞自守与希望不泯的写照。

顾炎武（公元1613年—公元1682年），苏州府昆山县（今江苏昆山）人，原名绛，字忠清。明亡后改名炎武，字宁人，亦自署蒋山佣。被当时的学者尊称为亭林先生。

顾炎武出身于江东望族，明末家道中落。幼年承祖父命出继堂叔为子，嗣母王氏十六岁未婚守节，抚育他成人。少时深受嗣祖顾绍芾的影响，关心现实民生，注重经世学问。十四岁取得诸生资格后，便与归庄共入复社，与复社名士纵论天下大事，反对宦官擅权。二十七岁乡试落第后，断然弃绝科举之道，发愤钻研经世之学，遍览历代史乘、郡县志书，以及文集、章奏之类，辑录其中有关全国各地山川、地理、农田、水利、兵防、物产、赋税、交通等的资料,撰述《天下郡国利病书》和《肇域志》。

清兵南下,昆山城破,嗣母王氏"遂不食卒,诫炎武弗事二姓"。顾炎武深受感动,与好友归庄等人以匡复故明为志,积极投入苏州、昆山、嘉定一带的抗清武装斗争。起义失败后,他背井离乡,奔走于山东、河北、山西、陕西等地,名义上为考察风土人情,实际上"通观形势,阴结豪杰",从事隐蔽的反清地下斗争。清王朝多次笼络、收买顾炎武,均被严加拒绝。他也曾受到监视,还因文字狱牵连而被捕入狱,但他一生誓不与清廷为伍。康熙二十一年(公元 1682 年),卒于曲沃(今属山西临汾)。

顾炎武年轻时就有诗歌创作,但是没有保存下来,现存的四百一十二首各体诗都是明亡之后的作品,其中包括徐嘉《顾诗笺注》的《集外诗补》中所收的四首佚诗。顾炎武生当乱世,诗歌创作的现实性和政治性十分强烈,形成了沉郁苍凉、刚健古朴的艺术风格和史诗特色,精神骨力接近杜甫,成就很高。沈德潜评他:"肆力于学……无不穷极根柢,韵语其余事也。然词必己出,事必精当,风霜之气,松柏之质,两者兼有。就诗品论,亦不肯作第二流人。"如著名的七言律诗《海上》四首,关心恢复事业,悲感苍凉。林昌彝在《射鹰楼诗话》中评曰:"独超千古,直接老杜。"顾炎武的诗继承杜甫的风格,在思想艺术上有相当高的成就。顾炎武的诗体现了他一颗忧患天下的心,一颗置于锋刃之上仍然奋争不已的心。他的诗是一种呈现,一种有着强烈爱国情感浸润的内心抒怀,他用生命去感受,用生命来写自己的切肤之验。

描写抗清斗争,抒发爱国情怀

南明隆武元年,清顺治二年(公元 1645 年),清兵南渡长江,大肆屠杀江南民众。史可法扬州殉难以后,江南半壁战局每况愈下,但江南民众依然奋起抵抗。南京陷落后,清军进攻苏州,吴江抗清义士吴易,字日生,在太湖长白荡募兵千余人举旗抗清,多次打败清兵。1646年顾炎武写下《上吴侍郎旸》,描写了吴日生太湖抗清义军的军威和韬略,诗中写道:"国士推司马,戎韬冠列侯。量从黄钺陈,计用白衣舟。"还表现了吴日生的报仇复国之志:"曹沫提刀日,田单仗锸秋。春旗吴苑出,夜火越江浮。"诗中还寄语吴日生"作气须先鼓,争雄必上游","莫轻言一战,上客有良谋",希望吴日生借胜仗来鼓舞士气,占据上游,不要轻易出战,对付清兵应善用计谋取胜。江南人民前仆后继、风起云涌的抗清斗争在顾炎武的诗歌中得到了充分的体现,他的《感事》《千里》《秋山》等诗都描写了江南军民抗清的浩大声势和宁死不屈的战斗意志。江阴、嘉定、淞江等地人民奋起抗清,但遭到清兵的残酷屠掠。他的《秋山》诗表达了他对清军兽行的控诉,以及立志恢复明朝的决心:

    秋山复秋山,秋雨连山殷。
    昨日战江口,今日战山边。
    已闻右甄溃,复见左拒残。
    旌旗埋地中,梯冲舞城端。
    一朝长平败,伏尸遍冈峦。
    北去三百舸,舸舸好红颜。
    吴口拥橐驼,鸣笳入燕关。
    昔时鄢郢人,犹在城南间。

  本诗铺写战事及其结果,描写抗清形势直线下滑,一步比一步严峻,人们随着诗人的叙述,每读一句就加一层忧,每吟一声就增一层痛,忧痛的波澜越涌越高,直到狂涛激荡,不能自已。诗人正是以这种层层推进的方法,自然地安排了全诗的整个次序。诗中抒写了抗清战事的连连失利和失败后的惨烈情形。开篇先以"秋山复秋山,秋雨连山殷"起兴,既是点出了作战的时间和主战场,也是借对自然和气候的描写,给读者心理先染上了一层阴郁沉重的底色,为全诗情绪的展开定下了基调。接着写战争情势发展,从"昨日战江口"到"复见左拒残"写明军作战连连失利,节节败退,防线全面崩溃。这种大势将去的局面,使人心焦如焚,痛惜难忍。从"旌旗埋地中"到"伏尸遍冈峦",前两句承接着上文的叙写线路走向,写战局发展到了危机的顶峰,野战惨败,城池将溃,明军将士戮力一心,作出了最后的血搏,字里行间饱含对英勇壮烈的抗敌男儿们的泣颂。后两句则推出了一幅惨不忍睹的画面:战争结束了,血洗过的江南大地,满山遍野铺满了义军的尸体。这两句诗通过对战败惨状的描述,表达了对壮烈牺牲的数十万吴中子弟的痛悼,表达了对清廷的愤恨,同时也透露出对明朝统治者因战略战术上失策而惨败的痛惜。从"北去三百舸"到"鸣笳入燕关"四句揭露和控诉了清军的残忍兽行。父兄子弟丧身疆场,尸骨不收,妇女财物遭到奸淫掳掠。至此,全诗愤怒、沉痛互相激荡的思潮发展到了顶点。最后笔锋一转:"昔时鄢郢人,犹在城南间",一个铁骨铮铮的民族志士的高大形象矗立在了人们的面前,这个志士就是作者自己。这最后的一笔峻拔突兀,将全诗的感情导入了一个新的高峰。它是全诗笔墨的升华,而前面的一切构筑都是这最后一笔的大铺垫,可谓千锤打鼓,一锣定音。人们从忧痛中看到了希望,找到了依托,心情为之一振。这个"鄢郢人"坚贞刚毅的品质,热血沸腾的情怀,怒目切齿的体态,舍身报国的豪气,深切地感染着读者,唤起了人们无限的崇敬之情。这最后的两句是全诗获得巨大成功的关键所在,可谓点睛之笔。如果删去这一笔,全诗立刻黯然失色,平庸无奇,可见它举足轻重的地位和作者的良苦用心。

　　这首诗结构井然有序,构思奇巧工致,表现了惊心动魄的战争大场面,借亡国的男儿和女子的悲惨命运,雷鸣电击般地震撼着读者的心魄,呼唤着民族精神的勃发,读来令人振奋不已。

眷怀明朝故国，立志恢复大业

在清兵大举南下，江南抗清义士纷纷壮烈牺牲，起义最终失败的形势下，顾炎武写下了一系列国亡家破、长歌当哭的壮烈诗篇。对杨廷枢、陈子龙、何腾蛟、吴日生、夏允彝父子等抗清义士的不屈而死，他都表示了沉痛的哀悼。他起初寄希望于南明政权，在《京口即事》中，他将督师扬州的史可法比作东晋志图恢复的祖逖。南明唐王遥授他为兵部职方司主事，他收到唐王的诏命后十分激动和兴奋，《延平使至》诗中写道："身留绝塞援枹伍，梦在行朝执戟班。"可是南明政权相继覆灭，他深感悲痛，以"春谒长陵秋孝陵"（《重谒孝陵》）寄托胸怀。《五十初度时在昌平》《一雁》《元旦》《又酬傅处士次韵》《汾州祭吴炎潘柽章二节士》均表现了他怀念故国之心一直耿耿不释。顾炎武家中又累遭劫难，他著名的诗篇《精卫》是根据《山海经》中精卫鸟的传说写成的：

> 万事有不平，尔何空自苦。
> 长将一寸身，衔木到终古。
> 我愿平东海，身沉心不改。
> 大海无平期，我心无终时。
> 呜呼！君不见西山衔木众鸟多，鹊来燕去自成窠。

精卫衔木石以填东海的故事，千百年来已成为人们经常吟咏的内容。这则故事之所以成为一个熟典，就在于精卫鸟的形象代表了人间一种可贵而又可悲的精神。如果将精卫和愚公作一个比较的话，二者有相类之处，但它们所体现的精神特质却是迥然不同的。精卫体小，所衔木微，而东海无涯，平期何在？然而"我心无终时"，填海的精神令人悲怆，令人崇敬，也令人坚毅。对于像顾炎武这样在亡国之后永葆节操的民族志士来说，这种精神无疑是一个重要支柱。

这首诗以问答的形式成篇，自然地形成了三个层次。"万事有不平，尔何空自苦？"这句问话代表了社会上许多人对精卫精神的态度。这种观点实际上是基于懦弱的一种自欺，明明承认万事不平，却又觉得已回天无力，于是主张放弃反抗，停止斗争。这种人还往往自命通达，却容易成为随波逐流、丧失节操之人。作者则借精卫之口以明志："我愿平东海，身沉心不改。"对精卫精神的讴歌，正是作者心灵的直接宣泄。当时，明王朝大势早去，恢复无望，这一点作者心里自然是清楚的，所以他自比精卫，誓死不向清朝统治者屈节，决心坚持"衔木"，直至终古。胜利已经成为奋斗者的愿望，而不再可能实现，但抗争却誓不停止，成为战士的精神脊柱。作者坚定铿锵、掷地有声地作了宣誓般的内心剖白。诗的最后"呜呼！君不见西山衔木众鸟多，鹊来燕去自成窠"，借对话者的口吻，道出了一个可耻的现实：一些明朝士人，在亡国之后初隐而后仕，自营巢窠，卖志求荣，丧失了民族气节。他们不过是一群为作者所不齿的燕鹊之类的"众鸟"，在精卫的面前显得何等卑微！

　　这首诗对精卫的形象作了富于独创性的再塑造。在诗的中间，作者让精卫自己反复鸣唱，使其光辉的精神特质得到了淋漓尽致的表现，而这种民族精神的瑰宝之所以光芒闪耀，异彩夺目，是作者将其置身于"众鸟"的衬托之下所获得的神效。美与丑相激共振，精卫与众鸟同处于一个画面之下，各行其是，顿时黑白昭然。圣洁与龌龊互相比较，产生的褒贬效果分外强烈。

　　全诗采用对话的形式行文运笔，语言简洁明快，质朴自然，尽弃雕饰，从而使通篇不枝不蔓，精工细致，收到了良好的表现效果。总之，无论是诗中所弘扬的正义之气，还是诗歌所达到的艺术造诣，都能够强烈地感染读者，具有永不磨灭的艺术价值。

　　把顾炎武视作与杜甫一样具有忧患意识的诗人，是完全符合实际的。他的《酬王处士九日见怀之作》一诗就体现了这一点：

是日惊秋老,相望各一涯。
离怀消浊酒,愁眼见黄花。
天地存肝胆,江山阅鬓华。
多蒙千里讯,逐客已无家。

这是他收到王处士怀念他的诗作之后的唱酬之作,写出了他当时的处境和心境:日催月逐,又见秋至,我已愈见老态。你我相隔天涯,只能思念瞩望而已。离别之情怀以浊酒浇之,愁眼四望,唯见黄花满地,一片苍凉。但天地间犹有忠肝义胆之人,虽两鬓花白,然报国之志江山足可见证。多蒙你千里讯问,君可知否,亡国漂游之人,哪还有家可言啊!此诗仍然表现顾炎武至死不渝的抗清决心,特别是"天地存肝胆,江山阅鬓华"两句中的"肝胆",指诗人自己的爱国之志,或对于故国的赤胆忠心。"阅",见证。诗人的爱国之志存于天地之间,江河山川见证了诗人的双鬓已白,表现了诗人虽已衰老,且明知复国无望,但仍然矢志不渝、坚持到底的决心。这首诗把深沉的爱国情怀与自己的人生遭际、眼前的具体情境紧密结合在一起,熔铸为凝练精纯的诗句,形成了沉郁、凝重的风格。这首诗字字可诵,句句感人,壮人胸襟。如果没有深厚的爱国之情,是写不出这样的诗来的。

寄情山川风物,抒写亲情友情

顾炎武除了在诗中抒发故国之思、表达恢复之志外,还常常将笔触伸向山川大地,借山水而咏志。他到北方广大地区考览山川,游历名山大川无数。其《书杨彝、万寿祺等人〈为顾宁人征天下书籍启〉后》载:"自此绝江逾淮,东蹠劳山、不其,上岱岳,瞻孔林,停车淄右。入京师,自渔阳、辽西出山海关,还至昌平,谒天寿十三陵,出居庸,至土木,凡五阅岁而南归于吴。浮钱塘,登会稽,又出而北,度沂绝济,入京师,游盘山,历白檀至古北口,折而南谒恒岳,逾井陉,抵太原。往来曲折二三万里。"他的《金陵杂诗》

《山海关》《居庸关》《潼关》诸作大都与怀古情思相融合,抒发故国之思,在山水景物的描写中糅合着诗人深厚的情感,在宏伟的气魄中透发出一种豪壮而又凝重的风采。顾炎武《居庸关》诗二首其一:"居庸突兀倚青天,一涧泉流鸟道悬。终古戍兵烦下口,本朝陵寝托雄边。"居庸关毗邻明陵,诗人因此而多感慨。

顾炎武一生重道义和友情,其与朋友相往还的诗作,总是坦诚相见,出语感人。《屈山人大均自关中至》诗称屈大均"弱冠才名动九州,纫兰餐菊旧风流",赞扬屈大均高洁的情操,抒发了与屈大均不期而遇的喜悦和分离时的眷恋之情,显示了对朋友的一片深情。

顾炎武一生游寓北方二十余年,当他得知妻子王安人在家乡去世的消息,作了《悼亡》五首哭之:

独坐寒窗望藁砧,宜言偕老记初心。
谁知游子天涯别,一任闺芜日夜深。

北府曾缝战士衣,酒浆宾从各无违。
虚堂一夕琴先断,华表千年鹤未归。

廿年作客向边陲,坐叹兰枯柳亦衰。
传说故园荆棘长,此生能得首丘时?

贞姑马鬣在江村,送汝黄泉六岁孙。
地下相烦告公姥,遗民犹有一人存。

摩天黄鹄自常饥,但惜流光不可追。
他日乐羊来旧里,何人更与断机丝?

第一首表达了诗人对妻子的愧疚之意。第二首"虚堂一夕琴先断,华表千年鹤未归",叹妻子之逝,也叹自己久游未归。第三首写自己多年在外漂泊不定,离家益远益久,人事代谢,听说故园坟墓长满荆棘,自己有生之年很难再看到,死后能否归葬故园?

生前看透了兰摧玉折,死后希望在故土安息。第四首前两句写对妻子丧葬的想象:"贞姑马鬣在江村,送汝黄泉六岁孙。"诗人仿佛看见妻子身后归葬时的凄凉之景。后两句"地下相烦告公姥,遗民犹有一人存",表达顾炎武猛志常在、坚贞不屈的精神,与陆游的《示儿》异曲同工。最后一首以乐羊子自比,"他日乐羊来旧里,何人更与断机丝?"诗人觉得即便自己回归故里,断机丝的人已经不在了,心中的失落哀痛之情溢于言表。这一组诗悼妻情重、复国志坚。

顾炎武的四百多首诗作中,悼亡诗有十五题、二十四首,其中《哭杨主事廷枢》《哭顾推官》《哭陈太仆》等都为纪念死于清兵铁蹄下的义士而作。康熙十二年(公元 1673 年),顾炎武在山东章丘获知好友归庄死讯,特在桑家庄设坛致祭,写下《哭归高士》诗四首以表悲悼。诗中怀着悲喜交集的心情写道:"碧鸡竟长鸣,悲哉君不闻!"顾炎武生于社会变乱、民族危机严重的时代,由于他敢于正视现实问题,又坚持诗歌创作的现实主义精神,故他的诗具有丰富的历史内容和沉雄悲壮的艺术风格。

顾炎武的诗有三大特点:一是现存的四百余首诗歌中,十之八九寓有强烈的家国兴亡之感,绝少世俗应酬之作,即便是拟古、咏史、写景、唱和之作也是如此。二是他的诗取材颇为广阔。晚明统治阶级的腐朽堕落、清兵入关后残酷的屠杀和剥削、人民的苦难和敌忾,都在他的诗中反映了出来,表现出了一种强烈的爱国情怀,因此被人称作"一代诗史"。三是他的诗歌风格雄浑悲壮,苍凉沉郁,语言却又朴素自然,兼有杜甫和陶潜的优长,并带有学者的气质。

顾炎武是一位著名诗人,他的大量诗作有思想,有灵魂,处处闪耀着"天下兴亡,匹夫有责"的爱国情怀。

参考文献：

1. 李瑞豪：《遗民世界的黄昏——论顾炎武的悼友诗》，《北京理工大学学报(社会科学版)》2008年第2期47—50页。

2. 张思齐：《顾炎武人生的诗意栖居》，《西华大学学报(哲学社会科学版)》2010年2月第21—24页。

恪勤尽职话廉洁

——明清吴中循吏及其戏剧演绎

民间传颂的清官,古史称循吏,也称廉吏。

中国封建社会涌现出的清官一直被老百姓称颂,他们的事迹广为流传。在黑暗专制的封建社会,贪官污吏横行霸道、贪赃枉法、强奸民意、作威作福,因此百姓盼望出现清官,盼望他们为民造福、平反冤狱、主持正义、放粮救灾。

吴中大地历史悠久,人文荟萃,代有贤士涌现。立祠奉祀是封建社会祭奠先贤名宦的一种形式,苏州阊门内至德庙祭祀泰伯(今位于阊门下塘),天平山范公祠祭祀范仲淹,西美巷况公祠祭祀况钟等,均是百姓景仰的清官,希望清官能不断涌现而建造。苏州沧浪亭之五百名贤祠是清朝初修建,虽几经毁坏,但历代官吏还是不断在修葺。苏州的百姓为了纪念这些循吏而为他们树碑立传,直到今天,我们的历史读本还在弘扬清官的德行,目的是用他们的精神激励后代,培养青年的道德情操。

"清官"一词最早出现在《北史·景穆十二王传》:"仲景三子济、钟、奉,叔衷纥氏生也,皆以宗室,早历清官。"解释为地位显赫、政事不繁的管职。而现在的"清官"是指公正廉洁的官吏,即循吏、廉吏,与贪官相对。

翻开中国的二十四史,从司马迁的《史记》开始,就为这些为民造福的清正廉明的官吏写列传。司马迁说:"循吏,循理之吏也。奉职循理,可以为治,何必威严?"《史记》中列举五人为循吏。

随着人们认识的提高，史书中的循吏人数日益增加，《后汉书》中列举十二位循吏，《新唐书》为二十六位循吏列传，《清史稿》为一百一十六位循吏列传。与此相反的贪官，史学家称之为污吏，他们永远被钉在历史的耻辱柱上。而循吏、清官则有口皆碑，流芳百世。

《新唐书·循吏列传小序》谈到："治者，君也，求所以治者，民也；推君之治而济之民，吏也。故吏良，则法平政成；不良，则王道弛而败矣。"这一段话充分肯定了循吏在封建时代的重要作用，循吏之所以名垂青史，是因为他们立功于当朝，扬名于后世。他们大多是地方官吏，是百姓的父母官，而封建皇权的巩固实际上靠的正是千千万万的地方官吏。地方吏治清明，朝政的根基就比较稳固；反之，地方吏治腐败，朝政的统治就摇摇欲坠。

中国封建统治自汉朝以来一直推崇儒家思想，所以循吏也大多是通过"学而优则仕"的必经之路走上仕宦之途的。他们从小苦读，抱着出仕有所作为的雄心，从最基层的地方官吏开始，了解、体察民情，不断同官场中的一些黑幕进行较量，因为儒家经世治国的思想和百姓的期待使他们有一种强烈的责任感，他们要伸张正义、廉明政治。他们的基本特点有三：一是把国家利益、政权利益摆在首位，孜孜而为。二是把国家利益与百姓利益结合起来，为百姓谋福，采取安民政策。三是发展和促进生产，以自己的智慧和才干治理好管辖的地区。他们为人正直，崇尚名节，满腹经纶，敢于直谏，德才兼备，更不爱财，所以受人推崇。他们的生平事迹是中国封建历史中灿烂的一页。

吴中循吏的品行政绩

清官历来为人称颂，唐代诗人刘禹锡在《白太守行》一诗中就称赞白居易任苏州刺史时为百姓做了很多好事，离任时出现"苏州十万户，尽作婴儿啼"的情形。虽然白居易的诗名盖过了官声，但从诗中还是可以看到他的政绩的,如苏州的山塘街有堤名白公堤。一千多年前,白居易在知天命之年任苏州刺史。他在任一年有余,率众疏浚了淤塞的山塘河,修堤筑路,并在堤上种植桃李等树木,河中遍植莲荷,山塘河并肩山塘街,直抵吴中第一名胜虎丘。堤成之后,白居易因眼疾日剧,加之坠马伤腿,离任返回洛阳,苏州万民空巷,聚集山塘水码头,含泪为白居易送行。白居易为官清廉,随船无银无物,仅带苏州的白莲花数株、太湖石数块,回洛阳移植,点缀家园,以寄托自己对苏州的情思。现在我们漫步在修复的山塘街上,走到古码头旁,眼前仿佛还会出现"苏州十万户,尽作婴儿啼"的感人场景,心中默默祈祷白刺史清廉为官的风范永远在苏州绵延。

千百年来,吴中清官没有被百姓忘却,反而代代相传,名垂青史,这与清官自身的品行和人格魅力是密不可分的。下文谨举数例作一管窥。

况钟(公元1383年—公元1442年),字伯律,号龙冈,别号如愚,江西靖安人。任苏州知府十三年,为民请愿、整顿吏治、打击强暴、减免赋税、兴学礼士、治水救灾,政绩卓著,是一位饮誉苏州、备受百姓爱戴的清官。

况钟自幼聪颖,且懂事能干,读书刻苦,本想科举进取,光耀门楣,可最终事与愿违。况钟二十四岁时,靖安县令发现况钟的文章文理通畅,书法端正,极为赏识,选为书吏,一任就是九年。况钟办事练达,毫无差错,吏部考绩,成绩突出,破格升为礼部仪制司六品主事。任职九年,勤谨廉洁,又获

"贤劳著称"的美名。

宣德五年（公元1430年），况钟经礼部尚书胡淡等举荐，出任苏州知府。况钟到任后，除弊兴利，不遗余力。他首先惩办奸吏，裁汰冗员，一举撤免庸懦无能的官吏孙福等十余人，全面推行"益国利民"的惠政。他还大力倡修水利，减重赋，废苛捐，招复流民。

况钟执法公平，清积案，平冤狱。他每日轮治一县事，未及一年，就勘问过轻罪重囚一千多名，使吏不敢为奸，民无冤抑。况钟得到一府七县广大民众的爱戴，大家呼之为"况青天"！

况钟治苏九年任满，例应上调朝廷，苏州府士民张翰等一万三千人联名向直隶巡抚按察使张文昌上书，恳请其转奏朝廷，乞求况钟连任。明英宗朱祁镇准奏，况钟以正三品按察使衔留任苏州。况钟生活简朴，三餐佐饭，仅一荤一素；身居简室，从不铺设华糜之物。他在饯别苏州父老的诗中写道："检点行囊一担轻，长安望去几多程？停鞭静忆为官日，事事堪持天日盟。"在这首诗中，况钟不仅描写了自我，而且刻画了清官的真正形象。

正统七年（公元1442年）十二月，况钟积劳成疾，卒于苏州任所，享年六十岁。他死后，苏州市民痛哭罢市。他的灵枢从运河运回故乡时，十里长堤之上站满了祭送哭奠的人群，百姓穿素戴孝，祭奠况青天。苏州百姓修况钟的衣冠冢，建况公祠，现苏州西美巷仍有故址可寻，苏州沧浪亭五百名贤祠有况钟砖刻画像和"法行民乐，任留殃迁，青天之誉，公无愧焉"的赞语。

汤斌（公元1627年—公元1687年），字孔伯，别号荆岘，晚又号潜庵，祖籍睢州（今河南睢县）。主要政绩在康熙朝，官至内阁学士、江宁巡抚、礼部尚书等。

汤斌为官一生，除著书立说、发展理学学说外，几乎所有精力都集中在河务和漕运的治理上，并注意为百姓减轻负担、赈灾救施、兴利除害，始终躬身实践儒家的"修身，齐家，治国，平天下"的民本思想，为变"满目榛荒，人丁稀少"为"盛世滋生人丁，永不加赋"作出了一定贡献。他为官清廉，至死仅遗俸银八两，连殓葬的钱都不够，可谓一代清官。

汤斌是整个清朝公认的最清的清官。他做江苏巡抚时，发现儿子吃了只鸡，就痛斥说，要吃回老家河南山里去吃，那里便宜，苏州菜市的鸡这么贵，能随便吃吗？儿子已经三十四岁，听他训斥，不敢说话。汤大人带头不吃鸡，只在衙门后院种点青菜吃。据说汤夫人也没什么华贵衣服，旧衣上常"棉絮飞出"。江苏官场上的奢侈风气，就这样被这个河南人镇住了。

汤斌外号"豆腐汤"，意思是这个巡抚只吃得起价格便宜的豆腐，买不

起肉。其实，他不仅是一个自己不愿多吃肉的朴素生活者，也是一个不肯多动用朝廷和民间税金的清官。他敢于在康熙皇帝南巡苏州时，不像其他地方的许多官员那样，专门动用人力物力去修路扩路开"御道"，理由是如此一来，要拆除大批民房，老百姓负担太重。康熙皇帝获知，嘉许他是真正的"爱民如子"。

汤斌离任时，苏州百姓罢市三天挽留，聚哭辕门，数万人焚香送别。据说，他离任时带走的，仅是一部《二十一史》书籍，因为当时苏州出版业发达，买书"吴中价廉"，所以他才买了带回老家。除了沧浪亭，苏州胥门接官厅也有"民不能忘"石牌坊，民不能忘的人，就是这个汤斌。

张伯行（公元 1651 年—公元 1725 年），字孝先，号恕斋，晚年又改号敬庵。仪封（今河南兰考）人。在清朝康熙年间，他是一位名闻朝野的清官。

张伯行自幼即聪敏好学,受父亲、祖父的影响,品行也很高。他十三岁时就通读了四书五经。康熙二十年,即公元1681年,张伯行考中了举人,四年后中殿试三甲八十名,赐进士出身。康熙三十一年,即公元1692年,补授内阁中书,从此步入仕途。张伯行做官虽晚,但他任官始终忠于职守,克勤克俭,因而声名闻于天下,不但康熙皇帝对他多次表彰、擢升,百姓也称赞他是"天下第一清官"。

康熙四十五年(公元1706年),张伯行升任江苏按察使。按照当时的官场旧例,新任的官员要给巡抚、总督等上司送礼,以示尊敬,也表示请求以后关照提拔,大概需要白银四千两。但张伯行秉性耿直,从不巴结上司,对此腐败风气深恶痛绝,他说:"我为官,誓不取民一钱,安能办此!"拒绝送礼。不但如此,在任内,他还尽力革除地方弊病,整顿吏治,因而得罪了总督和巡抚,常受到他们的排挤。第二年的正月,康熙皇帝南巡到达江苏,在苏州谕令总督和巡抚举荐贤能的官员。在举荐的名单中,康熙皇帝没有看到已闻名朝野的张伯行,就对总督、巡抚训斥道:"朕听说张伯行居官清廉,是个难得的国家栋梁之才,你们却不举荐!"说完又转向张伯行:"朕很了解你,他们不举荐你,朕举荐你。将来你要居官而善,做出些政绩来,这样天下人就会知道朕是明君,善识英才;如果贪赃枉法,天下人便会笑朕不识善恶。"康熙当场破格升张伯行为福建巡抚。

康熙四十八年(公元1709年),张伯行奉旨调任江苏巡抚,福建的百姓痛哭相送,如失青天。赴任后,张伯行立即发布檄文《禁止馈送檄》,严禁下属馈送钱物,以整顿当时日益盛行的贪腐之风。文中写道:"一黍一铢,尽民脂膏。宽一分,民即受一分之赐;要一文,身即受一文之污。"平常公务也杜绝礼品,不受一分一毫。有的州县官吏为了考科成绩,以利升迁,不顾百姓困苦,任意加重赋税,百姓不堪忍受。张伯行果断地废除了许多苛捐杂税。

张伯行和总督的矛盾很深,备受压制,康熙四十九年(公元

1710年),张伯行以病为由请求退休。康熙爱惜人才,不准他退休。张伯行只好忍辱负重,继续任职,为民为国尽力。康熙五十年(公元1711年),江苏乡试发生了作弊案,副主考赵晋内外勾结串通,大肆舞弊,发榜时,苏州士子大哗。康熙皇帝命令张伯行、噶礼同户部尚书张鹏翮、安徽巡抚梁世勋会审此案。由于牵涉到总督噶礼受贿银五十万两,案子错综复杂,审理一个多月竟然没有任何结果。张伯行愤而上奏弹劾噶礼。噶礼买通官吏,得到张伯行的弹劾奏稿,捏造事实反过来诬告张伯行。主审官畏惧噶礼的权势,逢迎巴结,案情无法审结。康熙无奈中只得下令:张伯行与噶礼解任,再命主审官审理。百姓听到消息之后罢市抗议。最后,案子结果下来,竟然是噶礼免议,张伯行革职治罪。康熙皇帝痛斥大臣们是非颠倒,然后亲降圣旨:张伯行留任,噶礼革职。消息传出,江苏官民额手相庆,纷纷写下红幅贴在门旁:"天子圣明,还我天下第一清官。"

雍正皇帝即位后,对张伯行也很敬重,军国大事都听从他的建议。雍正元年(公元1723年)的九月,升张伯行为礼部尚书。两年后,即公元1725年的二月十六日,一代清官张伯行不幸病逝,享年七十五岁。皇帝赐谥号"清恪",意思是为官清廉,恪勤职守,很精确地概括了张伯行的一生。

陈鹏年(公元1663年—公元1723年),字北溟,谥恪勤,湖南湘潭人。公元1691年中进士。历任地方官,为官耿介忠直,廉洁爱民,有"陈青天"之称。著有《道荣堂文集》。

陈鹏年自幼聪颖好学,四岁就能背诵唐诗,九岁作《蜻蜓赋》上千字,被亲友誉为神童。康熙三十年(公元1691年),陈鹏年中进士,授浙江衢州府西安县知县,时年二十八岁。据史料记载,陈鹏年历任淮安府山阳县知县、海州知州、江宁知府、苏州知府。陈鹏年在苏州为官虽然仅两年,却做了几件深入人心的事。公元1705年,陈鹏年就职江宁知府期间,曾被两江总督阿山诬劾,去官下狱,但由于南京市民的抗议和商店罢市,冤案得到平反,重新来

到苏州做官。《碑传集》七十五卷载有以下一段文字："公至苏州府……特大书'求通民情，愿闻己过'八字于府治之门，视事未一月，决遗滞狱三百余案，革除钱粮耗羡，严滥差，戒奢侈，驱流娼，惩赌徒、讼师、拳勇、匪类，籍其民，朔望令至乡约所跪而听讲，民风为之一变。"陈鹏年任苏州知府时，吴中连遭水旱，饥馑又至，时疫流行。陈鹏年每日公事毕，即操舟遍历村墟询疾苦，设法赈救，公费不足，劝富户出粟以赈灾民，又疏浚城河，以利贫民。陈鹏年精通医术，见荡里村和黄天荡周边其他村庄水情和疫情严重，便亲自为村民诊脉，给药治疫，有五百余家被救活，村中老幼皆呼之为"陈阿爹"。村民感其恩，乃立祠建庙。

据史料记载，陈鹏年初任苏州知府时，因江宁知府任上诬劾事件倍感失意，遂于重游虎丘时写下了两首《重游虎丘》诗：

  雪艇松龛阅岁时，廿年踪迹鸟鱼知。
  春风再扫生公石，落照仍衔短簿祠。
  雨后万松全逦匝，云中双塔半迷离。
  夕佳亭上凭栏处，红叶空山绕梦思。

  尘鞅删馀半晌闲，青鞋布袜也看山。
  离宫路出云霄上，法驾春留紫翠间。
  代谢已怜金气尽，再来偏笑石头顽。
  楝花风后游人歇，一任鸥盟数往还。

第一首诗中"云中双塔半迷离"句，当是指遥望所见城中双塔,而不是说虎丘山上有双塔。不料这两首诗后来竟成为了江南总督噶礼密奏弹劾的"罪证"。

噶礼将两首诗全文抄录,逐句批注,认为这是反诗。例如"代谢已怜金气尽"本是讲的秋天的衰飒气象,而噶礼却说"金气"是指大清的气数,这句是说大清气数将尽,岂非严重的反诗?"一任鸥盟数往还"的"鸥盟"本是诗人常用的词语,与鸥盟往还,就是向往退隐生活的意思,噶礼则说这是暗指在台湾反清的郑经(郑成功的儿子)政权,陈鹏年是要和他们往还勾结(其实陈鹏年写这诗时,施琅已经把台湾收复了)。其他各句,也用类似的方法分析批注。噶礼以为这次铁案如山,肯定能把陈鹏年整死。

没料到的是康熙皇帝没有接受他的诬告,说:"诗人讽咏,各有寄托。岂可有意罗织以入人罪?"陈鹏年算是逃过了一关。后来,袁枚把这两首诗和这事的始末,记入了他的《随园诗话》。

苏州虎丘山风景名胜区立有陈鹏年的碑,碑文上除了刻有他个人的生平简介外,还刻录这两首著名的"反诗"《重游虎丘》。虎丘山风景名胜区为陈鹏年立碑,一来纪念这位苏州历史上的名人,二来也可以让后人更好地学习陈鹏年"清廉、慎言、勤事"的精神。

陈鹏年于公元1721年任河道总督,公元1722年兼任漕运总督。康熙六十年(公元1721年)黄河决堤,陈鹏年在治理河南武陟县马营口河道工程中,亲临工地,洞察积弊,整顿河务,最终因操劳过度,积劳成疾,雍正元年(公元1723年)殁于职守,终年六十一岁。苏州百姓没有忘记他,特意在葑门外黄天荡边的荡里村为他建庙塑像,名"陈公庙",俗称"陈太爷庙",祭奠香火不绝。

戏剧作品中的循吏形象代代相传

金代诗人元好问的《薛明府去思口号》也是大力称颂清官的,诗云:"能吏寻常见,公廉第一难。只从明府到,人信有清官。"突出肯定了清官公正廉洁的一面。而百姓对清官更是奉之若神明,虽历代统治者总是标榜吏治都是"明镜高悬",可实际上贪官纵横,他们为非作歹,收受贿赂,敲诈勒索,草菅人命。民间流传的"三年清知府,十万雪花银"就是很典型的写照。当百姓们遇到生活简朴、廉洁奉公、清白有为、为民请命的清官时,就会欢呼雀跃,感恩戴德。老百姓总希望人间没有不平之事,希望安居乐业、生活富庶,希望清官能铲除一切邪恶,希望政治清明、吏治清明。从大量古代的文学、戏剧作品所塑造的清官形象中,不难体会到这一点,这些艺术形象身上寄托了百姓的理想、意愿。

宋代话本中就有一些公案类的内容,用塑造清官形象的方式明辨是非,伸张曲直。元代杂剧中这类内容就更多了。关汉卿的一些剧作揭露了社会的黑暗和统治者的残暴,反映了人民的苦难。在恶势力和人民群众的冲突中,关汉卿的态度十分鲜明,他笔下的贪官污吏、流氓恶霸在开始时气焰嚣张,不可一世,但是最后却逃不出正义的惩罚。关汉卿把自己的理想就寄托在清官的身上,剧中被压迫人民的冤屈,就是靠清官的力量得以申冤的。

关汉卿剧中有《包待制三勘蝴蝶梦》和《包待制智斩鲁齐郎》两本清官戏。前者写王老汉的三个儿子为父报仇,打死皇亲葛彪,包公在判案时,王妻自愿以三子中自己亲生的一个抵罪,包公深受感动,以自己的权力保护他们,宣布三人无罪释放。后者写权贵鲁齐郎抢夺银匠李四之妻,见六案孔目张珪之妻有几分姿色,又强行霸占,迫使两家妻离子散,包公设计斩了鲁齐郎,复使两家重又团圆。两剧塑造的清官包公形象,也可以体现出百姓对清官的崇敬。

元杂剧中较有名的无名氏的《陈州粜米》和李行道的《灰阑记》都刻画了清官包公明断是非、铁面无私、为民除害、为民申冤事迹,尤为百姓喜闻乐见。

明代李春芳的《海忠介居官公案》是明代万历年间的剧本,刻画清官海瑞在淳安知县任上所审案件时执法如山、平反冤狱的事迹。全书记录了七十一个案件,虽然大部分是虚构的,但也说明当时的百姓是把理想寄托在海青天身上的。

清初朱素臣的传奇《十五贯》,刻画清官况钟在苏州知府任,深入调查、为民申冤的事迹,流传很广。新中国成立后,苏剧《十五贯》更加生动形象地塑造了况钟这一为民申冤、主持正义的清官形象,虽然舞台上展示的况钟形象是艺术加工过的,却使清官的形象更加深入人心。

此处所举的清官是从浩浩史书中的《循吏传》中遴选出来的吴中有代表性的历史人物,他们生活在不同的朝代、不同的环境之中,或建功于开国之初,或出仕于兵荒马乱之际,或立业于开明盛世,或受命于外患严重之时,或身处腐败朝廷之下,可他们在民间都享有很高的"廉名"。

他们接受的是儒家的仁政爱民的思想,并在自己的官任上努力地去实践这一儒家的信条;他们认真地做着有益于民生的事情,如赈灾济民、为民申冤。他们竭尽忠贞,为朝政民生而忧虑;他们厉行节约,清正廉明,居功而不自傲,宁死亦不折节;他们不怕权贵,为民请愿,勤政爱民,被百姓呼为"清官"。这一切,就是清官的魅力。

我们今天谈古代清官的事迹,为的是弘扬传统文化中的循吏清官的优秀品行,从他们身上借鉴立身处世的法宝,从而使今天的公仆为民服务,一切能出于公心,持以正义。

参考文献:

1. (西汉)司马迁:《史记》,上海古籍出版社1998年版。
2. (清)张廷玉等:《明史》,中华书局1990年版。
3. 赵尔巽等:《清史稿》,中华书局1990年版。
4. 黎文琦:《元杂剧赏析》,甘肃人民出版社1988年版。

红楼艺术人物篇

画梁春尽落香尘

——秦可卿的风情与忧虑

《红楼梦》是十八世纪中国封建社会的一面镜子,自问世以来即得到广泛的传播,具有极高的艺术声誉、震撼人心的思想深度和艺术魅力。红楼梦之梦源自于小说第五回的贾宝玉游太虚幻境之梦,而这梦的牵头人就是作品中虽着墨不多却极为重要的"金陵十二钗"之一——秦可卿。

曹雪芹精心塑造了他心目中现实与理想相结合的女性秦可卿。在现实生活中,她是宁国府贾蓉之妻,是营缮郎秦业年老无子时从收养弃婴的养生堂中抱养的女儿。她小名可儿,官名兼美,形容袅娜,性格风流,生性忧郁,洞察敏锐。贾母认为她"生得袅娜纤巧,行事温柔和平",乃"重孙媳中第一得意之人"。为送弟弟秦钟入贾府家塾求学,她巴结王熙凤,冀弟弟能学业有进益,成名可望。在腐朽堕落的宁国府中,她只能屈从于封建势力,作者用曲笔写了其因红颜美色而与贾珍有风月之情。她临死前托梦王熙凤,提出"能于荣时筹划下将来衰时的世业",充分表现出她对封建家族命运的担忧和预感。

在太虚幻境中,秦可卿就是警幻仙子,引贾宝玉入游太虚幻境之梦。作者用浪漫主义的手法,在所创造的以女性为中心的太虚幻境这个理想王国里,让贾宝玉领略仙境和人生追求的境界,秦可卿飘然化为警幻仙子,通过贾宝玉翻阅金陵十二钗正副册和聆听红楼梦十二曲,向读者预示了作品中主要人物的性格和命运,又通过警幻仙子向贾宝玉讲解"意淫"之意和让其妹(实际仍然是警幻仙子)与宝玉共同领略云雨之情,来表现比林黛玉和薛宝钗更胜一筹的警幻仙子的风情。秦可卿是作者塑造的一个复合、复杂和典型的人物。

秦可卿是一个复合型的人物

首先我们可以从情节入手。秦可卿的出场,作者安排在作品的第五回"贾宝玉神游太虚境,警幻仙曲演红楼梦",宁国府园内梅花盛开,宴请贾母等荣国府眷属,贾宝玉因游玩倦怠,贾母盼咐,引入秦可卿闺房:

> 刚至房中,便有一股细细的甜香。宝玉此时便觉眼饧骨软,连说:"好香!"……"这里好,这里好!"秦氏笑道:"我这屋子,大约神仙也可以往得了。"……那宝玉才合上眼,便恍恍惚惚的睡去,犹似秦氏在前,悠悠荡荡,跟着秦氏到了一处。但见朱栏玉砌,绿树清溪,真是人迹不逢,飞尘罕到……早见那边走出一个美人来,蹁跹袅娜,与凡人大不相同。有赋为证:
>
> 方离柳坞,乍出花房。但行处,鸟惊庭树;将到时,影度回廊。仙袂乍飘兮,闻麝兰之馥郁;荷衣欲动兮,听环佩之铿锵。靥笑春桃兮,云髻堆翠;唇绽樱颗兮,榴齿含香。盼纤腰之楚楚兮,风回雪舞;耀珠翠之的的兮,鸭绿鹅黄。出没花间兮,宜嗔宜喜;徘徊池上兮,若飞若扬。蛾眉欲颦兮,将言而未语;莲步乍移兮,欲止而仍行。羡美人之良质兮,冰清玉润;慕美人之华服兮,闪烁文章。爱美人之容貌兮,香培玉篆;比美人之态度兮,凤

蠢龙翔。其素若何:春梅绽雪;其洁若何:秋蕙披霜。其静若何:松生空谷;其艳若何:霞映澄塘。其文若何:龙游曲沼;其神若何:月射寒江。——远惭西子,近愧王嫱。生于孰地?降自何方?若非宴罢归来,瑶池不二;定应吹箫引去,紫府无双者也。

作者用了250个左右的字细致入微地描写独具风情的警幻仙子,描写其心目中理想的女性。这段内容无疑是作者对女子尽善尽美的理想追求,超然于作者在作品中所塑造的所有人物之上,非林黛玉、薛宝钗等所能比较,所以脂砚斋批语曰:"此梦文情固佳,然必用秦氏引梦,又用秦氏生梦,又用秦氏出梦。妙!"秦可卿的确是作品中一个很神秘的人物,以梦开始,临死托梦给王熙凤,又以梦结束。在太虚幻境,警幻仙子首先引领宝玉到薄命司中翻阅金陵十二钗正副册,让宝玉了然大观园女子的命运,费解的诗画均有所指,这也是作者精心构思的人物命运的揭示,是整部作品的点睛之笔。十四首诗的核心为"情"字,最后的诗与画就是秦可卿的悲剧写照:"一座高楼,上有一美人悬梁自尽。其判云:情天情海幻情深,情既相逢必主淫;漫言不肖皆荣出,造衅开端实在宁。"情为何物?却为情累,风情万种的秦可卿最后也落得一个为情所累的结果,情场悲剧,一切成空。"情"为可卿之情,也是梦幻之"情"。

秦可卿是一个复杂的人物

我们可以从人物的命运入手分析人物形象。曹雪芹创作《红楼梦》时,"披阅十载,增删五次",在此过程中,对秦可卿这一特殊人物的命运前后有所变化,甲戌本《脂砚斋重评石头记》脂评记载,小说第十三回原来的回目为"秦可卿淫丧天香楼",脂评曰:"因有魂托凤姐贾家后事,故赦之,因命溪芹(曹雪芹)删去。"可见对于秦可卿这个人物,作者在塑造过程中也起了变化,最初秦可卿的结局是因与贾珍的风月之情败露而悬梁天香楼,而后改为生病而死。这一创作过程本身就是多复度的,所以我们对人物的理解也应是多角度的。在人物塑造过程中,作者怀着对女子悲惨命运的同情,将秦可卿的结局作了改变。作者让秦可卿临死托梦王熙凤,献"家计长策",实际上已经改变创作初衷,让其成了一个"补天式"的人物。就如同列夫·托尔斯泰塑造安娜·卡列尼娜一样,作者原来将安娜塑造成一个上流社会中堕落的女子,但是随着创作的深入,人物命运的展开,不知不觉改塑成了一个受人同情的时代牺牲品,同时寄予了作者极大的同情。曹雪芹最后也将秦可卿改塑为"为情所累,殚尽思虑"而病终的弱女子形象。但作品中仍然留下了前期对人物的情节描写,以《红楼梦十二支曲·好事终》为证。"画梁春尽落香尘。擅风情,秉月貌,便是败家的根本。箕裘颓堕皆从敬,家事消亡首罪宁。宿孽总因情!"这首写秦可卿的曲子中显然有悬梁天香楼的痕迹。《红楼梦》的主要内容是封建家族"家事消亡"的过程和"箕裘颓堕"的结局,至此不难从秦可卿的曲子中领悟到什么,但这是否归罪于秦可卿呢?"宿孽总因情",情是一笔孽债,因果报应由情起,由情灭,现实与理想总是有距离的,封建制度是无情的,作者表现的只能是对现实的无可奈何,美好的感情只能在太虚幻景中。作者借警幻仙子说出了自己至高无上的爱情观:

> 宝玉至一香闺绣阁中。其间铺陈之盛,乃素所未见之物。更可骇者,早有一位仙姬在内,其鲜艳妩媚,大似宝钗;袅娜风流,又如黛玉。正不知是何意,忽见警幻说道:"尘世中多少富贵之家,那些绿窗风月,绣阁烟霞,皆被那些淫污纨裤与流荡女子玷辱了;更可恨者,自古来,多少轻薄浪子,皆以'好色不淫'为解,又以'情而不淫'作案,此皆饰非掩丑之语耳:好色即淫,知情更淫。是以巫山之会,云雨之欢,皆由既悦其色、复恋其情所

致。——吾所爱汝者,乃天下古今第一淫人也!"

宝玉听了,唬的慌忙答道:"仙姑差了:我因懒于读书,家父母尚每垂训饬,岂敢再冒'淫'字?况且年纪尚幼,不知'淫'为何事。"警幻道:"非也。淫虽一理,意则有别。如世之好淫者,不过悦容貌,喜歌舞,调笑无厌,云雨无时,恨不能天下之美女供我片时之趣兴:此皆皮肤滥淫之蠢物耳。如尔则天分中生成一段痴情,吾辈推之为'意淫'。惟'意淫'二字,可心会而不可口传,可神通而不能语达。汝今独得此二字,在闺阁中虽可为良友,却于世道中未免迂阔怪诡,百口嘲谤,万目睚眦。"

接着警幻仙子又将房中仙姬其妹乳名兼美字可卿者许配于宝玉,授其云雨之事,引入一所香闺绣阁中,宝玉与可卿未免作起儿女之事。对兼美的形象,作品未作描写,从中我们不难推断秦可卿官名亦为兼美,则此处警幻仙子又化作兼美,三而合一。此亦作者良苦用心,借太虚境中的警幻对宝玉大谈"意淫",称"宝玉为天下第一淫人",这可以看作是作者爱情观的曲折表述,"可心会而不可口传,可神通而不能语达"的一种心灵感应不正是贾宝玉和林黛玉的爱情吗?这体现了作者内心所产生的现实与理想的矛盾,作者目睹了太多的封建制度下的没有爱情的人生,没有爱情的悲剧,秦可卿就是一个典型的感情悲剧人物,只有兼美与宝玉灵与肉的结合才是作品追求的人间真爱,几多悲叹流露于作者的笔端,我们只能从复杂的角度去解读。

秦可卿是一个典型的人物

秦可卿是一个有真情真爱、身世可怜可叹的封建社会中"红颜薄命"的典型人物,她嫁到宁国府后面对的是一群令人很失望的人。宁国府在作品中出现时就已经呈现出衰败的景象,一蹶不振,书中描写了宁国府中的三代人:贾敬"一心想做神仙",炼丹修养,祈求长生不死;贾珍"只一味高乐不了",吃喝嫖赌,"不成事体";贾瑞以"斗鸡走狗,赏花阅柳为事",干一些"没脸面,没王法,败家破业的营生",跟王熙凤也要调情骂俏,使得"长房里灭绝无人"。作品让荣国府经历盛极而衰的过程,最后的命运与宁国府一样,"落了片白茫茫大地真干净"。从刘姥姥一进大观园后,作者就集中笔力展示宁国府,围绕秦可卿这个中心人物,从宁国府设宴,宝玉会秦钟(秦可卿的弟弟),秦可卿设法让其弟进贾府家学读书,送秦钟焦大醉骂等情节,展现宁国府的腐败堕落。从焦大所言:"如今生下这些畜生来!每日偷鸡戏狗,爬灰的爬灰,养小叔子的养小叔子,我什么不知道?"引出贾珍与秦可卿不成体统的风月之事,揭示宁国府糜烂的生活。接着就写秦可卿的"病"和死以及出丧的情节。秦可卿一病不起,据张太医诊病穷源,认为秦氏是心性高强、聪明不过的人,但是她又聪明太过,则不如意事常有,不如意事常有,则思虑太过,故"此病是忧虑伤脾,肝木忒旺"。到了庆寿辰宁府排家宴时,秦氏已经病得很重,王熙凤和贾宝玉来看她时,她拉着王熙凤的手强笑道:"这都是我没福:这样的人家,公公婆婆当自家的女孩儿似的待……"对于这一段话的理解,得透过现象看其本质,表现了秦可卿的失望、绝望。宁国府表面上的"诗礼之家",实质上的矛盾重重使秦可卿这一人物在典型的环境中体现出她的典型性格,其病态的社会和环境也造就了病态的人物。所以作者面对现实中的秦可卿是痛苦的,让其最后的登场是托梦王熙凤,将这一人物无奈地放入梦中,给以一个美好的结局:

> 凤姐方觉睡眼微蒙,恍惚只见秦氏从外走进来,含笑说道:"婶娘好睡!我今日回去,你也不送我一程。因娘儿们素日相好,我舍不得婶娘,故来别你一别。还有一件心愿未了,非告诉婶娘,别人未必中用。"
>
> 凤姐听了,恍惚问道:"有何心愿?只管托我就是

了。"秦氏道:"婶娘,你是个脂粉队里的英雄,连那些束带顶冠的男子也不能过你,你如何连两句俗语也不晓得?常言:'月满则亏,水满则溢',又道是:'登高必跌重'。如今我们家赫赫扬扬,已将百载,一日倘或'乐极生悲',若应了那句'树倒猢狲散'的俗语,岂不虚称了一世诗书旧族了?"凤姐听了此话,心胸不快,十分敬畏,忙问道:"这话虑的极是,但有何法可以永保无虞?"秦氏冷笑道:"婶娘好痴也!'否极泰来',荣辱自古周而复始,岂人力所能常保的;但如今能于荣时筹画下将来衰时的世业,亦可以常远保全了。即如今日诸事俱妥,只有两件未妥,若把此事如此一行,则后日可保无患了。"

凤姐便问道:"什么事?"秦氏道:"目今祖茔虽四时祭祀,只是无一定的钱粮;第二,家塾虽立,无一定的供给。依我想来,如今盛时固不缺祭祀供给,但将来败落之时,此二项有何出处?莫若依我定见,赶今日富贵,将祖茔附近多置田庄、房舍、地亩,以备祭祖、供给之费皆出自此处;将家塾亦设于此。合同族中长幼,大家定了则例,日后按房掌管这一年的地亩钱粮、祭祀供给之事。如此周流,又无争竞,也没有典卖诸弊。便是有罪,已物可以入官,这祭祀产业,连官也不入的。便败落下来,子孙回家读书务农,也有个退步,祭祀又可永继。若目今以为荣华不绝,不思后日,终非长策。眼见不日又有一件非常的喜事,真是烈火烹油、鲜花着锦之盛。——要知道也不过是瞬息的繁华,一时的欢乐,万不可忘了那'盛筵必散'的俗语。若不早为后虑,只恐后悔无益了!"凤姐忙问:"有何喜事?"秦氏道:"天机不可泄漏。只是我与婶娘好了一场,临别赠你两句话,须要记着!"因念道:

三春去后诸芳尽,各自须寻各自门。

这些思虑也是作者的思虑,封建大家庭的衰败是无法阻挡的,但作者考虑的是穷途末路时的生计,让秦可卿建议多置祭田,认为这样既可供祭祀与家塾之用,又可免去族人争竞或典卖,即使败家,子孙回家读书也有一个退步。秦可卿的死是一曲"红颜薄命"的挽歌,作者唱出了他们的不幸命运和作者寄予的同情。作品以秦可卿的死揭开了悲剧的序幕,并与作品中其他人物命运的隐喻征兆互相映衬,形成了作品悲剧的主旋律,使读者在下文大观园秀丽繁华、欢声笑语的景象描写中不错会作者的寓意。

　　总之,秦可卿是曹雪芹精心塑造的一个人物,掩卷而思,这一人物塑造得有新意、有创意。她是一个典型的悲剧人物,是悲剧时代的写照。秦可卿逃脱不了悲剧命运,作品中的其他女子三春、李纨、王熙凤、林黛玉、薛宝钗等同样逃脱不了。封建社会中,受到伤害最深的莫过于女子,在男人主宰的世界,弱女子无力反抗,只能逆来顺受,特别是有灵性的聪慧的年轻女子就更加痛苦,她们明白自己的处境,却抗争不过,只能招来厄运。秦可卿应该就是这样的典型。

　　"忽喇喇似大厦倾,昏惨惨似灯将尽"是作者为封建制度的历史命运所作的预言,秦可卿不是作品中的一个多余人物,而是作者的代言人,为作者揭示了作品的主题。人物的积极意义也是显而易见的,秦可卿的风情与忧虑是一对痛苦的矛盾体,作者用创新的艺术手法塑造人物,探求人生真谛,精美的人物画卷让人目不暇接。有人曾这样比喻:宝、黛、钗,如三潭印月;探、湘、琴,似苏堤春晓;平、袭、鹃,像南屏晚钟;再睹贾母、熙凤、王、薛、政、赦、珍、琏、蟠,还有尤氏、秦氏、晴雯、焦大,更是一言难尽。乐耳!悲耳!怒也!恶也!

　　《红楼梦》是我国古典文学的一座大山,自己入山不深,所见自浅,真是说不尽、道不完的《红楼梦》……

独卧青灯古佛旁
——惜春的心冷与了悟

元春、迎春、探春和惜春是曹雪芹在《红楼梦》中塑造的四位女性。她们都是薄命司金陵十二钗中的可悲女儿。按名字依次排列为"原(元)应(迎)叹(探)息(惜)",即暗寓"原本应该叹息"之意。她们的取名是因为都出生于春季,按初春到晚春顺序排列:大小姐元春生于大年初一,二小姐迎春生于立春,三小姐探春生于上巳日(三月初三),四小姐惜春生于芒种。在"四春"的形象塑造中,作者着墨最少的是惜春,笔者认为曹雪芹是借这一人物表现自己对当时社会的真实感受,腐朽的社会让作者彻底心灰意冷,唯一的出路只能是消极遁世,这是一种无可奈何的心态。所以,作者寄托在这一人物身上的内涵值得我们关注。此处拟从惜春的心冷意冷到了悟遁世来分析、研究这一人物的意义。

环境造就惜春的心冷意冷

惜春是贾敬之女,贾珍之胞妹,宝玉之堂妹。因父亲贾敬一味好道炼丹,别的事一概不管,而母亲又早逝,故没有父母怜爱,养成了孤僻冷漠的性格。贾母"极爱孙女,都跟在祖母身边",让她居住在荣国府,这是第二回"冷子兴演说荣国府"中交代的。第三回,作者通过黛玉的眼睛,只写她"身量未足,形容尚小"。元春省亲时,贾府建造大观园,第二十三回惜春奉元春之命进大观园并居住在蓼风轩。蓼风轩在大观园西部,紧邻水池中央的藕香榭。往南穿过夹道,东西有"穿云""度月"石匾的过街门楼。秋爽斋在其南,隔河相对,其西南有芦雪庵,暖香坞为惜春卧室。惜春从小失去了父母的爱护,是一个命苦的"小姐"。而惜春一生的命运结局,在第五回"警幻仙曲演红楼梦"中的"金陵十二钗"正册中已作了预示:

　　　后面便是一所古庙,里面有一美人,在内看经独坐。
其判云:
　　　堪破三春景不长,缁衣顿改昔年妆;
　　　可怜绣户侯门女,独卧青灯古佛旁。

《虚花悟》曲又写道:

　　　将那三春看破,桃红柳绿待如何?把这韶华打灭,觅那清淡天和。说什么天上天桃盛,云中杏蕊多。到头来,谁见把秋捱过?则看那,白杨村里人呜咽,青枫林下鬼吟哦。更兼着,连天衰草遮坟墓,这的是,昨贫今富人劳碌,春荣秋谢花折磨。似这般,生关死劫谁能躲?闻说道,西方宝树唤婆娑,上结着长生果。

　　除了判词和《虚花悟》曲之外,《红楼梦》中还有多次暗示性的描写,表明惜春最终是出家修行。例如,同小尼姑智能儿玩耍时,她曾说过将来剃了头发出家修行;第二十二回"制灯谜贾政悲谶语"中,惜春写的灯谜是:"前身色相总无成,不听菱歌听佛经。莫道此生沉黑海,性中自有大光明。"这谜底是"佛前海灯",含有看破红尘、遁入空门之意。

　　同众姊妹相比,惜春不善于诗词一道,全部小说中除了那首"佛前海灯"之谜外,惜春只在题大观园时写了一首《文章造化》,诗意平平。但是惜春仍属有才之辈,此才主要表现在绘画方面,她被贾母指定画大观园,其全景图就是她费尽心血而画成的。黛玉、香菱看她画《大观园图》,"凡会作诗的都画在上头"了。惜春与栊翠庵的妙玉最合得来,有时到妙玉处下棋,在棋艺方面算是不错的。在金陵十二钗中,除了巧姐外,惜春年龄最小,性情孤介,对繁华的生活十分冷漠。她目睹了贾府腐朽丑恶的一幕幕情景,从小就看透这世间原本空无。在这一点上,她比黛玉要清醒些,黛玉常常垂泪到天明,只有惜春说黛玉就是独那事想不开。言下之意,不就是个情关嘛,何必呢!她对世间这些钱权情爱浑不放在心上,觉得不过是些俗事,何必理会那许多,自寻烦恼。姐妹们结社也没有见她参与。她有着毫不关心他人的孤僻冷漠的性格,犹如寒冬般清冷,尤氏称她是个"心冷嘴冷的人",她的处世哲学是"我只能保住自己就够了"。

第七十四回"惑奸谗抄检大观园,避嫌疑杜绝宁国府"中的一段是最能反映惜春这一人物的性格特点的。抄检大观园时,她的态度与探春形成了鲜明的对比。凤姐带着一班人搜查探春处时,"探春道:我的东西,倒许你们搜阅;要想搜我的丫头,这不可能!"而凤姐、王善保家的一行人到了蓼风轩惜春那儿搜查时,惜春开始是"吓的不知当有什么事",放手让来人搜查。可偏偏在她的丫鬟入画的箱子里发现了"违禁品"。"谁知竟在入画箱中寻出一大包银锞子来,约共三四十个……又有一副玉带版子,并一包男人的靴袜等物。"入画跪下哭诉真情,说:"这是珍大爷赏我哥哥的。"惜春是知道凤姐等人的厉害的,所以见此更加害怕,便说:"我竟不知道,这还了得!二嫂子要打他,好歹带出他去打罢,我听不惯的。"惜春的确是推卸责任,事不关己,高高挂起,胆小害怕。惜春的"冷"在抄检大观园这一突发事件中暴露无遗。"我竟不知道"是先将自己洗刷干净。"这还了得"是肯定入画的问题十分严重。"要打他,好歹带出他去打罢"这是把入画交出去,听凭处置。总而言之,意思是我和入画毫不相干,只要你们不来找我的麻烦,怎么处置入画都可以。作者这样来写惜春是合乎情理的,惜春急于把入画交出去的心情我们可以体会,按照贾府的规矩,奴仆的私情就是犯罪,奴仆私自收藏、传递东西也是犯罪。至于主子像贾琏那样和鲍二家的通奸,那倒是没有什么关系。即使真是贾珍赏给入画哥哥的东西,入画也犯了贾府的规矩,凤姐是不会善罢甘休的。凤姐说:"只是真赏的,也有不是,谁许你私自传送东西呢?你且说是谁接的,我就饶你。"惜春自然是知道轻重的:"嫂子别饶他,这里人多,要不管了他,那些大的听见了,又不知怎么样呢。嫂子要依他,我也不依!"凤姐的确是不依不饶,假惺惺地说:"素日我看他还使得。谁没一个错!只这一次,二次再犯,两罪俱罚。——但不知传递是谁?"惜春要息事宁人,主动举报:"若说传递,再无别人,必是后门上的老张。他常和这些丫头们鬼鬼祟祟的,这些丫头们也肯照顾他。"紧接着书中还续上一段余波,把惜春的"冷"写得足足的。可巧尤氏来看凤姐,惜春得信,就遣人来请,将昨夜之事细细告诉了,省得背地里被别人议论,咬定牙,要求尤氏带走丫鬟入画。这便是尤氏和惜春的一番争执。因为入画本是宁国府那边来的,惜春先责怪尤氏"管教不严";接着是要尤氏把人带走;最后表示,"或打,或杀,或卖,我一概不管"。入画听说,跪地哀求,百般苦告。尤氏一时不解:"他不过一时糊涂,下次再不敢的。看他从小儿服侍一场。"惜春此时积压在心头的话语一下子迸发出来了:"不但不要入画,如今我也大了,连我也不便往你们那边去了。况且近日闻得多少议论,我若再去,连我也编派。""我一个姑娘家,只好躲是非的,我反寻是非,成个什么人了!况且古人说的,'善恶生死,父子不能有所勖助',何况你我二人之间。我只能保住自己就够了。以后你们有事,好歹别累我。"显然,她的冷僻性格是由环境的冷漠促成的。惜春承认自己心狠,但她有她的理由:"不作狠心人,难得自了汉。"惜春以为"这些姊妹,独我的丫头这样没脸,我如何去见人",难怪尤氏说她是一个"心冷嘴冷心狠意狠的人"。令人深思的是,作者对于惜春的绝情并不是完全否定的。所谓"不作狠心人,难得自了汉",意思是说,不下狠心断绝世间的种种感情纠葛,便不能成为一个自由自在的人。作者并不因人废言,他一面不动声色地写出惜春的"心冷口冷心狠意狠",一面又肯定"不作狠心汉,难得自了汉"。应该说作者的描写是客观的,给读者的印象是惜春的这种"狠心"完全是社会环境逼出来的。

在贾府,贾母、王夫人等都对她非常冷淡,第五十四回大雪严寒之时,贾母带着一行人吃酒赏梅,却逼着惜春替她画"艳雪图"。贾母吩咐她:"不管冷暖,你要画去","第一要紧把昨儿琴儿和丫头、梅花,照模照样,一笔别错快快添上"。而薛宝琴不过是远房亲戚,却因其俏丽可人,贾母恨不能娶之为宝玉之妻,又要王夫人认作干女儿。厚此薄彼,令惜春心寒。此外,她从小目睹耳闻了贾珍等人的劣迹,再加上后来几位姐姐的下场,使她过早地看透了社会和家庭里的虚伪与肮脏。最终促使她勘破三春,披缁为尼,甚至不得不"缁衣乞食",过着悲惨、凄凉的生活。作者是赞同惜春的参悟的,实际上曹雪芹"大彻大悟"的态度也可以从脂评中找到证明。抄检大观园的这一回,针对惜春的心冷嘴冷,有脂评说:"惜春年幼,偏有老成练达之操。"

心冷促使惜春了悟遁世

惜春一生在"悟"字上颇下了点功夫,也终于悟出了一点人生的"真谛"——正如《虚花悟》曲中所唱的词儿那样。但是,惜春的"悟"不是"顿悟",而是在贾府由盛到衰中逐渐"觉悟"的。判词和曲中所说的"勘破三春",就是她的姐姐元春、迎春、探春的悲剧结局,使她认识到人生纵有"桃红柳绿"也是好景不长。

贵如元春,身为贤德妃,竟是关在那"见不得人的去处",偶有一次"省亲",也是以泪洗面,强作欢颜而已,最终逃脱不了一死的命运。元春是贾政、王夫人的长女,贾珠之妹,贾宝玉之胞姐。她贤孝才德兼于一身,性格温柔和顺,恰似温暖的春天。她对胞弟宝玉有春风化雨的师情和亲情,自入宫后,时时带信出来与父兄说:"好生扶养,不严不能成器;过严恐生不虞,且致祖母之忧。"眷念之心,刻刻不忘。元春被选入宫后不久,深得皇帝的宠爱,《红楼梦》的前半部书中围绕着元春"才选凤藻宫""加封贤德妃"及"元妃省亲"等情节,极力铺写了贾府"烈火烹油,鲜花着锦"的盛况,这段时期正是元春春风得意之时。《红楼梦》中将元春比作"桃花",暗寓"桃红又是一年春",元春当红也为贾府带来了明媚的春光。元春高居皇宫,位列天上。可惜她寿命不长,她的死是庇荫贾府大树的倾倒,桃花一谢,桃树倾倒,贾府也自然就"树倒猢狲散"了。这又是何其的悲惨无奈!

二姐迎春,一生懦弱,恰又嫁给了一得势便猖狂的中山狼,终于被虐待而早亡。迎春是贾赦与周姨娘之女,贾琏同父异母的妹妹,生得肌肤微丰,身材合中,腮凝新荔,鼻腻鹅脂,温柔沉默,观之可亲。迎春生性懦弱怕事,老实无能,人皆称为"二木头",诸般才能也低于其他姊妹,在为人处世方面,只一味退让,任人欺侮,对周围发生的矛盾纠纷,一概采取不闻不问的态度。例如"不问累金凤"中,她的首饰被人拿去赌钱,她也不予追究,别人正为此闹得不可开交之时,她却拿着一本《太上感应篇》自己看去;抄检大观园时司棋被逐,虽感于"数年之情难舍"而掉泪,但当司棋请她去说情时她却连一句话也没有,可够得上是怯懦得出奇了。迎春住在大观园的紫菱洲,因而在诗社中取别号为"菱洲"。她就像一朵盛开在夏天的菱花,然命运不济,偏偏被其父嫁给了暴戾不仁的孙绍祖,自过门后,受尽百般欺凌,生活在水深火热之中。她的命运就和同为"菱花"的香菱一样,"菱花空对雪澌澌",生不逢时,最终被其夫虐待致死。迎春又是夏柳,判词中有"金闺花柳质,一载赴黄梁",十二支曲中的《喜冤家》有"觑着那,侯门艳质同蒲柳",她没到秋天即被"中山狼"折磨而死。

三姐探春可称女中丈夫,志大才清,可又是一番风雨路三千,远嫁他乡。探春是贾政与其妾赵姨娘之女,贾环的胞姐,宝玉的同父异母妹妹。她削肩细腰,长挑身材,鹅蛋脸儿,俊眼修眉,顾盼神飞,文彩精华,见之忘俗。她诨名为"玫瑰花",就像一朵带刺的玫瑰,"又红又香,无人不爱,只是有刺扎手",因为她常对许多家务事仗义执言,据理力辩,而对坏人坏事,就像秋风归落叶一般,毫不留情,这在"探春理家"中有充分的表现。正因如此,她虽为庶出,但王夫人把她视同己出,众人也不敢小觑她,连贾母对她都深为叹服。探春住在大观园的秋爽斋,斋名充分反映了她的人品性格。她聪明能干,有心机,"才自精明志自高"是薄命司中描绘她的判词。第三十七回她发起成立海棠诗社,取别号"蕉下客",并宣称"孰谓莲社之雄才,独许须眉;直东山之雅会,让余脂粉",可见其高雅的诗情和出色的才情。在后来的"菊花诗会"中,她以一首《簪菊》让人叹服,诗中以"高情不入时人眼,拍手凭他笑路旁"来表达她具有时俗之人不理解的高尚情操。探春的命签为瑶池杏花,题着"瑶池仙品",诗云"日边红杏倚云栽",其才情品格,犹如日边红杏,美丽而高贵,其结局却如秋江上的芙蓉,哀怨东风,远嫁海番,虽有王妃的归宿,但她的亲情、她的乡思就只能是"清明涕送江边望,千里东风一梦遥"了。

三个姐姐的不幸而去,给惜春的打击非常沉重。尽管小说中没有写她如何评论,发何种感慨,但从书中的有关情节中可以看出,这位性格内向、孤僻的小姐心灵深处应是颇多感叹的。贾府虽然是国公之家,功名富贵奕世,但在内外矛盾斗争中大厦将倾,油灯将灭。惜春是亲眼目睹者,她从现实的生活中看到你争我夺的丑恶现象,这令她心灰意冷,感到生活的无趣。所以她生活中最情意相投的是栊翠庵的妙玉,她情愿独守青灯古佛旁,但她明白,要真正走这一条路也是不容易的,"不作狠心人,难作自了汉"。所谓"自了汉",就是说只能自管自身的人。所以她说:"我不了悟,我也舍不得入画了。"说这话的时候,惜春彻底心冷了,悟透了！四大家族的没落命运，三位姐姐的不幸结局，使她产生了弃世的念头，在第一百一十八回中，惜春终于下定决心，完成夙愿出家，入栊翠庵为尼。

我们可以设想：惜春趋于沉寂，枯坐破庵，一身缁衣的她偶尔抬起呆滞的目光掠过整个冬天，美丽干枯的素手无休止地翻动着浸黄的经卷。她在逃避，逃避人世间的喧嚣和实在。

众人皆醉我独醒，这就是惜春的心冷和了悟，她的出家是意料之内的事，也是出于她的自愿，所以说起来她是幸运的，因为有一种对幸运的解释就是能够最大限度地决定自己的事，毕竟惜春的结局比三春要强一些。也有人认为一个富家小姐最后与青灯相伴未免有些可惜了，但是那样的社会还有什么出路呢？贾宝玉最终不也是一去不返，遁入空门了吗？不了解她的人会说她自私冷漠，殊不知她在暗地里笑世人痴呢！

在《红楼梦》这部巨著中，泼墨很少，但是个性鲜明、形象突出、敢于抗争、了悟遁世的惜春是非常具有典型意义的。

磨砺心志，沉浮宦海
——贾雨村的仕进与蜕变

中国古典小说是文学宝库中一座雄伟的山脉，《红楼梦》是山脉中的最高峰——珠穆朗玛峰。且不论贾、王、史、薛四大家族共荣同衰的历史悲剧，不说宝玉黛玉缠绵悱恻的爱情故事，不谈"金陵十二钗"的悲欢宠辱，单一个"葫芦僧判断葫芦案"中的贾雨村，就值得我们深探细究。这个在小说中穿针引线式的人物，不仅是开启和归结红楼梦的重要角色，而且也是一个封建社会从读书仕进、追求功名的知识分子演变为封建官场见风使舵、利欲熏心的腐败官吏的典型。认识曹雪芹笔下的贾雨村对现实有警示意义。

贾雨村，姓贾名化，表字时飞，别号雨村，原系胡州人氏。"也是诗书仕宦之族，因他生于末世，父母祖宗根基已尽，人口衰丧，只剩得他一身一口，在家乡无益，因进京求取功名，再整基业。自前岁来此，又淹蹇住了，暂寄庙中安身，每日卖字作文为生。"显然，他是在姑苏葫芦庙内寄居的一个穷儒，欲求取功名，苦读苦吟，"玉在椟中求善价，钗于奁内待时飞"，后来果然平步青云。贾雨村的故事主要集中在作品前几回：第一回，士隐设宴，语村抒怀。第二回，考中得官，恃才侮上，被参罢官。在林如海家坐馆，女学生即为林黛玉；闲游巧遇冷子兴，发"正邪二气"宏论。第三回，夤缘复职，仗贾府之力谋补实缺；迎娶娇杏。第四回，乱判葫芦案，放走真凶；见门子前倨后恭，依《护官符》所示，徇私枉法，以为进身之阶。此后，再没有关于贾雨村的正面描写，但有几处重要侧笔:第三十二回,雨村来贾府,定要见宝玉,宝玉十分反感。第四十八回,讹陷坑害石呆子,抄得古扇,奉承贾赦,平儿咒骂他是"没天理的野杂种"。第五十三回,贾雨村升官,补授了大司马,协理军机参赞朝政。第七十二回,贾雨村的官职又降了。贾琏等宁可远着他,然而贾政喜欢他,时常来往。后四十回,同贾雨村相关的情节有:第九十二回,听说贾雨村降了三级,又要升了。第一百零三回,在急流津遇甄士隐,再提起英莲遭劫事。第一百零七回,贾雨村于贾府获罪之际,狠狠踢了一脚。第一百一十七回,有人见贾雨村带锁被押。第一百二十回,雨村得赦,褫籍为民,重遇甄士隐,归结《红楼梦》。

作品中关于贾雨村的笔墨不多,但是这个人物十分重要。他既是一个结构人物,甄士隐和贾雨村,书中明言此为"真事隐""假语存",隐去真事,以假语村言写成小说;也是封建社会官场不可或缺的风云变幻式的人物。贾雨村的经历可以分为三个阶段:苦读求仕阶段、沉浮宦海阶段、因果报应阶段。

苦读求仕的贾雨村是一个有抱负有情义的儒生

贾雨村困滞葫芦庙时,书中记载了两件事。一是贾雨村作为葫芦庙里的一个落魄书生,一个偶然的机会得见员外甄士隐家的丫环娇杏,贾雨村见娇杏"生得仪容不俗,眉目清秀,虽无十分姿色,却也有动人之处"。有一日掐花,娇杏猛抬头见窗内有陌生人,一时感到奇怪,便回头看了一两次。贾雨村自认为这女子心中有意于他,狂喜不尽,认定"此女子必是个巨眼英雄,风尘中之知己"。二是中秋夜贾雨村吟诗嗟叹,深得甄士隐赏识,诗云:

　　时逢三五便团圆,满把清光护玉栏;
　　天上一轮才捧出,人间万姓仰头看。

士隐听了大叫："妙极！弟每谓兄必非久居人下者，今所吟之句，飞腾之兆已见，不日可接履于云霄之上了。可贺，可贺！"乃亲斟一斗为贺。雨村饮干，忽叹道："非晚生酒后狂言，若论时尚之学，晚生也或可去充数挂名，只是如今行李路费，一概无措，神京路远，非赖卖字撰文即能到得——"士隐不待说完，便道："兄何不早，弟已久有此意，但每遇兄时，并未谈及，故未敢唐突。今既如此，弟虽不才，义利二字，却还识得；且喜明岁正当大比，兄宜作速入都，春闱一捷，方不负兄之所学。其盘费余事，弟自代为处置，亦不枉兄之谬识矣。"当下即命小童进去速封五十两白银并两套冬衣。

贾雨村得甄士隐赠金后连夜上京赴考。此时，我们看到的贾雨村还是一个气宇轩昂、抱负不凡的古代穷儒的形象。在得到甄员外"五十两银子并两套冬衣"的资助之后，他迫不及待地上京赴考，求官心理之切可见一斑。由此来看，贾雨村希望"早日得志展才华，一朝仕进飞腾达"，他磨砺心志，谋求翻身，金榜题名是他梦寐以求的人生目标，他愿意为之付出一切代价。这完全符合封建时代的知识分子对个人利益的追求，所以当他梦想成真的时候，他也会施展自己的才能，干一番事业。

可巧，"大比之期"贾雨村真的金榜题名了，捞到一个"姑苏县太爷"之职。初登仕途，他凭着少年气盛，办了几件老百姓拍手称快的大案，也得到了百姓们"赠匾"的精神鼓励。可是因为官场经验不足，得罪了权贵，不到一年，即被革职罢官，这对官瘾极强的贾雨村来说，不能不说是一个沉重的打击。且看他初涉官场的经历：

才干优长，未免贪酷；且恃才侮上，那同寅皆侧目而视，不上一年，便被上司参了一本，说他貌似有才、性实狡猾；又题了一两件徇庇蠹役、交结乡绅之事。龙颜大怒，即命革职。部文一到，本府各官无不喜悦。那雨村虽十分惭恨，面上却全无一点怨色，仍是嘻笑自若，交代过了公事，将历年所积的宦囊，并家属人等，送至原籍安顿妥当了，却自己担风袖月，游览天下胜迹。

在痛定思痛之后，他下定决心："从今后磨砺心志，觅时辰宦海扬帆"。当时贾雨村"偶感风寒，愈后又因盘费不继，正欲得一个居停之所，以为息肩之地，偶遇两个旧友，认得新盐政，知他正要请一西席教训女儿，遂将雨村荐进衙门去"，成了黛玉的家庭教师，且作安身之计。

在遇到故交冷子兴后，听他演说了一番"红楼梦"，对当朝四大家族权贵的势力了解后，贾雨村更是慢慢懂得了官场的窍门，在从同僚一案参革的张如圭的口中打听得都中奏准起复旧员之信，他便四下里寻找门路。此时冷子兴献计，让贾雨村央烦林如海，转向都中去烦托贾政。贾雨村领会其意，在冷子兴的悉心指导下，他终于通过林如海这条门路投靠了当时有权有势的四大家族之首的贾府。最终在老同宗的提携之下，他当上了金陵的应天府尹。当上了金陵的应天府尹之后，贾雨村并没有忘记丫鬟娇杏，很短的时间内就把娇杏娶了过来，并答谢了甄家娘子，可见此时的贾雨村本性善良，还是一个有情有义之人。

沉浮官海的贾雨村是一个磨砺心志利欲熏心的官吏

在官场上，贾雨村吃一堑，长一智。他留心总结前人的经验，对比自己的教训，逐渐体会到：要时来运转，在政治上立于不败之地，必须有靠山，学会巴结权贵，学会玩弄各种手腕，这样才能对付官场上的勾心斗角！

封建社会里，读书人一般都具有双重人格，即知识分子的清高善良与仕宦之身的污浊卑鄙两种人格。在以科举取士的政策下，"仕进"几乎就是知识分子谋取生计的唯一道路。而一旦入仕，官场恶习的熏染以及在险恶奸诈的仕宦场上的挣扎求存，人格很难不被改变。谁违背怎么往上爬的规则，谁就遭殃。贾雨村当初处理积案反获革职，正是对他不同流合污的一个警告，也从此种下了他昧着良心保自身的孽根，慢慢地在孽海中迷途不返了。

精彩绝伦的"葫芦僧判断葫芦案"拉开了帷幕。贾雨村授了应天府，马上就接到一桩人命案子，是两家争买一婢，各不相让，以致殴出人命。贾雨村即传原告来审：原来是"金陵一霸"薛蟠为了与冯渊争夺婢女而把冯渊打死，冯家告状却无人理会。贾雨村听了大怒道："哪有这等事！打死人竟白白的走了拿不来的。"准备捉拿薛蟠。此处应该不是贾雨村的装腔作势，因为他毕竟还未深谙官场的内幕，主观上完全有可能秉公执法。《红楼梦》对人物的处理是符合现实的，从前三回的内容来看贾雨村，便会发现他并不是一开始就是"老奸巨猾、利欲熏心、媚上欺下、手毒心狠的"，也并非"忘恩负义"之徒。他在甄士隐的资助下考中进士，当上了县官后，并未忘记寻找昔日的恋人娇杏，并未忘记报答恩人，在得知甄士隐离家出走的消息后，便重金"答谢甄家娘子"。他之所以上任不久即被革职，主要是因为得罪了顶头上司而遭到诬陷。作者正是通过对一个原本具有同情心和正义感而最后却与恶势力同流合污的七品芝麻官的人生轨迹的展示，淋漓尽致地揭露了封建官场的腐朽和黑暗。这也正是贾雨村这一艺术形象的生动性和《红楼梦》主题思想的深刻性之所在。

然而戏剧性的变化发生了，曹雪芹洞察封建社会官场的黑暗，为那些扭曲的灵魂画出了惟妙惟肖的画像，作者用他的神来之笔写出了一段黑暗官场的护官学：

只见案旁站着一个门子,使眼色不叫他发签。雨村心下狐疑,只得停了手。退堂至密室,令从人退去,只留这门子一人伏侍;门子忙上前请安,笑问:"老爷一向加官进禄,八九年来,就忘了我了?"雨村道:"我看你十分眼熟,但一时总想不起来。"门子笑道:"老爷怎么把出身之地竟忘了!老爷不记得当年葫芦庙里的事么?"

雨村大惊,方想起往事。原来这门子本是葫芦庙里一个小沙弥,因被火之后,无处安身,想这件生意倒还轻省,耐不得寺院凄凉,遂趁年纪轻,蓄了发,充当门子。雨村那里想得是他?便忙携手笑道:"原来还是故人。"因赏他坐了说话。这门子不敢坐,雨村笑道:"你也算贫贱之交了;此系私室,但坐不妨。"门子才斜签着坐下。

雨村道:"方才何故不令发签?"门子道:"老爷荣任到此,难道就没抄一张本省的'护官符'来不成?"雨村忙问:"何为'护官符'?"门子道:"如今凡作地方官的都有一个私单,上面写的是本省最有权势极富贵的大乡绅名姓,各省皆然;倘若不知,一时触犯了这样的人家,不但官爵,只怕连性命也难保呢!——所以叫做'护官符'。方才所说的这薛家,老爷如何惹得他!他这件官司并无难断之处,从前的官府,都因碍着情分脸面,所以如此。"一面说,一面从顺袋中取出一张抄的"护官符"来,递与雨村,看时,上面皆是本地大族名宦之家的俗谚口碑,云:

　　贾不假,白玉为堂金作马。
　　阿房宫,三百里,住不下金陵一个史。
　　东海缺少白玉床,龙王来请金陵王。
　　丰年好大"薛",珍珠如土金如铁。

这张"护官符"写出了贾、史、王、薛"四大家族"的富有和权势：你看，三百里的阿房宫竟然住不下一个金陵史侯家，就连东海龙王也要向王子腾借白玉床，薛家更是珍珠和金钱不计其数。在当时的社会中，富有的人总是能够要风得风、要雨得雨的，他们仗着自己的权贵，剥削、压迫老百姓，而且他们互相勾结，为非作歹。对于这样有财有势的"四大家族"，哪一个敢"太岁头上动土"？因此，当贾雨村正准备判案时，门子给他看了"护官符"，让他千万不能捉人，不然不仅乌纱帽保不住，还有可能连命也丢了。门子还告诉他这"护官符"在各个省都是一样的，足以说明"护官符"是当时社会普遍存在的现象，是封建官场的秘密。所以，尽管贾雨村此时已经知道英莲是自己救命恩人甄士隐的女儿，他也曾答应恩人要帮助其找到女儿，但是"护官符"使他违背了他的诺言，让杀人凶手逍遥法外。设想一下，门子递眼色，贾雨村他"心下狐疑"，看到"护官符"，相信他肯定是冷汗直冒，心中暗忖：差一点又丢了乌纱帽，招来杀身之祸。已经吸取教训的贾雨村不露声色，他反问门子如何断案，门子笑道："老爷当年何其明决，今日何反成了个没主意的人了！小的听见老爷补升此任，系贾府王府之力；此薛蟠即贾府之亲：老爷何不顺水行舟，做个整人情，将此案了结，日后也好去见贾王二公。"雨村道："你说的何尝不是。但事关人命，蒙皇上隆恩起复委用，正竭力图报之时，岂可因私枉法，是实不忍为的。"说得多么冠冕堂皇。当门子建议他用钱解决问题时，贾雨村假惺惺笑道："不妥，不妥。等我再斟酌斟酌。"其实他内心已经拿定了主意，用钱了断了此案，最终让凶手逍遥法外，还急忙作书信二封，与贾政并京营节度使王子腾，不过说"令甥之事已完，不必过虑"等语，一副巴结阿谀之态。

此事来龙去脉皆被葫芦庙内之小沙弥门子所知，贾雨村自然是做贼心虚，又恐他对人说出自己当日贫贱时的事来，因此心中大不乐意，后来到底寻了个不是，远远地充发了他才罢。他在仕途上的经历也使他变得老练圆滑，因此在断案中明明是徇情枉法,却又故作姿态,这是封建官场造就出来的贾雨村。在贾雨村的转变中,门子等人的作用不可低估,他们是作者全面展示封建官场中形形色色人物的需要,黑暗的封建官场就是一个大染缸,贾雨村和门子自然也是封建官场中的牺牲品。

我们看一下门子的心理,就不难理解当时的社会现实。门子的"眼色"到底为谁而"使"?门子在衙门里面本来是个无足轻重的小人物,他为什么要在这样的时候"使眼色"?他真的是在为贾雨村的仕途顺利着想?恐怕未必。贾雨村的前任也曾经处理过这件官司,那时候为什么看不见他站出来为上司着想?他之所以"使眼色",完全是在为自己的利益打算,完全是在为自己将来在衙门里的地位打算。他是想通过贾雨村这条"线",把自己与那一张硕大无比的官场关系"网"连接起来。尽管后来的遭遇证明这只是他的一场黄粱美梦,可是当他美梦未醒之时,他是怎样地甘之如饴啊!是的,他对官场里"一损俱损,一荣俱荣"的关系网了如指掌,也深知官官相护的道理和他们之间盘根错节的关系。他更知道,如果不与这张关系网联系起来,他这个门子恐怕就只能一辈子当门子了。贾雨村的到来,给他送来飞黄腾达的一线希望——他已经摸清贾雨村"补升此任""系贾府王府之力"。换言之,贾雨村可以算是这张网里的人。如果能够抓住贾雨村,让他拉自己一把,他也就能够享受到这张关系网的庇护了。但是,贾雨村抓得住抓不住呢?他认为应该抓得住。其理由是贾雨村应当认识他这个"葫芦庙里一个小沙弥",这就应该算是"贫贱之交";贾雨村娶了甄家丫头娇杏,后来还将她"扶作正室夫人",这说明贾雨村很照顾"贫贱之交"。自己如果能够在关键时刻为贾雨村作出一点贡献,抓住贾雨村应该不成问题。所以,可以想见,贾雨村只要一升堂开始审理薛蟠这件大案,他就立刻会"使眼色"的。须知他手抄的那一份"护官符",放在他的顺袋中,早就不知有多少时日了!旧时官场的现实就这样扭曲着每一个想接近它的人的灵魂。这种扭曲悄无声息,被扭曲的人心甘情愿。这大约是世界上最无可挽救、最令人可怕的腐蚀!

所以,贾雨村的灵魂蜕变过程应该是可以理解的。当薛蟠恃强凌弱,打死冯渊,抢走英莲,本应治罪时,他在小沙弥门子的指导之下,不但不将凶手绳之以法,反而乘机向四大家族献谄,全不念"五十两银子加两套冬衣"的雪中送炭之情,也不念已经扶正的夫人娇杏的苦苦规劝:"你不思天理国法恢恢法网,不思冯渊英莲冤恨如山",对恩人甄士隐之女英莲不但不解救,反而将她推向薛蟠这个"混世魔王"之手,转变成封建社会中的一个卑鄙小人。作者对他的讥讽,揭示了他灵魂的丑恶。作者旨在让读者能"窥一斑而知全豹",从他身上看到当时社会的黑暗与腐朽。分析贾雨村的形象,有助于加深对作品的认识。本来,偿还甄府的人情债属于他权力范围内的事,可利令智昏、趋炎附势的贾雨村最终还是拿法律送了人情。真是忘恩负义,没有半点人情与人性!贾雨村已沦落为一个典型的封建官场的政治流氓!小沙弥和贾雨村本是"贫贱之交",又为判薛蟠案件立下了功劳,但最终还是被贾雨村过河拆了桥,找了一个借口,远远地发配充军了。至此,我们看到的已是一个深谙官场之道,政治意识十分成熟的贾雨村了!更有甚者,后来,当贾府势衰力败时,他竟下井投石,担任了查抄荣宁两府的钦使,将犯下人命案的薛蟠按律查办了。贾雨村已经成为一个见风使舵的宦海航行多面手!二十年间,贾雨村果然"借好风直上青云霄",为飞黄腾达不择手段。贾雨村的由清转浊,除了宦海浮沉带来的经验教训,小沙弥、冷子兴也给他很大的影响。这两人一个是不甘佛门寂寞的小狐狗,一个是混迹官商两场谋利的奸商。他们的"指点""帮助"促使贾雨村在昧下良心换官身的泥潭中越陷越深,也正是由于此类人物的推波助澜,贾雨村走上了一条不归之路!

而作为这些心魔孽障的对立面,对贾雨村作着人格劝谕的,有娇杏、甄士隐两种不同的性格类型。从娇杏身上,能看到作品极其真实的一面。金陵十二钗,都属于薄命司,作者似乎想写尽天下所有女子的眼泪,他想展示的是女性的悲剧和悲剧中的壮美。但在这大背景下,作者并没有忘记要去描写娇杏这样一个角色。娇杏是十分幸运的,做丫鬟时得遇甄士隐那样的好主人,又遇到贾雨村,嫁过去后又成了正室夫人。娇杏的喜剧增添了作品的现实性,让我们看到的是女性身上的一种人性美。娇杏对穷困中的贾雨村的回首眷顾,体现了她对这个有才华的穷书生的好感,也体现了她的善良和同情心,她希望贾雨村施展才华,有所作为。娇杏成为官太太后,仍是洁身自好,善良正义,在与贾雨村的矛盾冲突中放射出作者理想人格的光辉。

因果报应的贾雨村是
似有所悟难以回头的罪人

甄士隐是另一个始终与贾雨村在人生中进行对照的人物。"甄、贾"二字的谐音是对比,两人的人生经历也是对比。第一回初起时甄士隐是望族,贾雨村是穷儒。接下来甄士隐失爱女、遭火灾,卒至出家,这一出家便长期无消息,直到一百零三回方始再出;贾雨村则中举荣任,一再加官晋爵,始终活跃在舞台上。说明甄士隐在"人格选择"上是不同流合污,从另一个角度给贾雨村以警省。甄士隐是另一种形态的人生观和正直人性的体现。甄士隐的人生哲学与娇杏的鄙视荣华富贵、保持人性清白的人生观是互相补充的。贾雨村听不进娇杏"舍弃金钱权势"的规箴,也悟不透甄士隐"孽海回头"的点化,贾雨村宦海沉浮的人生历程,体现出作者对人生的思考和人性的选择。当然,最终所谓的"混世有方"者还是逃脱不了社会公理道义的应有惩罚,真所谓"聪明反被聪明误"!最后的下场就是以"渎职擅权,欺上压下"而"审明定罪,发配充军,递籍为民"!看一看作者最后写到的贾雨村:

且说那贾雨村犯了婪索的案件，审明定罪，今遇大赦，递籍为民。雨村因叫家眷先行，自己带了一个小厮，一车行李，来到急流津觉迷渡口，只见一个道者，从那渡头草棚里出来，执手相迎。雨村认得是甄士隐，也连忙打恭。士隐道："贾老先生，别来无恙？"雨村道："老仙长到底是甄老先生！何前次相逢，觌面不认？后知火焚草亭，鄙下深为惶恐。今日幸得相逢，益叹老仙翁道德高深。奈鄙人下愚不移，致有今日。"……士隐道："老先生有所不知：小女英莲，幼遭尘劫，老先生初任之时，曾经判断；今归薛姓，产难完劫，遗一子于薛家，以承宗祧。此时正是尘缘脱尽之时，只好接引接引。"士隐说着，拂袖而起。雨村心中恍恍惚惚，就在这急流津觉迷渡口草庵中睡着了。

雨村"犯了……审明定罪……递籍为民"，甄士隐后则又高谈什么"仙草归真，焉有通灵不复原之理"，"家道复初，也是自然的道理"，可见，甄贾二者之间，不仅在升降进退方面完全相反，而且在出现存在方面也完全相反。一百二十回书对于贾雨村来说，好似从波谷升至波峰，又跌至波谷；对于甄士隐来说则好似是从波峰跌至波谷，又将至波峰。贾雨村直到他自己也被皇帝铲除，"急流津觉迷渡口"，才反思仕宦人生，恍惚间似有所悟。这一因果报应的结局也使贾雨村忏悔不尽，但路是无法回头走的。在贾雨村的一生经历中，那张致命的"护官符"像一只无形的手左右着他，也左右了历朝历代封建官场中的芸芸众生。"护官符"是当时封建社会官府们的命根子，贾雨村的徇情枉法、胡乱断案，显示出了"护官符"能够左右官府的作用，反映了"护官符"是支配封建统治的力量。因此，小小的"护官符"把封建社会的腐败、黑暗揭露得十分彻底。

《红楼梦》是一部反映封建社会本质的教科书，贾雨村磨砺心志,沉浮宦海,走完了从一个苦读仕进的知识分子蜕变成"机关算尽"为封建统治者做嫁衣裳的走卒,最终沉沦为被封建统治者遗弃的一个受害者。

贾雨村与甄士隐还是小说巧妙构思中的两个结构人物:从红楼首尾来看,甄士隐即"真事隐去",贾雨村则"假语村言",要用"假语村言"来将"真事隐去",反映出作者为展示封建社会罪恶现实的良苦用心。

不喜正务好寻花

——贾琏的风流与失落

《红楼梦》中荣宁二府的众多人物形象，以及他们之间的往来、恩怨、矛盾、离合，就是当时社会的凝聚与浓缩；他们之间的争斗、消长、兴衰、存亡，就是当时社会的映象与概括。贾琏虽然是书中的一个次要人物，人们对他的关注很少，但若仔细分析，其实他也是一个很有代表性、很具特色的、不可或缺的人物。从表面上看，他是一个"纨绔子弟"。他的突出特点似乎就是不断满足自己的"肉欲"，而且"淫而不顾色"。实际上，是生活的环境和经历使他变得无所事事、玩世不恭。由于长房的失宠，贾琏在贾府是没有地位的，加上后来又娶了一位"脂粉堆里的英雄"王熙凤为妻，更加剧了他堕落的历程。如果说曹雪芹在书中赞赏贾宝玉的"意淫"，那贾琏也是作者用来表达他所摈弃的"非意淫"式的人物，由此说明：正是由于封建社会的尔虞我诈，导致贾琏之流的放纵声色，导致贾府"忽喇喇似大厦倾，昏惨惨似灯将尽"的结局。

红楼一梦，虽近荒唐，却也颇合"事体情理"；作者虽"将真事隐去"，但人物刻画栩栩如生。作者打破了才子佳人的陈腐旧套，以批判现实主义的观点去分析人物、分析社会，从而显得新奇别致、颇有趣味。贾琏在荣国府中完全是陪衬王熙凤的。第二回"贾夫人仙逝扬州城，冷子兴演说荣国府"中冷子兴介绍贾琏时说："若问那赦老爷，也有一子，名叫贾琏，今已二十多岁了，亲上做亲，娶的是政老爷夫人王氏内侄女，今已娶了四五年。这位琏爷身上,现捐了个同知,也是不喜正务的;于世路上好机变,言谈去得,所以目今现在乃叔政老爷家住,帮助料理家务。谁知自娶了这位奶奶之后,倒上下无人不称颂他的夫人,琏爷倒退了一舍之地。"与其说贾琏在荣府当家,还不如说他太太王熙凤当家更为妥当;他不过是在王熙凤支配下的一个管事人。他在精明干练的王熙凤面前,显得平庸无能,甚至成为一个可怜虫。他凡事惧怕凤姐三分,有时想提拔任用个下人,也得看妻子眼色行事。他们夫妇之间始终钩心斗角,贾琏在外寻花问柳,凤姐在内也是暗勾家侄,但贾琏的一次次偷鸡戏狗、眠花宿柳之行均惨败在心毒口辣的凤姐之手。这无能的丈夫,对王熙凤自然是反感日甚,怨恨日深。他借耍酒疯曾扬言:"等我性子上来,把这醋罐子打个稀烂!"但他的所为诚如贾母所骂的:"不管脏的臭的都弄到屋里来。"另一方面,恐怕贾琏的丑态百出、秽行不断与王熙凤的独断专行,"心里歹毒,口里尖快"也是分不开的。

贾琏在贾府明争暗斗的环境中,显然是个失败者,这个失败既有他父亲贾赦的原因,也有他自己的原因。他是贾府长房贾赦的长子,名义上是帮着贾政料理家务,实际上他在贾府没有什么地位。在世袭爵位、诸子夺嫡的问题上,贾琏由于碌碌无为,从来没有得到贾母的宠爱。在第七十六回中,贾府中秋家宴,大老爷贾赦以一个笑话公然指责老太太偏心。封建社会本来重长幼之序,因此,多半由贾母提议,长房二房的孩子在一起算大排行,如二房的元春是大小姐,长房的大小姐迎春成了二小姐,二房的二小姐探春又成了三小姐,这一切,都是为了保证贾珠是"大爷",而贾琏只是个"二爷"。关于这一点,红学家有很多不同的意见,有人认为贾琏称"琏二爷"是因为他还有一个哥哥,这一点显然有点勉强。因为很明显,贾母是偏袒贾政这一房的,将来袭官之时,这长幼将是一个极厉害的筹码。何况贾政的长子贾珠"人情达练",其"贤"亦胜于贾琏,且为王夫人所生,则贾珠为"长"为"贤"又为

"嫡"，袭官的胜算是极大的。贾赦当然不情愿自己的长子成了二爷，但贾母的身份摆在那儿，他也无可奈何。但后来的事情没有按贾母的计划发展，贾珠早夭，通长房二房算来，贾琏为长，虽然后来王夫人诞下宝玉，却又"古今不肖无双"。这就使得贾琏为长，宝玉为嫡。然而论起长幼，对宝玉极其不利，于是贾母又说，现在都自立门户了，还是按照各家的小排行来排吧！于是，贾琏还是琏二爷，贾宝玉还是宝二爷，在长幼上打了个平分秋色。

也怪贾琏不争气，整日不务正业，花天酒地，一味满足自己的欲望。在书中，我们所能看到的贾琏做的正事就是护送林黛玉回苏州等出了几次差，其他营生一律与他无关。

《红楼梦》塑造贾琏这个人物，笔者认为首先是从反面来阐述贾琏的爱情观，其次揭示了贾琏所代表的贾府中一批不务正业、游手好闲的败家子弟的腐朽生活，使人们对封建制度行将灭亡的历史命运看得更加透彻。

贾琏的"非意淫"从反面阐述了作者的"意淫"观

贾琏因不得宠而"欲令智昏"，他在第七回"送宫花贾琏戏熙凤，宴宁府宝玉会秦钟"中出场，书中叙周瑞家的送宫花到凤姐院中，"只见奶子拍着大姐儿睡觉呢。周瑞家的悄悄儿问道：'二奶奶睡中觉呢吗？也该清醒了。'奶子笑着，撇着嘴摇头儿。正问着，只听那边微有笑声儿，却是贾琏的声音。接着房门响，平儿拿着大铜盆出来，叫人舀水"。大白天听见贾琏的嘻笑，平儿叫人舀水来，小丫头连忙摆手示意，传神地写出了贾琏的淫秽贪欲，可以看出贾琏是一个不干正经事儿的人。接着第二十一回"贤袭人娇嗔箴宝玉，俏平儿软语救贾琏"中，更是写出了贾琏干出的荒唐糜烂之事。因女儿巧姐出痘发热，贾琏搬到外书房安歇，才"独寝了两夜"，便搭上府中厨子"多官儿"又名"多浑虫"的媳妇"多姑娘",那多姑娘二十岁,有几分人材,又兼生性轻薄,与贾琏倒是臭味相投。

如果说宝玉是意淫,那么琏二爷就是"非意淫"了,因为凤姐厉害,还醋劲十足,贾琏又是个"妻管炎"。书中第四十四回"变生不测凤姐泼醋,喜出望外平儿理妆"中,贾琏借凤姐生日空隙又与鲍二家的苟合,却被凤姐逮个正着,这下闹到贾母那里,贾琏的脸面自然是没有了。这一段非常精彩,将贾府内部糜烂的生活充分展示了出来:

> 凤姐来至窗前,往里听时,只听里头说笑道:"多早晚你那阎王老婆死了就好了。"贾琏道:"他死了,再娶一个也这么着,又怎么样呢?"那个又道:"他死了,你倒是把平儿扶了正,只怕还好些。"贾琏道:"如今连平儿他也不叫我沾一沾了。平儿也是一肚子委屈,不敢说。我命里怎么就该犯了'夜叉星'!"凤姐听了,气的浑身乱战……一脚踢开了门进去,也不容分说,抓着鲍二家的就撕打。又怕贾琏走了,堵着门站着骂:"好娼妇!你偷主子汉子,还要治死主子老婆!"……贾琏气的墙上拔出剑来,说道:"不用寻死!我真急了!一齐杀了,我偿了命,大家干净!"……贾琏只得忍愧前来,在贾母面前跪下。贾母问他:"怎么了?"贾琏忙陪笑说:"昨儿原是吃了酒,惊了老太太的驾,今儿来领罪。"贾母啐道:"下流东西!灌了黄汤,不说安分守己的挺尸去,倒打起老婆来了!凤丫头成日家说嘴,霸王似的一个人,昨儿唬的可怜。要不是我,你要伤了他的命,这会子怎么样?"贾琏一肚子的委屈,不敢分辨,只认不是。贾母又道:"凤丫头和平儿还不是个美人胎子?你还不足?成日家偷鸡摸狗,腥的臭的,都拉了你屋里去!为这起娼妇打老婆,又打屋里的人,你还亏是大家子的公子出身,活打了

嘴了！你若眼睛里有我，你起来，我饶了你，乖乖的替你媳妇赔个不是儿，拉了他家去。"

最后贾琏只能给凤姐作揖赔罪。可见，他既喜好声色，又懦弱无能，贾母也是恨他不争气，骂他"下流东西"。贾琏的所为是没有灵魂的淫邪。而作者在第五回"贾宝玉神游太虚境，警幻仙曲演红楼梦"中，借警幻仙子的口阐述了"意淫"，这才是作者认为的正面的爱情观。作者用贾宝玉这个人物来诠释他的"意淫"说，警幻因此而欣赏宝玉，警幻道：

如世之好淫者，不过悦容貌，喜歌舞，调笑无厌，云雨无时，恨不能天下之美女供我片时之趣兴；此皆皮肤淫滥之蠢物耳。如尔则天分中生成一段痴情，吾辈推之为'意淫'。惟'意淫'二字，可心会而不可口传，可神通而不可语达。汝今独得此二字，在闺阁中虽可为良友，然于世道中未免迂阔怪诡，百口嘲谤，万目睚眦。

脂批说：按宝玉一生心性，只不过是体贴二字，故曰"意淫"。这个解释很精到。从古至今，对于女子的态度，高雅一点的是把女子作为欣赏的对象，在一边品头论足，以获得美感；粗俗一点的就是把女子作为玩弄的对象，所谓"皮肤滥淫"之物罢了。所谓"好色不淫""情而不淫"，也不过是借口罢了。贾琏就是一个代表，封建社会能有几人能真正关心女子的命运，了解她们的喜怒哀乐，真正体贴、怜惜她们，并对她们的遭遇怀抱深深的同情呢？贾琏的好色虽然事出有因，有时还有些儿女私情，但也害得她们一个个惨死，鲍二家的、尤二姐的死与贾琏是脱不了干系的。

贾琏的命运代表着贾府乃至封建社会的衰败没落

贾琏在《红楼梦》中扮演的角色是一个败家的浪荡公子,他无所事事,只想满足自己的肉欲,但是一物降一物,贾琏特别惧怕凤姐。尽管凤姐对贾琏严加防范,贾琏的荒唐事却没少做,还常常让平儿为他掩饰。平儿是凤姐的陪房丫环,生得娇俏美貌,性情温和,举止大方,办事公平,待人平和。平儿无亲无友,无依无靠,以花柳之姿独侍贾琏之淫俗,当平儿拿到贾琏淫乱的证据时,他却嬉皮笑脸地"跑过来搂着,'心肝乖乖肉'的便乱叫起来",趁势拿走证物。可叹平儿一片女儿痴心,却所遇非人!

但凤姐是最了解贾琏的,女儿出痘时贾琏趁机搬到外书房居住,回来后,凤姐就冷笑着对平儿说:"这半个月难保干净,或者有相厚的丢下的东西:戒指、汗巾、香袋儿,再至于头发、指甲,都是东西。"一席话说得贾琏脸都黄了。

贾琏偷娶尤二姐一事形象地说明了贾琏之流的荒淫无度。宁国府的贾珍、贾蓉父子在秦可卿死后仍然沉湎声色中,父子竟将视线转到尤氏姐妹二姐三姐身上,并为贾琏纳妾出谋划策,与贾琏一起拿二姐三姐淫辱开心,贾珍更是"趁亲戚间往来早与二姐厮混在了一起,后来和二姐无所不至,渐渐俗了,却一心注定在三姐身上"。贾珍还在办理自己的父亲贾敬丧事的过程中,就商议将二姐让给贾琏,那贾琏也是早有此心,"趁此机会,正可到宁府寻二姐儿"。贾蓉又挑唆贾琏收了尤二姐做二房,虽然贾琏对尤二姐是有感情的,但是他毕竟斗不过"笑里藏刀"的王熙凤,最终害了尤二姐。《红楼梦》第六十五回至六十八回叙述了贾琏在外置房养小被凤姐听到风声,凤姐立即审讯家奴,设计残害尤二姐的经过。凤姐这次没有和贾琏大吵大闹,而是趁贾琏不在家,亲自到尤二姐处登门拜访,又和颜悦色地将二姐迎到家里供起来。二姐把凤姐当作善良的知己,没想到凤姐暗中挑动与二姐以前订过婚的张华状告贾琏"国孝家孝之中,背旨瞒亲,仗财依势,强逼退亲,停妻再娶"。贾琏的这一串罪名是成立的,第六十八回"苦尤娘赚进大观园,酸凤姐大闹宁国府"中描写了凤姐的刁、泼、阴、伪,凤姐采用了一切阴谋家惯用的煽风点火、借刀杀人之计,勾通按察院,欺骗贾母,暗地折磨尤二姐,终于逼她吞金而死。虽然贾琏也为尤二姐的死而悲伤,也为二姐操办了丧事,"想着他死得不分明,又不敢说",但最后只是"将一条汗巾递与平儿,说:这是他家常系的,你好生替我收着,做个念心儿!"

　　实际上,贾琏、贾珍、贾蓉等都是封建社会大家族的败家子,薛宝钗的哥哥薛蟠则比他们更荒唐,他不仅寻花问柳,而且为所欲为,将杀人视作儿戏,只能在世上留下"一个蚊子哼哼哼,两个苍蝇嗡嗡嗡"的"不朽"诗作。所以,作者写的人物是有层次的,薛蟠自然比贾琏有过之而无不及,贾琏还没有到丧尽天良的地步,他对尤二姐是从心底感觉到温存的,对平儿是既感激又爱怜。相比起贾赦、贾珍、薛蟠等人,他还不算是最荒淫无度的,也更懂得温柔体贴,更有人情味一些。因而在异性心目中,还能博得些许好感。所以平儿能为他一次次瞒骗凤姐,并拿出自己的体己银子贴补与他;就连心气极高的鸳鸯,也与他颇为投机,甚至敢偷出贾母的私房钱借给贾琏夫妇使用。这是因为贾琏是个良心未泯的人。他对自己父亲的一次次荒唐行为颇有看法。贾赦想纳鸳鸯为妾,却碰了一鼻子灰,贾琏也不以为然地说:"都是老爷闹的!"结果反被邢夫人骂道:"我把你这没良心的种子!人家还替老子死呢!白说了几句,你就抱怨天抱怨地了。"贾赦强抢"石呆子"的几把古董扇子,贾雨村为讨好他,便讹"石呆子"欠官银,抄没了其家产。贾琏便说:"为这点子小事弄的人家倾家荡产,也不算什么能为!"结果被昏聩的贾赦打了一顿,脸上还打破两处。可见贾琏还是明事理的人,有自己的是非观念,这是他人性中善的一面。

当然,更多的时候,我们只看到一个犬马声色、游戏花间的浪子形象。所以贾琏也是一个被封建社会扭曲的人物。贾府衰败后,贾琏的结局我们也是可以想象得出来的。

《红楼梦》是中国古代一部伟大的小说,作者在生前未能写完就"泪尽而逝"了。可怜"千秋万岁名,寂寞身后事",作者曾借"假语村言"(贾雨村的话),道出了自己对世人的看法,即所谓的正邪论。书中的主要人物,大抵都逃不出这几个字。"正不容邪,邪复妒正,两不相下,亦如风水雷电,地中既遇,既不能消,又不能让,必至搏击掀发后始尽",说得非常形象。尽管作者在书中对贾宝玉、林黛玉的纯真爱情大加赞赏,尽管作者也看到了封建社会对贾琏的摧残,使得这样的人物变得腐朽没落,但自始至终作者都是通过事物有正反面这一角度来叙述的。作者将自己的理想与现实的矛盾很好地体现了出来,读者也很容易找出理解人物正面或反面形象的根据。

贪图享乐去世职

——贾赦的慵懒与堕落

《红楼梦》所描写的贾府是一个高贵、庞大、复杂而又矛盾的大家庭,贾府的没落与贾府中掌权的老爷们是大有关系的。宁国府的贾敬只知道"烧丹炼汞,余者一概不在心上"。荣国府的贾赦世袭了爵位却不理家政,只知道纵情享乐;贾政虽因为"皇上因恤先臣"而"额外赐了个主事之衔",却是一个"假"正经。

贾赦,字恩侯。第二回"贾夫人仙逝扬州城,冷子兴演说红楼梦"中交代,贾代善"娶的是金陵世勋史侯家的小姐为妻,生了两个儿子:长子贾赦,次子贾政。如今代善已经去世,太夫人尚在,长子贾赦袭着官"。贾赦世袭一等将军之职,然而由于家庭内部的矛盾纷争,他失宠于贾母而住在别府另院,荣国府的正府由贾母与贾政住着,由此我们可以窥见贾府内部的钩心斗角。封建社会是摧残人、扭曲人的,曹雪芹通过《红楼梦》向我们证明了这一点。实际上,贾赦同样是一个被扭曲了的人物形象。他好色,慵懒,整日在家和小老婆喝酒。在他胡子花白,儿子、孙子一大群时,还看上贾母的丫头鸳鸯,非要把她收为己妾。由于鸳鸯强烈反抗,贾母又不舍得,他才没有得逞。贾母不大喜欢他,这也使他颇为不满。贾赦最后因为交通外官,仗势凌弱,被革去世职,发往边疆充军。

贾赦虽然不是《红楼梦》中的主要人物,但是这一艺术形象也非常典型,我们可以从以下几个方面来认识。

在贾府的身份地位决定了贾赦的性格命运

第三回"贾雨村夤缘复旧职,林黛玉抛父进京都"中,作者通过林黛玉的眼睛描写了众多贾府主要人物的出场,但是在这一回中,还有两个未出场的人物,那就是贾赦和贾政。在这一回中,这两个隐藏在字缝中的人物是很值得我们咀嚼的。林黛玉进贾府,见了贾母、舅母、王熙凤和众姐妹后,由邢夫人带着去拜见大舅贾赦,文中写道:

> 出了西角门往东,过荣府正门,入一黑油漆大门内,至仪门前,方下了车。邢夫人挽着黛玉的手进入院中,黛玉度其处必是荣府中之花园隔断过来的。进入三层仪门,果见正房、厢房、游廊悉皆小巧别致,不似那边的轩峻壮丽;且院中随处之树木山石皆好。及进入正室,早有许多艳妆丽服之姬妾丫鬟迎着。
>
> 邢夫人让黛玉坐了,一面令人到外书房中请贾赦。一时回来说:"老爷说了:'连日身上不好,见了姑娘彼此伤心,暂且不忍相见。劝姑娘不必伤怀想家,跟着老太太和舅母,是和家里一样的。姐妹们虽拙,大家一处作伴,也可以解些烦闷。或有委屈之处,只管说,别外道了才是。'"
>
> 黛玉忙站起身来一一答应了。再坐一刻,便告辞。

首先,贾赦的居住位置揭示了人物的地位和权势。林黛玉从贾母处出来,"出了西角门,往东过了荣府正门"才到了贾赦的院落,很显然贾赦不住在荣国府正院里面。在传统的建筑格局中,居住位置是地位和权势的象征,胞弟贾政居住在正内室的"荣禧堂",贾赦为长,反而住偏院,可见贾赦和贾政在家庭中的地位和权势是颠倒的,这让贾赦的内心很不平衡。兄弟之间的关系也就可想而知了,贾府的最高权力者贾母有偏心也是自然的,或者还有其他的隐情。

其次,贾赦院落中的丫鬟姬妾暗示了人物的喜好。贾赦的院落里,有许多盛装丽服之姬妾丫鬟,暗示这位荣国府的大老爷很讲究享受,对读书学问、仕途经济、国家命运则不感兴趣。作者用许多丫鬟姬妾这种春秋笔法暗示这个"头发花白,儿孙一片"的一等将军,不过是个好色之徒,难怪贾母不满意地数落贾赦:"老爷如今上了年纪,作什么左一个小老婆右一个小老婆放在屋里,没的耽误人家。放着身子不保养,官儿也不好生作去,成日家和小老婆喝酒。"清楚地说明贾赦过着妻妾成群的荒淫生活。他的醉生梦死只能说明一点,就是他的身份和地位是在贾政之下的,他的碌碌无为也可能是心态不平的体现。贾府衰败,与贾赦之流的堕落是脱不了干系的,贾赦最后的结局是自食其果。

最后,贾赦对林黛玉转述的一番话折射了人物的性格。林黛玉拜见两个舅舅,都未谋面,贾政斋戒去了,贾赦是避而不见。贾赦对外甥女的态度是淡漠的,黛玉是贾赦唯一亲妹妹的女儿,妹妹又不幸病逝,千里迢迢投奔舅舅,按照常理常情,贾赦应该出来接见,结果推脱身体欠安,只是让第三者转述几句话:"劝姑娘不要伤心想家,跟太太和舅母,是和家里一样。"这些话听起来颇有人情味,仿佛对外甥女还是有感情的,但是仔细品味却让人感到只不过是一些场面话、礼节话罢了。贾赦对黛玉的态度恰恰说明这个人物性格冷漠,生性懒散,连自己的亲外甥女也懒得敷衍。

贾政的院子气宇轩昂,高大气派,"荣禧堂"是皇帝的御笔亲书,贾政院落也没有提到姬妾,比起贾赦,贾政倒是一位忠于朝廷、严守君臣之道和封建宗法礼教的贵族官僚,当然这也是表面现象。

家庭社会地位的扭曲决定了贾赦的堕落声色

贾赦虽然袭了官,但没有实权,不如贾政,虽为长,但不主家政,不住正房正院,家庭地位不如贾政,所以他的心理是扭曲的,他无法实现自身的价值,只有堕落消沉,家中养了一大群姬妾丫鬟,供自己享乐。第四十六回"尴尬人难免尴尬事,鸳鸯女誓绝鸳鸯偶"中写了这样一件事:贾赦相中了贾母的贴身丫头鸳鸯,于是让邢夫人劝说鸳鸯。邢夫人禀性愚强,只知承顺贾赦以自保。邢夫人先与王熙凤商量,王熙凤认为不妥,邢夫人不以为然,薄怒王熙凤,王熙凤立即转篷。邢夫人为在贾赦面前邀功,认为用釜底抽薪之计可以一蹴而就。邢夫人来到鸳鸯房中,拉着她的手便道:"我特来给你道喜来了。"鸳鸯天生聪慧,心中已猜三分,不觉红了脸,低下了头一言不发。于是邢夫人讲明了原委,鸳鸯依旧红着脸,无论邢夫人怎样说好话,鸳鸯就是不语。当然,按理鸳鸯只是一个丫头,如果当了贾赦的小妾,也可以算一个主子了,但她不想攀附权贵。邢夫人碰了钉子,贾赦也勃然大怒,而且不死心,叫来鸳鸯之兄,威逼利诱,声言:

> "自古嫦娥爱少年",他必定嫌我老了,大约他恋着少爷们,多半是看上了宝玉。——只怕也有贾琏。若有此心,叫他早早歇了,我要他不来,此后谁敢收他?这是一件。第二件,想着老太太疼他,将来外边聘个正头夫妻去。叫他细想:凭他嫁到了谁家,也难出我的手心;除非他死了,或是终身不嫁男人,我就服了他!要不然时叫他趁早回心转意,有多少好处。

贾赦的步步威逼,迫使鸳鸯只得跑到贾母面前,求贾母为她作主,贾母听了,气得浑身乱战,口内只说:"我通共剩了这么个可靠的人,他们还要来算计!"难怪平儿、袭人等丫头议论:"这个大老爷太好色了，略平头正脸的，他就不放手了。"鸳鸯不能到手，贾赦后来终究还是费八百两银子买了十七岁的嫣红收在屋内。

贾赦的纵情声色是贾府败落的开始。作者把贾府上代两兄弟贾源和贾演夸张地写成两个勋业彪炳的人物，他们跟随着主子打仗立功，俨然是"开国英雄"，获得了"荣国公""宁国公"的封爵。他们的家祠里悬挂着"先皇御笔"的对联："勋业有光照日月，功名无间及儿孙。"贾家就依仗着"开国功勋"和"天恩祖德"树立了高贵的门阀，积聚了财富，成为封建社会的贵族官僚、大地主。然而"君子之泽，五世而斩"，兴家创业的"始祖"自己就会生育出一群败坏自己家运的不肖儿孙。冷子兴感叹道："谁知这样钟鸣鼎食的人家儿，如今养的儿孙，竟一代不如一代了！"《红楼梦》的内涵是博大精深的。从伤世的视觉看，是在追忆似水流年；从讽世的视觉看，是在喟叹人性的丧失。贾赦堕落为第三代兄弟中骄奢淫逸的代表，第四代贾珍、贾琏兄弟更是不堪，到第五代贾蓉等其荒淫则更是有过之而无不及了。

贾珍这一辈，贾府开始一泻千里，不可收拾。从贾赦到贾珍，个个都是贾氏败家毁业的不肖子孙。贾珍比贾赦更堕落。他首先是个乱伦者，焦大骂的爬灰之人就是贾珍。秦可卿病死，他竟"哭得像个泪人"，如丧考妣，要拄杖（无异于哭丧棒）而行，要尽他的所有为她治丧。一般读者都能看出，这是曹雪芹对贾珍最深刻的暴露和最辛辣的讥刺。他唆使贾琏偷娶了尤二姐，自己又打尤三姐的主意……这些恶行，贾珍视为平常，然而，正由于他带头作恶，"把个宁国府翻了过来"，他才真正是"败家的根本"！

贾赦通过对妻儿颐指气使、对贾母含沙射影来发泄内心的不满

第四十八回"滥情人情误思游艺，慕雅女雅集苦吟诗"从平儿口中叙出：一天贾赦看上了石呆子的一把古扇，下决心要弄到手。

而石呆子视这把祖传的珍品如自己的性命,死活不肯出卖。为得到石呆子的古扇,贾赦不惜重金,还让京兆尹贾雨村诬陷石呆子"拖欠官银",将其逮捕入狱,变卖了他的家产,抄没了那把古扇送给贾赦,坑害得石呆子不知死活。儿子贾琏良心上太过不去,说了句"为了这点子小事弄得人家倾家荡产,也算不了什么能为",便触怒了父亲,遭到一顿毒打。贾赦教训儿子倒是一本正经,很有父亲的做派,可是耽于红尘的贾赦关心儿子也很奇特,第六十九回"弄小巧用借剑杀人,觉大限吞生金自逝"中写贾赦将自己名义上的丫鬟、实际上的小妾秋桐赏给儿子,真是"身先垂范"。而且选择的时机是在贾琏偷娶尤二姐事情败露之后,秋桐正好被王熙凤利用为借刀杀人的工具,看看作者在文中所写的父子的表现:

> 贾琏只在镫中跌足。少不得来见贾赦和邢夫人,将所完之事回明。贾赦十分欢喜,说他中用,赏了他一百两银子,又将房中一个十七岁的丫鬟名唤秋桐赏他为妾。贾琏叩头领去,喜之不尽。见了贾母合家众人,回来见了凤姐,未免脸上有些愧色。谁知凤姐反不似往日容颜,同尤二姐一同出来,叙了寒温。贾琏将秋桐之事说了,未免脸上有些得意骄矜之色。
>
> 凤姐听了,忙命两个媳妇坐车到那边接了来。心中一刺未除,又平空添了一刺,说不得且吞声忍气,将好颜面换出来遮饰。一面又命摆酒接风,一面带了秋桐来见贾母与王夫人等。贾琏心中也暗暗的纳罕。
>
> ……
>
> 况素昔见贾赦姬妾丫鬟最多,贾琏每怀不轨之心,只未敢下手;今日天缘凑巧,竟把秋桐赏了他,真是一对烈火干柴,如胶投漆,燕尔新婚,连日那里拆得开?贾琏在二姐身上之心,也渐渐淡了,只有秋桐一人是命。
>
> 凤姐虽恨秋桐,且喜借他先可发脱二姐,用"借刀杀

人"之法,"坐山观虎斗",等秋桐杀了尤二姐,自己再杀秋桐。主意已定,没人处,常又私劝秋桐说:"你年轻不知事。他现是二房奶奶,你爷心坎儿上的人,我还让他三分,你去硬碰他,岂不是自寻其死?"

那秋桐听了这话,越发恼了,天天大口乱骂,说:"奶奶是软弱人,那等贤惠,我却做不来!奶奶把素日的威风,怎么都没了?奶奶宽洪大量,我却眼里揉不下沙子去。让我和这娼妇做一回,他才知道呢。"凤姐儿在屋里,只装不敢出声儿。气的尤二姐在房里哭泣,连饭也不吃,又不敢告诉贾琏。

我们不难看出,贾赦调教的姬妾丫鬟与其是一路货色,贾琏更是有种出种,荒淫无度。实际上贾赦也是残害尤二姐的帮凶。

贾赦是贾府的长子,袭了官,可是我们没有见过他上过一天班,办过一件公事,也没见过他理过家事,整天混在他的那群姬妾中。邢夫人由于没有为贾赦生下一儿一女,所以处处顺着贾赦。贾赦看上鸳鸯,邢夫人竟亲自出马为其充当说客,结果事情没有办成,成了一个尴尬之人。难怪贾母责备这个媳妇:"我听见你替老爷说媒来了,他逼着你杀人,你也杀去。"邢夫人对贾赦的服从,也是作者对封建社会三从四德的讽刺。

当然,贾赦不理家事,可能并非他不想管,而是最高权威者不给他这个权,他不受贾母钟爱,贾母把权交给了他的胞弟贾政及其夫人了。他为此愤愤不平,曾借说笑话的机会讽刺贾母偏心,要给他的老娘扎一针,治治她的"偏心病"。他跟邢夫人曾谋划过夺权,并且利用"绣春囊事件"付诸行动,但没有成功,反而搬起石头砸了自己的脚。第七十五回"开夜宴异兆发悲音,赏中秋新词得佳谶"中,贾赦用讲笑话的形式影射贾母的偏心。

这次贾赦手内住了,只得吃了酒,说笑话。因说道:

"一家子,一个儿子,最孝顺,偏生母亲病了,各处求医不得,便请了一个针灸的婆子来。这婆子原不知道脉理,只说是心火,一针就好了。这儿子慌了,便问:'心见铁就死,如何针得?'婆子道:'不用针心,只针肋条就是了。'儿子道:'肋条离心远着呢,怎么就好了呢?'婆子道:'不妨事。你不知天下作父母的,偏心的多着呢!'"

众人听说,也都笑了。贾母也只得吃半杯酒,半日,笑道:"我也得这婆子针一针就好了。"贾赦听说,自知出言冒撞,贾母疑心,忙起身笑与贾母把盏,以别言解释。

更有甚者,轮到贾环作诗,贾政看后不悦,可是贾赦偏偏和贾政作对,大肆赞扬贾环的诗有侯门之气。周汝昌先生为此考证贾赦可能与贾环一样,不是嫡出,而是庶出。

贾赦道:"拿诗来我瞧。"便连声赞好,道:"这诗据我看,甚是有气骨。想来咱们这样人家,原不必寒窗萤火,只要读些书,比人略明白些,可以做得官时,就跑不了一个官儿的。何必多费了工夫,反弄出书呆子来?所以我爱他这诗,竟不失咱们侯门的气概。"因回头吩咐人去取自己的许多玩物来赏赐与他,因又拍着贾环的脑袋笑道:"以后就这样做去,这世袭的前程就跑不了你袭了。"

贾政听说,忙劝说:"不过他胡诌如此,那里就论到后事了?"

从这件事中可以看出,贾赦对贾母的偏心是极为不满的,"书呆子"这句话的矛头是指向贾政的。冷子兴介绍说:"次子贾政,自幼酷喜读书,祖父最疼。"这充分暴露了荣国府长房和二房之间的不可调和的矛盾。

贾赦耽于淫乐,堕落成一个老色鬼,与其迂腐僵化的胞弟贾政截然不同。贾政处处以正人君子的形象出场,一副作秀的脸面,比贾赦更阴险毒辣。贾赦倒是不伪装,在他的心目中,什么仁义道德、孔孟礼教全是闲扯淡,唯有纵欲享乐才是真实可靠的。在人性上,他放任自己的贪欲,做出种种伤天害理的事情却心安理得。贾赦将自己的女儿迎春许配给了孙家的"中山狼、无情兽"孙绍祖,使女儿饱受凌辱。对这桩亲事,贾母心中不十分称意,但贾赦就是不听,把女儿推进火坑,自己大捞一笔银子,以致女儿被孙绍祖活活折磨而死。

第一百零七回"散余资贾母明大义,复世职政老沐天恩"叙写贾赦、贾珍之流获罪,发配边疆,革去世职。贾赦的罪名是交通外官,恃强凌弱,纵儿聚赌,强占良民妻女不遂逼死,发往台站效力赎罪。贾珍的罪名是"强占良民妻女为妾不从逼死一款,亦从宽革去世职,派往海疆效力赎罪"。邢夫人、尤氏听到消息后痛哭不已。邢夫人想着"自己家产一空,丈夫年老远出,膝下虽有琏儿,又是素来顺着贾政的,如今是都靠着贾政,贾琏两口子更是顺着那边去了。独自己一人孤苦伶仃,怎么好?"贾赦的作恶多端连累了邢夫人。

《红楼梦》是一部伟大的现实主义小说,在艺术上的成就是杰出的,作者塑造的人物一定可以让我们有所取舍、有所领悟。贾府是封建社会靠恩荫而存在的赘瘤,贾府中以贾赦为代表的主子们全部的生活内容就是奢侈靡费和纵情享乐。贾府,这个封建贵族大家庭的灭亡就是人的腐败造成的,贾赦的一系列行为举止是大乖伦常的。儒家的教条是"所谓治国必先齐其家者,其家不可教,而能教人者,无之";因此修身、齐家、治国、平天下是一个整体。贾赦们既不修身,也不齐家,骄奢淫逸终身,到头来只能是一场空而已。封建社会一个典型的官僚世家腐朽到如此之地,国亦可知矣!

造衅开端实在宁

——贾珍的恣意与世故

《红楼梦》这部百科全书式的著作,多少年来一直被后人传阅、研究。作品在文学上的杰出贡献,是塑造出了一系列永远令人难忘的典型形象。虽然作品中人物众多,关系复杂,但每一个人物都塑造得栩栩如生,呼之欲出,不脱离人的本质和特定的时代特征。

作者描写的典型环境贾府是封建社会中走向没落的一个贵族大家庭,它的腐败是由人的腐败开始的。封建社会是一个男权社会,贾府中当家的这些男性,大多是扭曲的人,宁国府的贾珍就是其中的一个典型。第二回冷子兴演说红楼梦,介绍贾珍说:

> 当日宁国公是一母同胞弟兄两个。宁公居长,生了两个儿子;宁公死后,长子贾代化袭了官,也养了两个儿子:长子名贾敷,八九岁上死了,只剩了一个次子贾敬,袭了官,如今一味好道,只爱烧丹炼汞,别事一概不管。幸而早年留下一个儿子,名唤贾珍,因他父亲想作神仙,把官倒让他袭了。他父亲又不肯住往家里,只在都中城外和那些道士们胡羼。这位珍爷也生了个儿子,今年才十六岁,名叫贾蓉。如今敬老爷不管事了,这珍爷那里于正事?只一味高乐不了,把那宁国府竟翻过来了,也没有敢来管他的人。

宁国府的主持人贾珍世袭三品爵威烈将军，因为是长房，所以还任族长。贾珍在族务上不仅统管宁荣两府，还包括两府以外的所有贾氏族谱上挂号的人士。建造大观园他就是总监工；贾母带领府中女眷和贾宝玉到清虚观打醮，他充当总指挥，大展族长威严。他在书中的主要情节有：第七回，焦大醉骂贾珍："每日家偷鸡戏狗，爬灰的爬灰，养小叔子的养小叔子。"暗示贾珍与儿媳秦可卿有乱伦关系。第十回，贾珍同尤氏谈秦可卿的病，积极张罗请张友士来诊病。第十三回，秦可卿死后，贾珍"哭得泪人一般，恨不能代秦氏之死"，他愿意尽其所有，寻找最好的棺木，为了使丧礼风光体面，甚至还给贾蓉捐了官。第十四回，秦可卿的死使贾珍悲痛欲绝，他委请王熙凤协理宁府丧事，各路权势也纷纷前来送丧，场面宏大。第十七回，大观园工程告竣，贾珍导引众人游赏。第二十九回，清虚观打醮，贾珍训斥乘凉的子侄辈，让仆人往躲懒的儿子贾蓉脸上啐口水，把其他族中子弟都震慑住了。第五十三回，贾珍主持除夕祭祖。黑山村庄头乌进孝来缴租，贾珍嫌"这够作甚么的，真教别过年了"。第六十三、六十四回，贾敬归天，贾珍居丧，乘隙还同尤二姐、尤三姐鬼混。第六十五回，贾珍等被尤三姐斥骂数落。第七十五回，中秋之夜，贾珍带领妻妾在会芳园中赏月，忽听墙下有长叹之声，贾珍斥问，无人答应，扫兴而散。第八十八回，鞭笞悍仆。第一百零二回，贾珍、贾蓉、尤氏相继中邪得病，请法师擒妖除祟。第一百零五回，抄家问罪，圣旨谓贾珍等交通外官，依势凌弱，革去世职，派往海疆效力赎罪。第一百十九回，贾珍获赦，仍袭世职，赏还家产。

尽管贾珍并非小说的主要人物，但是作品写到贾珍的十多回中，把一个真实可信的形象展现在读者的面前，解读贾珍也就是解读作者所处的时代和那个时代的一类人物。贾珍尽管是贾家的不肖子孙，但是人物不会脱离社会而存在，有其复杂性和多面性，人物内心的挣扎和外在的表现也反映出时代的特征。败家的根本也是社会腐朽和没落的根本。让我们从以下四个方面解读贾珍这个人物。

如丧考妣析贾珍

贾珍因为父亲的一味好道避世,被推上了贾府这个封建家族掌门人的宝座,而贾府这个所谓的诗礼之家却已经腐败不堪,贾珍只不过继续充当这种腐败现状的继承人。

第七回焦大醉骂就先揭露贾珍"爬灰"的丑恶行径。焦大是宁国府中一个极特殊的人。他虽是宁国府的奴才,却曾是宁国府的恩人。尤氏说"他从小儿跟着太爷出过三四回兵,从死人堆里把太爷背了出来,才得了命;自己挨着饿,却偷了东西给主子吃;两日没水,得了半碗水,给主子喝,他自己喝马溺",这才有贾府后来的荣华富贵。焦大醉骂是作品的一个亮点,特别是"焦大益发连贾珍都说出来,乱嚷乱叫,说:'要往祠堂里哭太爷去,那里承望到如今生下这些畜生来!每日偷狗戏鸡,爬灰的爬灰,养小叔子的养小叔子,我什么不知道?咱们"胳膊折了往袖子里藏!"'众小厮见说出来的话有天没日的,唬得魂飞魄散。"作品将贾府这个封建家族的淫邪之处,通过焦大揭露了出来。

第十回贾珍为儿媳妇秦可卿请医诊病。儿媳有病,儿子不见着急,倒是贾珍这位公公非常着急,忙前忙后,有点蹊跷。

第十一回,贾珍夫人尤氏说:"他这个病得的也奇。上月中秋还跟着老太太、太太玩了半夜,回家来好好的。到了二十日以后,一日比一日觉懒了,又懒怠吃东西:这将近有半个多月。"这段话写秦可卿得病,是否因为贾珍"爬灰"后,秦可卿日夜提心吊胆,害怕奸情被人知晓,因而内心焦虑。因此,秦可卿得的可能是心病。

第十三回"秦可卿死封龙禁尉"更是可以清清楚楚地看到贾珍的反常表现。首先是"贾珍哭得泪人一般",甲戌本有一条夹批:"可笑,如丧考妣(父母),此作者刺心笔也。"贾珍因为"过于悲哀，不大进饮食"，以致"有些病症在身"，路都走不动了，要"拄个拐"。悲痛到这个程度是否不太正常，令人生疑？秦可卿丧事的方方面面，从停灵、超度、祭奠直到出殡，贾珍都是按最高规格来操办的：

> 停灵七七四十九日，三日后开丧送讣闻。这四十九日，单请一百零八众僧人在大厅上拜"大悲忏"，超度前亡后死鬼魂；另设一坛于天香楼，是九十九位全真道士，打十九日解冤洗业醮。然后停灵于会芳园中，灵前另外五十众高僧，五十位高道，对坛按七作好事。
>
> ……只这四十九日，宁国府街上一条白漫漫人来人往，花簇簇官去官来。

也就是说，不是一天两天，而是这七七四十九天都在闹腾，尤其是头七和七七这两日。会芳园大门洞开，鼓乐队和执事的规模很大，还有一大批贵族官宦夫人来祭奠，这还要一批女眷、女仆接待。至于大出殡时的场面之大，更不必多说了。贾珍为秦可卿办丧事可谓不惜一切代价。当大家劝他不要过于悲痛，商议如何料理丧事要紧时，贾珍当即表示："如何料理，不过尽我所有罢了！"在关于秦可卿用什么棺材的问题上，贾珍更是尽心，看了几副杉木板的都不中意。这时薛蟠说他们木店里有一副板，是铁网山上出的，作了棺材，万年不坏，还是薛蟠之父在世时带来的，有年头了，原来是义忠亲王老千岁预订的，因为他坏了事，获罪革职，现在放在店里，没人敢买。贾珍听说，喜之不尽，即命人抬来。大家看时，只见帮底皆厚八寸，纹若槟榔，味若檀麝，以手扣之，丁当如金玉。大家都奇异称赞，贾珍满意地笑着问多少钱，薛蟠说："拿着一千两银子只怕也没处买；什么价不价，赏他们几两银子作工钱就是了。"后来连贾政都看不下去了，委婉地说："此物恐非常人可享；殓以上等杉木也罢了。"而此时贾珍恨不能代秦氏去死，这话如何肯听。为了让秦可卿有一个漂亮的头衔,贾珍不惜花了一千二百两银子,给贾蓉捐了个五品龙禁尉,这样秦可卿就成为五品龙禁尉的诰命夫人了。贾珍办理秦可卿的丧事更是事必躬亲,他毫不犹豫地出现在第一线,甚至亲自坐车带着懂阴阳风水的司吏到铁槛寺踏看寄放灵柩的地方。对丧事安排具体,直到"心意满足"为止。

第十四回写秦可卿出殡那日,有许多贵族官宦亲至路祭,有些人的头衔相当大,接着写到几个王府也设了祭棚。秦可卿出殡的场面可真谓大呀!

贾珍办理秦可卿丧事的反常表现是值得推敲的,按说与秦可卿有不体面的关系,贾珍不应如此张扬,是否在封建社会这样没有感情的环境中,贾珍对秦可卿有一份真心呢?贾府上下都对秦可卿死去的原因感到奇怪和怀疑,而人们"有些疑心"的对象自然是贾珍。贾珍不会觉察不到人们的这种怀疑,尤其是他的妻子尤氏不早不晚地在这个时候"犯了胃疼旧疾,睡在床上","不能料理事务",这显然是个托词。而贾珍的儿子秦可卿的丈夫贾蓉则对于妻子之死毫无悲痛之感,这说明贾蓉即使原来不知道父亲的事,那么至少现在他不会不明白为什么母亲托病不出,也不至于对于合家上下的疑心一无所知所感。而贾珍在请王熙凤帮他协理宁国府时,将宁国府对牌交给她,竟说:"妹妹爱怎么就怎么办,要什么,只管拿这个取去,也不必问我。只求别存心替我省钱,要好看为上。"贾珍如此重视"好看",实际上就是不顾"难看",难道他就不怕引起甚至加重别人对他的怀疑?或者说,这种太不正常的表现,是否恰恰反映了他内心深处的某些其他心理和情感呢?宁府上下对此事的怀疑如果被证实,贾珍所要付出的道德代价之大,他不会不明白。在通常情况下,贾珍应千方百计地掩饰自己,尽量装得自己与秦可卿之死无关,以避免或减轻人们对自己的怀疑。但是贾珍却没有这样做,而是反其道而行之,悲痛不能自制,以至于走路需要扶持,这就值得人们注意了,对于秦可卿,他内心是否有真爱,而不仅仅是玩弄异性?他决心尽其所有大办丧事,甚至"哭得像个泪人""恨不能代秦氏去死",不顾可能暴露自己与秦可卿的隐情而不断直接出头露面,是不是内心深处还有深感内疚的一面呢?他大办丧事是不是试图以此减轻自己心灵上的压力呢?他与那些玩弄女性造成严重后果,却让女性一人承担责任的男子是否还有一点不同呢?

第十三回回末总评脂批说:"借可卿之死,又写出情之变态,上下大小,男女老少,无非情感而生情。"尤氏借口胃病复发不出面,贾蓉也不显得悲痛,这些不正常表现都是由某种不正常的情感因素引起的。那么贾珍的表现是否也是一种另类的"情之变态"呢?起码此处如丧考妣的贾珍不像是伪装的,所以贾珍对秦可卿也不能说一点感情也没有,但他们的感情毕竟是违背伦常的,被焦大斥骂为"爬灰"。

人情世故看贾珍

由于宁府和荣府的祖上是亲兄弟,贾母辈分最高,年龄最长,所以贾珍对贾母还是尊重的。受封建礼教的影响,贾珍在人情世故上的态度与当时的社会也是很吻合的。

第十一回父亲贾敬过生日,贾珍诚心诚意请贾母过来,结果贾母隔夜吃坏了肚子没来,贾珍对邢夫人、王夫人、王熙凤说"天气又凉爽,满园地菊花盛开,请老祖宗过来散散闷,看看众儿孙热热闹闹,是这个意思"。这一点还是真实的。

第六十三回贾敬去世,贾母过来,贾珍怕贾母伤心,劝贾母回去。后来中秋节贾珍和夫人尤氏也到贾母这边来行礼。宁府收了年货,贾珍也让人挑出一部分来送给贾母,他还是把自己放在晚辈的份上的。建造大观园时,贾珍担任总监工,因为贾元春要来省亲,所以贾珍没有懈怠,也比较尽心尽力。

第十七回"大观园试才题对额"中贾政视察大观园工程,由贾珍引导。贾珍还为贾宝玉题匾打圆场,文中写:"贾珍笑道:'还是宝兄弟拟一个来'。"主动引荐贾宝玉,对贾宝玉的事比较上心。过年也专门请贾宝玉看戏。

第五十三回"宁国府除夕祭宗庙"中,贾珍也是安排得很周到,祭祀仪式像模像样。

应该说,场面上的人情世故贾珍还是比较注意的,毕竟他还是宁府的当家主事,他还是有自己的身份的。当然这种封建家长和族长的身份对贾珍而言,有时又表现得过了头,尤其在小辈和下人面前的一本正经,与自己的肆意放纵形成了十分鲜明的对照。

第二十九回,清虚观打醮,贾母率领全家到清虚观祈福,天气炎热,大家都很忙:

> 贾珍站在台阶上,因问:"管家在那里?"底下站的小厮们见问,都一齐喝声说:"叫管家!"登时林之孝一手整理着帽子,跑进来,到了贾珍跟前。贾珍道:"虽然这里地方儿大,今儿咱们的人多,你使的人,你就带了在这院里罢,使不着的,打发到那院里去,把小么儿们多挑几个在这二层门上和两边的角门上,伺候着要东西传话。你可知道不知道?今儿姑娘奶奶们都出来,一个闲人也不许到这里来。"林之孝忙答应:"知道。"又说了几个"是"。贾珍道:"去罢。"又问:"怎么不见蓉儿?"
>
> 一声未了,只见贾蓉从钟楼里跑出来了。贾珍道:"你瞧瞧,我这里没热,他倒凉快去了!"喝命家人啐他。那小厮们都知道贾珍素日的性子,违拗不得,就有个小厮上来向贾蓉脸上啐了一口。贾珍还瞪着他,那小厮便问贾蓉:"爷还不怕热,哥儿怎么先凉快去了?"贾蓉垂着手,一声不敢言语。那贾芸、贾萍、贾芹等听见了,不但

他们慌了,并贾琏、贾琬、贾琼等也都忙了,一个一个都从墙根儿底下慢慢的溜下来了。

贾珍又向贾蓉道:"你站着做什么?还不骑了马跑到家里告诉你娘母子去?老太太和姑娘们都来了,叫他们快来伺候!"贾蓉听说,忙跑了出来,一叠连声的要马。一面抱怨道:"早都不知做什么的,这会子寻趁我。"一面又骂小子:"捆着手呢么?马也拉不来!"要打发小厮去,又恐怕后来对出来,说不得亲自走一趟,骑马去了。

贾珍对下人完全摆出一副主子的派头,说话都是"喝声",不让下人有片刻的闲适。对自己的儿子也是摆出老子的面孔,假装正经。贾珍找贾蓉不着,见他躲在钟楼里乘凉,非常气恼,命家人"啐他"。贾蓉表面上垂着手,一声不敢说,而实际上内心根本不服气。从表面上看,老子威严,儿子敬畏,封建贵族家庭家长制的威势真像那么回事,可实际上贾珍自己所干的那些丑事,要比他责骂下人儿子的坏百倍千倍,所以,下人和晚辈心中也不会对贾珍服气。

第五十三回黑山村庄头乌进孝来交租,东西竟只有往年的一半。贾珍非常不满意,照这样下去,宁国府的年没法过了。可是八九个庄子,两处报了旱涝,其他各处一个比一个送得少,宁国府的收入已到了难以维持的地步,昭示整个贾府经济衰败的景况。贾蓉告诉贾珍:"果真那府里穷了,前儿我听见凤姑娘和鸳鸯悄悄商议,要偷出老太太的东西去当银子呢?"虽然除夕贾府祭祀宗庙场面漂亮,森然有序,其富贵豪阔之象不减以前,其实是贾珍等人在勉强维持虚假的繁华场面,正如贾珍自己叹的苦经:"他们庄稼人老实,外明不知里暗的事,黄柏木作磬槌子——外头体面里头苦。"贾府外面的架子虽未倒,里面已经空虚了。所以贾珍对下人晚辈更加苛刻,如这回接下来写贾珍发放年货,碰上在庙里管小尼姑的贾芹也来领取:

因见贾芹亦来领物,贾珍叫他过来,说道:"你做什么也来了?谁叫你来的?"贾芹垂手回说:"听见大爷这里叫我们领东西,我没等人去就来了。"贾珍道:"我这东西,原是给你那些闲着无事没进益的叔叔兄弟们的,那二年你闲着,我也给过你的。你如今在那府里管事,家庙里管和尚道士们,一月又有你的分例外,这些和尚的分例银钱都从你手里过,你还来取这个来!太也贪了!你自己瞧瞧,你穿的可象个手里使钱办事的?先前你说没进益,如今又怎么了?比先倒不像了?"贾芹道:"我家里原人口多,费用大。"贾珍冷笑道:"你又支吾我!你在家庙里干的事,打量我不知道呢!你到那里,自然是爷了,没人敢抗违你。你手里又有了钱,离着我们又远,你就为王称霸起来,夜夜招聚匪类赌钱,养老婆小子。这会子花得这个形象,你还敢领东西来!领不成东西,领一顿驮水棍去才罢!等过了年,我必和你二叔说,换回你来。"贾芹红了脸,不敢答言。

贾珍训斥贾芹一事,孤立地看贾珍教训的也是;可是,若联系贾珍的所作所为,他哪有资格教训别人?所以贾珍也有其性格扭曲的一面。

第四十五回赖嬷嬷也讲:"(贾珍)只是着三不着两的。——他自己也不管一管自己,这些兄弟侄儿怎么怨的不怕他?"贾珍比贾政、贾赦有威有胆,因为他上面没有贾母的干涉和制约,在宁国府他说了算,可以任意胡作非为。

第八十八回写贾珍"听见门上闹的翻江搅海,叫人去查问,回来说道:'鲍二和周瑞的干儿子打架。'贾珍道:'周瑞的干儿子是谁?'门上的回道:'他叫何三,本来是个没味儿的,天天在家里吃酒闹事,常来门上坐着。听见鲍二与周瑞拌嘴,他就插在里头。'贾珍道:'这却可恶!把鲍二和那个什么何三给我一块儿捆起来!'"贾珍对别人的要求和对自己的要求完全是两回事,感觉自己是族长,发号施令惯了,是典型的封建家长作派,一点没有脱离造就他的那个环境。作者写人物的高明之处就在于此,贾珍就是腐朽的封建社会的这一类人的代表。

恣意取乐评贾珍

贾府的衰败是先从宁国府开始的,而后才在荣国府显现出来。秦可卿的判词曰:"漫言不肖皆荣出,造衅开端实在宁。"作者明确地点明荣宁二府的衰败秩序。而贾珍的恣意取乐是宁国府败家的根本。贾珍所袭的三品威烈将军只是个虚衔,他不用上班办公,宁国府就成了他惟我独尊的纵欲王国,整天一味高乐,就是把整个府第翻了过来,也无人敢管。贾珍的正室夫人尤氏也只能对贾珍的纵欲享乐采取隐忍维护的态度,这也是封建社会里多数贵族富户正室夫人无法回避的宿命。

第七十五回写贾珍带领妻妾在会芳园丛绿堂赏月作乐,"贾珍因要行令,尤氏便叫佩凤等四个也都入席",贾珍命佩凤吹箫,文花唱曲;还提到一位偕鸳,另一位佚名。贾珍对尤氏的两个妹妹尤二姐、尤三姐也公开染指。贾珍的旺盛情欲还包括对男色的喜好。

第九回中写贾蔷"亦系宁府中之正派玄孙,父母早亡,从小儿跟贾珍过活,如今长了十六岁,比贾蓉生的还风流俊俏。他兄弟二人最相亲厚,常相共处。宁府人多口杂,那些不得志的奴仆们,专能造言诽谤主人,因此不知又有了什么小人诟谇谣诼之辞。贾珍想亦风闻得些口声不大好,自己也要避些嫌疑,如今竟分与房舍,命贾蔷搬出宁府,自去立门户过活去了"。贾珍自己也要避些嫌疑,才命贾蔷搬出宁府,可是贾蔷"上有贾珍溺爱,下有贾蓉匡助",依然干着斗鸡走狗、赏花玩柳的事。这里表明了贾珍、贾蓉、贾蔷关系的暧昧。

第六十三回写贾敬去世,贾珍倒不见多么伤心,却跟来自己家的两个小姨子厮混。"贾珍贾蓉此时为礼法所拘,不免在灵旁籍草枕块,恨苦居丧;人散后,仍乘空在内亲女眷中厮混。"大家都闻说了贾珍贾蓉父子和尤氏姊妹的不堪行径,这种传说,也引动了贾琏的花心,使他有意于尤二姐,打起她的主意来。

　　第六十四回写贾珍、贾蓉、贾琏在办理丧事之隙还商量着贾琏偷娶尤二姐的事,贾琏说动了贾蓉,把尤二姐说给他作外室。贾琏因知道贾珍的丑行,才敢乘隙而入,加入"聚麀"之列。"却说贾琏素日既闻尤氏姐妹之名,恨无缘得见。近因贾敬停灵在家,每日与二姐三姐相认已熟,不禁有了垂涎之意。况知与贾珍贾蓉等素有聚麀之诮,因而乘机百般撩拨,眉目传情。那三姐却只是淡淡相对,只有二姐也十分有意。但只是眼目众多,无从下手。遂托相伴贾珍为名,亦在寺中住宿,又时常借着替贾珍料理家务,不时至宁府中来勾搭二姐。""聚麀之诮"自然是说贾氏父子和两个姨娘的不正当行为。贾琏怕贾珍吃醋,不敢轻动,贾珍倒大方,促成了贾琏与尤二姐的好事,放过了二姐。贾琏更是纵情声色,索性在贾珍面前嬉皮笑脸叫尤三姐"过来,陪小叔子一杯"。这是对封建官僚世家、封建礼法的无情讽刺。

　　第六十五回写贾珍、贾琏各占一尤,贾琏竟然要与贾珍同室各拥一尤取乐,被尤三姐斥骂数落,作者彻底揭示出贾珍之流是"皮肤滥淫之蠢物"。

　　第七十五回写贾珍在居丧期间无聊穷闷,于是又生出事来。先是以练习骑射为名,聚集了一帮纨绔子弟,专门杀鸡烹狗。后来干脆聚众赌博,恣意取乐,无事生非。服侍的偏偏全是十几岁的娈童,个个粉妆玉砌。尤氏夜间回府的时候,亲眼看到了宁府夜赌的场面:

　　于是尤氏一行人悄悄的来至窗下,只听里面称三赞四,耍笑之音虽多,又兼有恨五骂六,忿怨之声亦不少。

　　原来贾珍近因居丧,不得游玩,无聊之极,便生了个破闷的法子,日间以习射为由,请了几位世家弟兄及诸富贵亲友来较射,因说:"白白的只管乱射终是无益,不但不能长进,且坏了式样;必须立了罚约,赌个利物,大家才有勉力之心。"因此,天香楼下箭道内立了鹄子,皆约定每日早饭后时射鹄子。贾珍不好出名,便命贾蓉做局家。这些都是少年,正是斗鸡走狗、问柳评花的一干游侠纨。因此,大家议定,每日轮流做晚饭之主。天天宰猪割羊,屠鹅杀鸭,好似"临潼斗宝"的一般,都要卖弄自己家里的好厨役,好烹调。

不到半月工夫,贾政等听见这般,不知就里,反说:"这才是正理,文既误了,武也当习;况在武荫之属。"遂也令宝玉、贾环、贾琮、贾兰等四人,于饭后过来,跟着贾珍,习射一回,方许回去。

贾珍志不在此,再过几日,便渐次以歇肩养力为由,晚间或抹骨牌,赌个酒东儿,至后渐次至钱。如今三四个月的光景,竟一日一日赌胜于射了;公然斗叶掷骰,放头开局,大赌起来。

邢夫人之胞弟邢德全也喜欢赌博,又有薛蟠也是整天寻欢作乐之徒,见此岂不快乐?邢德全虽系邢夫人的弟弟,却只知吃酒赌钱,以眠花宿柳为乐,手中滥漫使钱,待人无心,因此众人都唤他"傻大舅"。薛蟠是早已出名的"呆大爷"。二人也与贾珍等人凑在一处。这伙恶少恋童吃酒,拍案骂娘,醉酒撒风。贾珍祸害了宁国府不算,还聚合了一帮纨绔子弟,为非作歹。贾府有这样的子孙怎么会不衰败呢?

家事消亡论贾珍

"家事消亡首罪宁",贾珍逃脱不了宁国府败家子的罪名,他的肆意妄为使家族的衰亡加速。第二回冷子兴演说荣国府中已指出:"如今这荣宁两府也都萧索了,不比先时的光景。"显然子孙的败家使家族已到末世了。乌进孝交租的情形,就是整个贾府经济衰败的缩影。在写宁国府衰败的同时,作者也在不经意之处提到了荣府的今不如昔,宁荣二府都是在走下坡路。

第六十四回写为贾敬办丧事,连棚杠孝布的钱都没付清,"一日有小管家俞禄来回贾珍道:'前者所用棚杠孝布并请杠人青衣,共使银一千一百十两,除给银五百两外,仍欠六百零十两。昨日两处买卖人俱来催讨,小的特来讨爷的示下。'贾珍道:'你先往库上领去就是了,这又何必来问我。'俞禄道:'昨日已曾上库上去领,但只是老爷宾天以后,各处支领甚多,所剩还要预备百日道场及庙中用度,此时竟不能发给,所以奴才今日特来回爷,或者爷内库里暂且发给,或者挪借何项,吩咐了,小的好办。'贾珍笑道:'你还当是先呢,有银子放着不使。你无论那里借了给他罢。'俞禄笑回道:'若说一二百,奴才还可巴结;这五六百,小的一时那里办得来?'贾珍想了一回,向贾蓉道:'你问你娘去,昨日出殡以后,有江南甄家送来吊祭银五百两,未曾交到库上去,家里再找找,凑齐了,给他去罢。'贾蓉答应了,连忙过这边来,回了尤氏,复转来回他父亲道:'昨日那项银子已使了二百两,下剩的三百两,令人送至家中,交给老娘收了。'贾珍道:'既然如此,你就带了他去,合你老娘要出来,交给他。……下剩的,俞禄先借了添上罢。'贾蓉与俞禄答应了……"这六百零十两银子,库里都无法支出,贾珍手头又没有,只好先将江南甄家刚送的吊祭银五百两去支付,结果也已使了二百两,还不够,只好让下人先垫上。堂堂的宁国府当年挥金如土,掷银若灰,而如今贾珍的日子已过得东挪西凑,以后还不知如何应付呢。

第七十五回写贾珍全家过中秋,"那天将有三更时分,贾珍酒已八分,大家正添衣喝茶、换盏更酌之际,忽听那边墙下有人长叹之声。大家明明听见,都毛发悚然……一语未了,只听得一阵风声,竟过墙去了。恍惚闻得祠堂内槅扇开阖之声,只觉得风气森森,比先更觉凄惨起来。看那月色时,也淡淡的,不似先前明朗,众人都觉毛发倒竖。贾珍酒已吓醒了一半,只比别人拿得住些,心里也十分警畏,便大没兴头",使人感到贾府笼罩着一种不祥之兆。

第一百零二回写到贾珍、贾蓉、尤氏相继中邪得病,只得请法师擒妖除祟。这实际上是写贾府的败落,人物星散、荒园寥落、怪异迭现,贾府已到末世,日暮途穷之时到来了。

第一百零五回写锦衣军查抄宁国府,贾府已经是全面衰败。由于贾赦、贾珍等人被定以"交通外官,依势凌弱"的罪名,贾珍和贾蓉被拘,贾珍被革去世职,派往海疆效力赎罪,可怜赫赫宁国府只剩得尤氏婆媳两个,以及贾珍的小妾佩凤、偕鸳等人,连一个下人也没有。

宁府之乱是什么原因造成的?贾珍的罪孽应了冷子兴演说中已提到的实质性的原因:"这珍爷那里干正事?只一味高乐不了,把那宁国府竟翻过来了,也没有敢来管他的人。"无疑,家事消亡的祸首也是贾珍。

总而言之,贾珍是作品中一个不可忽视的人物。《红楼梦》在人物塑造上一反"好人一切都好,坏人一切都坏"的类型化写法,真实地写出了人物性格的丰富性和复杂性。贾珍也不是坏到流脓,他的性格也是被封建社会扭曲的。贾珍与秦可卿说不清的关系,与贾蔷的暧昧,与二尤的调笑,在贾府中主事的地位,和他一切的所作所为,应该是复杂的,作者再现真实的人物,使美的更美,丑的更丑。

《红楼梦》是一部伟大的现实主义作品,无论在思想上还是在艺术上,都达到了中国古典小说的最高峰。清代诗人黄遵宪评论《红楼梦》"乃开天辟地,从古到今第一部好小说,当与日月争光,万古不磨者",可谓一语中的。《红楼梦》作为中国文学史上的一颗耀眼明珠,将永远放射出灿烂的光芒。

至清至洁,至情至性

——《林黛玉进贾府》中的黛玉之美

《红楼梦》第三回"贾雨村夤缘复旧职,林黛玉抛父进京都"是全书序幕的一个组成部分,《林黛玉进贾府》是传统的阅读经典片段。全书的典型环境——贾府,第一次展现在读者面前,贾府众多主要人物第一次出场亮相,作者曹雪芹通过林黛玉的眼睛审视贾府气势不凡的环境和一个个显赫的人物。林黛玉是作者呕心沥血塑造的最光彩照人的形象,作者赋予她的不仅是胜似西施的美丽姿容,还有聪颖智慧的才情学识,她敏感丰富的精神世界倾倒了无数的《红楼梦》爱好者。"质本洁来还洁去"是林黛玉内心情操的写照,黛玉的魅力在于纯真、飘逸、清高、伤感、典雅。《林黛玉进贾府》中,黛玉的一举手一投足,她细腻的心理活动,无不体现出她在才、貌、情、思方面的美。

美在其思

> 步步留心,时时在意,不要多说一句话,不可多行一步路,恐被人耻笑了去。

林黛玉第一次出场就展现出她超凡脱俗的气质和风韵。黛玉是个心思机巧的人,因为她拥有同龄女孩子没有的才华。黛玉一出场,作者就通过她的心理活动来表现人物的特点。黛玉自小失去了母爱,虽然有父亲林如海的疼爱,有家庭教师的教育,有丫鬟下人的伺候,但是她心灵中缺少了母爱的滋润,形成了一种多愁善感、极端自尊的性格,加上自幼身体羸弱,平添了一份伤感之情。从小她的母亲就告诉她,外祖母家里与别家不同,所以现在来到贾府,投奔外祖母,寄人篱下,她提醒自己事事处处都要小心谨慎。她比同龄的女孩子要多长心眼,她的审视和善思在踏进贾府的时候就体现了出来。外祖母家与别家的"不同"也通过林黛玉的一双慧眼一层层铺陈开来。

首先映入黛玉眼中的是贾府气派的外观,处于繁华街市、阜盛人烟之中的贾府建筑气势不凡:门前"蹲着两个大石狮子,三间兽头大门……"暗示了贾府显赫高贵的社会地位。接着黛玉从西边角门进入贾府就看到垂花门、抄手游廊、大理石插屏的穿堂、贾母的正房等,都有一种豪门贵族的气派。特别是去见两个舅舅时,黛玉一路行来,对贾府的陈设一一过目:荣禧堂中的匾额充分显示了主人高贵的社会地位;室内摆放的紫檀雕螭案、青绿古铜鼎、待漏随朝墨龙大画、楠木交椅、玻璃盒等,都说明了主人的富贵多金。

林黛玉进入贾府,见到了外祖母、两个舅妈、三春、王熙凤等,她内心所感的是贾府里处处透露着一种逼人的气势,"未见其人,先闻其声"的王熙凤的笑声是那样骄矜。林黛玉还注意到贾府这个大家族有着一套繁文缛节。如用饭时,"李氏捧杯,熙凤安箸,王夫人进羹",按照身份高低排序;丫鬟旁边执着拂尘,李纨、熙凤二人立于案旁"布让","寂然"吃饭。黛玉用心细看,书中写道:

> 今黛玉见了这里许多规矩,不似家中,也只得随和些,接了茶。又有人捧过漱盂来,黛玉也漱了口,又盥手毕。然后又捧上茶来,——这方是吃的茶。

由此,我们不难看出,林黛玉始终在用眼睛看,她的心理活动极为丰富。她听到王熙凤表面是称赞自己"天下真有这样标致的人物,我今儿才算见了!"但实际上是后半句说黛玉"竟不象老祖宗的外孙女儿,竟是个嫡亲的孙女",显然是讨好贾母的,贾母在贾府的地位是至高无上的。黛玉因丧母而投奔贾府,其内心一无依傍,尊卑异位,漂泊客居心理也是显而易见的。一方面,林黛玉是一个敏感的人,现实迫使她以适应现实来弥补其先天的不足。但另一方面,林黛玉的自谦自卑心理和处事方式也为她那绝世之美平添了几分光彩。林黛玉的心理活动正是她善思之美的体现,是其魅力所在。

美在其貌

见黛玉年纪虽小,其举止言谈不俗,身体面貌虽弱不胜衣,却有一段风流态度,便知他有不足之症。

当黛玉进入贾府众人的视线,众人看到了一个先天病弱又自然清新美丽的绛珠仙子,其娇美的姿容无人能比。林黛玉的相貌特征,是通过宝玉的眼睛来展示的:

两弯似蹙非蹙罥烟眉,一双似喜非喜含情目。态生两靥之愁,娇袭一身之病。泪光点点,娇喘微微。闲静时如姣花照水,行动处似弱柳扶风。心较比干多一窍,病如西子胜三分。

这一段描绘了黛玉天仙似的美貌,一个袅袅婷婷的女儿、"神仙似的妹妹"、活生生的"绝美"黛玉跃然纸上。她如出水芙蓉,是人们心中的一个梦想,不是凡尘所有。她内心隐含的高傲任性、率真多情和聪颖纯真,体现了一种可贵的中国古代文人的精神。她有着与生俱来的美貌和后天得到的才学,透过清澈干净的双眼,让人感到格外脱俗单纯,而那举手投足间流露出来的,却是淡淡的忧愁。曹雪芹将西施"捧心而蹙""袅娜风流"的外形之美赋予林黛玉,可见曹雪芹对主人公的偏爱了。在贾宝玉的眼中,"神仙似的妹妹"美貌绝伦,沉稳大度,不带一点矫饰,有一种惊人的美丽。

在写宝黛会见之前,作者在第一回中通过神话故事"木石前盟"透露出林黛玉原是灵河岸上三生石畔一棵绛珠仙草,由于接受神瑛侍者深情的水露滋养,得换人形并修成女体。小说第二回冷子兴演说荣国府时,曾提到五岁的林黛玉,"聪明清秀","言语举止另是一样,不与近日女子相同,气度不凡"。进荣国府时,作者又极尽渲染地写林黛玉"举止言谈不俗","有一段自然的风流态度"。这些描写都突出了林黛玉气质的独特之处。

作者描绘黛玉之美,主要通过其格调、气韵、风神、情致等来体现,没有过多的注重其五官、面庞或体态身段,只突出"似蹙非蹙笼烟眉"和"似喜非喜含情目",略去许多外形刻画而使人物气韵生动。

美在其才

贾母因问黛玉念何书。黛玉道:"刚念了《四书》。"

林黛玉有多方面的才能,博览群书,学识渊博。她爱书,不但读《四书》,而且后来还读杂剧《西厢记》《牡丹亭》《桃花扇》等;对于李白、杜甫、王维、孟浩然以及李商隐、陆游等人的作品,不仅熟读成诵,且有研究体会;亦善鼓琴。

她来到贾府,处处能够见机行事,礼节周到。她知道不能从后门去拜见舅母,因此,不厌其烦地出西角门再入东角门过三道仪门拜见大舅,再出西角门过前门入东角门穿堂去拜见二舅。她每次落座都要仔细观察座位的情况,推敲之后才坐下。她不在大舅处领餐,一定要拜访二舅之后到贾母处吃饭,上下尊卑分得清清楚楚。当贾母问黛玉已经念了何书,黛玉开始如实回答:"刚念了《四书》。"黛玉也问姐妹们读何书时,贾母的回答是:"读的什么书?不过是认得两个字。"黛玉马上从贾母的话语中听出弦外之音。后来当贾宝玉问她"可曾读书"时,她再也没有像第一次回答贾母那样说"念了《四书》",而是回答:"不曾读,只上了一年学,些须认得几个字。"前后回答的不一致不是自相矛盾,而是充分体现了黛玉的"心较比干多一窍"。

在大观园里,黛玉诗思敏捷,诗作新颖别致、风流飘洒。在每次赛诗活动中,她的诗作都出类拔萃、孤标独树,为众人所推崇。黛玉的诗之所以写得好,是由于她有极其敏锐的感受力、丰富奇特的想象力。她的诗渗透着自己人生的悲哀,却又哀而不艳,雅而隽永。在题咏菊花诗的诗会上,黛玉的《咏菊》《问菊》《菊梦》三首菊花诗为最,题目新,立意更新。实际上黛玉菊花诗的"新"就是咏出了自己的心声,蕴含着作者的人生悲喜。《咏菊》诗中有"满纸自怜题素怨,片言谁解诉秋心"句。《问菊》诗写得更妙:

> 欲讯秋情众莫知,喃喃负手叩东篱。
> 孤标傲世偕谁隐,一样花开为底迟?
> 圃露庭霜何寂寞,鸿归蛩病可相思?
> 休言举世无谈者,解语何妨片语时。

在这首诗中,黛玉坦率地点出了自己孤傲的性格,虽然也感到"圃露庭霜"般的寂寞寒冷,但是面对孤傲的秋菊,黛玉感到两心的沟通。她把菊花拟人化,"喃喃负手叩东篱",拜访自己的知己,并与之对话,写得有形有声。黛玉用自己的心寻觅与她心灵能沟通的心。《梦菊》诗中的"醒时幽怨同谁诉,衰草寒烟无限情",也是黛玉用诗来倾诉内心的感情,满腔的幽怨向谁倾诉? 与菊花一样只能向衰草、向寒烟倾诉。

林黛玉的诗情,实是别人不能比的,她不光是一位绝世无双的美女,更是一位才华出众的才女。

美在其情

黛玉一见便吃一大惊,心中想道:"好生奇怪,倒像在那里见过的,何等眼熟!"

　　林黛玉最动人心魄、最具艺术魅力的,是她丰富而优美的精神世界。她是个内慧外秀的女性。林黛玉的情感之美,集中强烈地体现在她对贾宝玉的爱情之中。她和贾宝玉的爱情是一见钟情的:两人相见时都有一种"熟悉的陌生人"的感觉,黛玉是"吃一大惊","何等眼熟?"宝玉看罢,因笑道:"这个妹妹我曾见过的。"这是宝黛二人的"木石之盟"的前缘吧。

　　林黛玉在家常听得母亲说过,二舅家有个表兄比自己大一岁,是衔玉而生,性情顽劣异常。黛玉拜见二舅贾政时,因贾政不在没有见到,但是贾政留下了一番话:"有一个孽根祸胎,是家里的'混世魔王'……你以后总不用理会他。"黛玉在未见宝玉面时听见的评价是"混世魔王""祸胎孽根",这更加引起黛玉的好奇,也为宝玉的出场作了铺垫。结果黛玉亲眼见到的宝玉完全不是别人嘴里说的那样,宝玉一登场,黛玉眼前一亮:

　　　　面若中秋之月,色如春晓之花,鬓若刀裁,眉如墨画,面如桃瓣,鼻如悬胆,睛若秋波,虽怒时而似笑,即瞋视而有情;项上金螭璎珞,又有一根五色丝绦,系着一块美玉。

　　黛玉那种一见如故的感觉连自己都吃惊。别人对宝玉的贬低都化作云烟,顿时消失得无影无踪,宝玉对自己是如此地吸引,最终视宝玉为知音,结为同心,从思想到行动都对他予以支持。在大观园里,不劝宝玉走"仕途经济"之道,从不说这些"混账话"的,只有她一人。虽然他们耳鬓厮磨,共读《西厢》,吵闹又言和,虽然他们本就缘定三生,但今生今世却无法长相厮守,无法相守白头。

　　黛玉对爱情是忠贞不渝的,她愿意为她的爱情付出生命的代价。为了偿还神瑛侍者对绛珠仙草的灌溉之恩,黛玉一生以泪相还,可到了临死之前反而露出了微笑,喊出了"宝玉,宝玉,你好——"这样一句未完的话。她怀着纯洁的爱和对环境的怨愤永远地离开了尘世,实现了她的誓言:"质本洁来还洁去",给后人留下了千载不消的遗恨。

从宝玉在云端瞥见绛珠仙草的第一眼开始,宝黛爱情从未有一丝一毫的褪色。黛玉的爱,不带一点矫饰,她美貌绝伦,她心直口快,她还有那么一点小脾气,她对人坦率纯真,尊重别人,也尊重自己。"问世间情为何物?直教人生死相许!"这是宝黛爱情的写照。

《红楼梦》是经典,林黛玉更是经典。林黛玉是曹雪芹在《红楼梦》中精心塑造出来的具有诗意美和理想色彩的艺术形象。这一形象把封建社会中女性的悲情、灵性和情思表达到了极致。要品读出林黛玉这个艺术形象的内涵,必须首先通过品读《林黛玉进贾府》中黛玉第一次出场中展现的人物的美,才能理解作者"满纸荒唐言,一把辛酸泪"塑造的这一文学形象的主旨。她的美是独特的,她用诗发泄痛苦和悲愤,她用诗抒写欢乐与爱情,她用诗表示她那颗貌似柔弱却真挚而又叛逆的心。我们唯有用一双发现的眼睛,去探寻林黛玉这个至清至洁、至情至性形象的美,才会发现世间有太多的美在等待着……

性情中人，饮食人生
——红楼梦人物与饮食描写掠影

《红楼梦》是一部具有高度思想性和艺术性，内容异常丰富，思想极其深刻的古典文学作品。作品在表现人物衣食住行的生活细节上独具匠心，蕴含了中国文化精神的广度、深度与力度。探究红楼梦人物的饮食，对人物的理解可以更为全面和深入。人物饮食的描写，是《红楼梦》中表现人物不可或缺的一部分，它深刻展现了人物的全貌，加深了《红楼梦》的文化内蕴。

在《红楼梦》中，作者用了将近三分之一的篇幅，描述众多人物丰富多彩的饮食活动。《红楼梦》写的是皇亲国戚、世代簪缨、金陵望族的贾府，贾母、王夫人、王熙凤、贾宝玉、林黛玉、薛宝钗等个个娇贵无比，他们的饮食生活真可以说是炊金馔玉、穷极奢华，但是每个人的饮食习惯都反映了人物的身份和性格。同时，作品也写到妙玉、袭人、晴雯、刘姥姥、李嬷嬷等各个层次的人物的饮食，每个人的饮食喜好和饮食举止各不相同，依据人物的身份、地位、年龄和性格一一得以展现，使得红楼梦的饮食成为一种独特的文化现象，值得我们探究。

贾母之饮食描写反映了她一家之主的地位

《红楼梦》中的饮食有严格的等级制度，荣府四百来人都由厨房管饭，而个人是按自己的等级吃"分例"的。贾府的最高统治者贾母，她的饮食规格最高：饭是御用胭脂米烧的粥，菜是"把天下所有的菜蔬用水牌写了,天天转着吃",伙食费也不先行定死,而是"吃到一个月现算",此外各房还按例将自己的分例菜送一样来。例如,在第七十五回"开夜宴异兆发悲音,赏中秋新词得佳谶"中,王夫人因为吃素,知道贾母不爱面筋豆腐,孝敬的是"椒油莼齑酱";大老爷贾赦送的是"两样看不出是什么东西";二老爷贾政送的是"鸡髓笋";贾母的饭是"红稻米粥"。《红楼梦》通过对饮食的描写,还揭示了贾府这个封建贵族里的人情冷暖。贾母不爱吃素,却在吃王夫人送来的一道"椒油莼齑酱"时说:"这样正好,正想这个吃。"于是,鸳鸯便将碟子挪在跟前。实际上贾母并非对这样菜有更多青睐,只是对贾政这一房更偏爱一些罢了,故对于大儿子贾赦送来的"两样看不出是什么东西"的菜,贾母略尝了点,便命人送回去,而且吩咐以后不用再送了。接着,贾母在快吃完时,命人将自己吃的"红稻米粥"给她喜爱的孙媳妇王熙凤送去,又将贾政送的"鸡髓笋"和自己的一盘分例菜"风腌果子狸"给她钟爱的"两个玉儿"——贾宝玉和林黛玉送去,最后将自己的分例菜一碗肉给曾孙子贾兰送去。

  首先,这里描写贾母收下了二儿子贾政和他妻子王夫人送来的菜,却退回了大儿子贾赦送来的两道菜,而且吩咐不用再送了,可以看出,在贾母心中,贾政的地位明显高过贾赦,更印证了同一回后文贾赦所讲的"偏心"的笑话——贾赦讲这个笑话是针对母亲偏心的情形的。其次,我们再看贾母的送菜。贾母将自己的饭菜陆续送给了王熙凤、贾宝玉、林黛玉和贾兰,这些都是贾母平时最为疼爱的人。贾母对前三人的疼爱我们很容易在书中找到例证,而对贾兰的疼爱却不多见,但是我们只要想到贾母对贾珠之寡妻、贾兰之母李纨的疼爱,就能对贾母送菜给贾兰有所了解了。此处,还有一点值得注意,就是在这第七十五回里,贾母对林黛玉的疼爱还是丝毫不减于对贾宝玉的疼爱,送菜时也是这么说的:"这一碗笋和这一盘风腌果子狸给颦儿宝玉两个吃去"——可见,此时,宝玉黛玉还是公认的一对"玉儿"。此时,林黛玉的地位明显高过贾府三艳——迎春、探春、惜春,也高过暂住大观园的薛宝钗。这日是贾珍的妻子尤氏服侍贾母吃饭,贾母饭毕,尤氏方才上桌吃饭。因为这一天,探春宝琴同在贾母处吃饭,贾母用细米做的饭没了,丫头给尤氏上的是下人的"白粳米饭"。这时,贾母问道:"你怎么昏了,盛这个饭来给你奶奶。"可见,在贾府中,奶奶和丫头所吃的饭是不一样的。后来,鸳鸯道:"把三姑娘的饭拿来添也是一样。"更加显示出主子和丫头是有所区别的,主子若吃丫头的"白粳米饭",是不合规矩的。

刘姥姥进大观园之饮食精彩展现贫富悬殊

刘姥姥是贾府的一个远房亲戚,《红楼梦》描写她曾先后三次进入大观园。第一次是因为家里生活困难向荣国府讨要银钱以度日,第二次是在一个丰收年后向贾府送些土产品表达谢意,第三次是贾府遭难没落后进贾府接走凤姐的遗孤巧姐回乡下避难。作者在第四十回的刘姥姥二进大观园里,对刘姥姥这个人物的描写最为生动。当时贾母借为史湘云还席之名在大观园宴请一干亲戚,恰好刘姥姥送来些物品,于是贾母便一并邀请刘姥姥赴宴。一个王公贵族家庭里最具权威的人物在代表贾府至高荣耀的大观园里邀请一个地位极其卑微的乡下人,看起来是多么不协调的一个场景,然而作者这看似不协调的一笔却有着极深的用意。作为当时四大家族之一的贾家,其生活自然是极其奢侈的,这种生活对于那些早已经习惯了这种奢侈生活的贾府上下诸人来说是很平常的,而对于一个常年面朝黄土背朝天的普通农民来说,不但是没见过,甚至听都没听过。一个村妇不懂得古玩字画的价值,却绝对分得清饭菜的精致与可口。

最精彩的是第四十一回关于"茄鲞"的描述:宴中有一道茄子做的菜肴。在村子里常年吃茄子的刘姥姥说:"别哄我了,茄子跑出这个味来了！我们也不用种粮食,只种茄子了。"大家告诉她,确实是茄子。她再尝了尝,也果然有一点茄子香。然后她请教做法,凤姐儿笑道:"这也不难:你把才下来的茄子,把皮刨了,只要净肉,切成碎钉子,用鸡油炸了,再用鸡肉脯子合香菌、新笋、蘑菇、五香豆腐干子、各色干果子,都切成钉儿,拿鸡汤煨干了,拿香油一收,外加糟油一拌,盛在磁罐子里,封严了,要吃的时候儿,拿出来,用炒的鸡爪子一拌,就是了。"刘姥姥听了,摇头吐舌道:"我的佛祖！倒得多少只鸡配他,怪道这个味儿！"

在刘姥姥眼中,贾府饮馔的丰盛,由"茄鲞"即可见一端。正所谓"甲之熊掌,乙之砒霜",贾母口中"油腻腻的,谁要吃那个"的菜品,在刘姥姥看来"哪怕毒死了也要吃尽了",反映了当时富穷的悬殊。第三十九回吃螃蟹宴时,刘姥姥一算账:"这样的螃蟹,今年就值五分一斤。十斤五钱,五五二十五,三五一十五,再搭上酒菜,一共倒有二十多两银子。阿弥陀佛！这一顿的花费够我们庄稼人过一年了。"真的是"富人一席酒,穷人半年粮"。刘姥姥享用了大观园的无数美食,同时也见到了她一辈子都没见过的无所不用其极的奢华排场,用现在的话就是大开了一番眼界。刘姥姥在整个过程中见她所未见,听她所未听,吃她所未吃,无时无刻不感到震惊和叹为观止,所有这些她已无法用词来形容,只能念无数声"阿弥陀佛",这是一个普通人对大观园的真实感受。当然,其中也不免闹出些笑话,像她被凤姐等人在饭前故意取笑,吃饭时故意给她用极沉的镶金象牙筷子来夹一两银子一个的轻巧的鹌鹑蛋,让刘姥姥想吃又吃不上,最后这个价钱昂贵的鹌鹑蛋也不免落个滑落地上被丢弃的命运,刘姥姥自然是心疼不已。所有这一切的安排都是凤姐等人为了换得贾母的开怀一笑,而刘姥姥在这样的场合中也明白,就算是拿自己来取悦别人也是一种难得的荣耀。大观园的所有一切通过一个普通人的眼光来看是多么的尊贵荣耀和高不可攀,像贾府这种王公贵族们的生活是何等的优越。同时,这也反映了在中国古代贵族和平民生活的天壤之别,在这样一种制度下,人们的生活是不平等的,上流社会的人们根本不知道普通人生活的艰苦,而普通人也难以想象这些上流社会贵族们的生活,而这些不过是中国古代封建世袭王朝的一个普遍现象。然而这样一个不平等的现象却并不代表永恒,贾府作为显赫家族的代表,在无限风光背后却时刻隐藏着危机。中国古代思想家曾说过"月满则亏,月缺则盈"的哲理,也就是说凡事都有一个度,超过了这个度事物就会朝着相反的方向演变。盛极一时的贾府最后终于因为受到其他权贵的排挤而走向没落,一座看似坚固无比的大厦在一夜之间轰然倒塌,正好验证了"月满则亏"这句话。贾府没落后,刘姥姥第三次来到了大观园,这次她的使命是来营救已经丧命的凤姐的女儿巧姐。看似柔弱卑微的农村主妇此时却扮演了一个救世主,用她的力量拯救了贵族世家的人员,这不能不说是一个极大的讽刺。所以刘姥姥之于大观园初看来像是个不协调的角色,其实却是作者一次非常重要的安排,她用她的视野见证了贾府的荣辱兴衰,见证了一桩宿命。一个小人物的出现,使得整个红楼梦有了一个极合逻辑的因果照应。

妙玉在栊翠庵请茶反映人物的生活品位

《红楼梦》中,曹雪芹凡提到饮宴之处,无不说到茶事,茶在人际交往中是一个重要的媒介,也是人们生活中离不开的必需品。可以说,"一部《红楼梦》,满纸茶叶香",从书中可以看到,饮酒前要先吃果品饮茶;吃完饭后要用茶漱口,然后换杯饮茶;来了客人,先要敬上一杯热茶。茶虽可称为"万病之药",但饮用时也要因人而异,讲究科学。贾府的人深知这一点,不仅讲究茶道,也熟知茶的各种特性。

第四十一回写妙玉在栊翠庵请宝玉、黛玉、宝钗一起品茶,别有一番情趣。妙玉先奉茶于贾母,贾母说:"我不喝六安茶。"六安茶以茶香醇厚著称于世,与西湖龙井同属天下名茶,贵为贡品,但六安茶属绿茶,贾母深解茶性,知道吃了油腻食物后喝绿茶容易停食、拉肚子,所以不喝。而精于茶道的妙玉则说:"知道,这是老君眉。"并用旧年储存的雨水冲泡,很难得。老君眉是一种发酵的红茶,在清代颇为流行,时人称为"寿眉",献上此茶既符合茶理,又迎合了贾母爱听吉祥话的心理,可谓一举两得。现代人也十分流行喝茶养生,不过每个人的体质不同,不能听说什么茶好就去喝什么茶。贾母对饮茶十分讲究,并不是矫揉造作,而是她明白应该喝适合自己的茶。而贾母让刘姥姥喝茶时,刘姥姥说:"好是好,就是淡些,再熬浓些更好了。"其实绿茶以清淡为贵,刘姥姥不懂茶,自然嫌淡了。

"名茶还须好水泡",在《红楼梦》中,烹茶之水尤为讲究。妙玉招待黛玉、宝钗、宝玉喝茶,烹茶的水是她五年前收的梅花雪。饮茶这般讲究,可见中国茶道的不一般了。

有了名茶好水,还要讲究烹茶艺术。《红楼梦》对此也有描写:"妙玉自风炉上扇滚了水,另泡一壶茶。"名茶冲泡要把握好开水温度,一般宜用七八十度的开水冲泡,使茶清醇幽香,茶叶品质又不受损坏。这些描述,不禁令人赞叹作者深得饮茶之道。饮茶之道还讲究配以杯、壶、盘成套茶具。妙玉就拿出多种不同的茶具招待客人。一是给贾母献茶用的"海棠花式雕漆填金云龙献寿小茶盘";二是小茶盘里装的成窑五彩小盖盅,这是明代成化年间景德镇官窑所产的茶具;三是给随贾母同来的众人的茶盏都是"一色官窑脱胎填白盖碗";四是煮茶的风炉;五是煮茶的茶壶;六是妙玉贮藏梅花雪水的"鬼脸青"茶瓮……这些茶具积淀了多少文化底蕴?用这些茶盏饮茶,稍稍一呷,就呷出一股远古芬芳。

妙玉对宝玉有情,"仍将前番自己常日吃茶的那只绿玉斗来斟与宝玉",宝玉还真品出了些许味道。品茶不在多,曹雪芹藉妙玉的口说:"一杯为品,二杯即是解渴的蠢物,三杯便是饮牛饮骡了。"这虽失于尖刻,却也道出了茶之奥秘。妙玉对刘姥姥喝过的

"成窑五彩小盖钟"杯则弃而不用了,显然嫌其弄脏了杯子。《红楼梦》多处描述种种精美的茶具,可谓是古今茶具文化的一次博览会。如贾母的花厅上,摆设洋漆茶盘里就放着旧窑什锦小茶杯。王夫人居坐的正二室里,也是茗碗瓶茶具备。女婢们用精致的茶盘托着茶盅为主人客人送茶,如宝玉的女仆袭人就用"连环洋漆茶盘"送茶水。

茶味服从于艺术,艺术融入茶中,让人们品出茶中之味,艺术三昧,这正是曹雪芹的一大绝招。《红楼梦》里有不少茶诗茶联,以茶入诗词,风格独特,带有浓厚的生活气息。如"烹茶水渐沸,煮酒叶难烧","宝鼎茶因烟尚绿,幽窗棋罢指犹凉",这些咏茶诗(联),把《红楼梦》中的"茶道"推向了高潮。

史湘云芦雪庵吃鹿肉是寒霜性情之流露

史湘云是《红楼梦》女儿中最有男子气概的,她身上有一派豪侠之气。作者描述她喜扮男装的假小子形象,说湘云腰里紧紧束着一条蝴蝶结子长穗五色宫绦,脚下穿着麂皮小靴,越显的蜂腰猿背,鹤势螂形。众人都笑道:"偏他只爱打扮成个小子的样儿,原比他打扮女儿更俏丽了些。"书中给了她八字评语:蜂腰猿背,鹤势螂形。第六十二回,给宝玉过生日,袭人拈了个"拇战"游戏,也就是猜拳,湘云高兴地说:"这个简断爽利,合了我的脾气。"不多时就与宝玉揎拳掳袖,三五乱叫,划起拳来。这样男子般的豪爽禀性,别说古代,就是现在,离常规所云的淑女标准也相去甚远。这样的外在形象,再加以才华修养、旷达心境为内涵底蕴,越发让人觉得她爽利自然,讨人喜欢,亦如她自己所云"是真名士自风流"。

第四十九回"琉璃世界白雪红梅,脂粉香娃割腥啖膻"中"吃鹿肉"的描写是前有伏笔,后有贯穿,妙趣横生。首先,在宝玉嚷饿时,因第一道菜是专门为贾母这样上年纪的人烹调的"牛乳蒸羊羔",于是,宝玉只拿了茶泡饭,就着"野鸡瓜子"忙忙咽完。这时,贾母怜惜孙子,吩咐"留着鹿肉与他晚上吃"。没有想到湘云悄悄和宝玉商量,"有新鲜鹿肉,不如咱们要一块,自己拿了园里弄着,又吃又玩",这里给读者留下一个悬念——他们究竟打算怎么样又玩又吃呢?接着,众人到了芦雪庵后,独不见他二人,黛玉道:"他两个人再到不得一处;要到了一处,生出多少事来。这会子一定算计那块鹿肉去了。"——好一个冰雪聪明的林妹妹,真不愧是宝玉知情知意的心上人啊!跟着,李婶果来证明黛玉的猜测:"怎么那一个带玉的哥儿和那一个挂金麒麟的姐儿,那样干净清秀……商议着要吃生肉呢……"不过并非生吃,而是自己动手割肉烤着吃。烤好的鹿肉香气四溢,不仅吸引了众位姑娘,而且吸引了前来看望他们的平儿和凤姐。这段"吃鹿肉"的描写,使人物形象栩栩如生。首先,湘云的魏晋风度在这里得到体现,她一面吃,一面说:"我吃这个方爱吃酒,吃了酒才有诗。若不是这鹿肉,今儿断不能做诗。"再来,看着本来商量来作诗的一群人在这里割腥啖膻,林黛玉童心忽起,调侃道:"那里找这一群花子去!罢了,罢了,今日芦雪庭遭劫,生生被云丫头作践了。我为芦雪庭一大哭!"——这段话同时也体现了林黛玉"质本洁来还洁去"的思想情感,在这大观园众女儿里,只有林黛玉伤春感时地"葬花",也只有林黛玉会想到为这芦雪庵大哭。她为一切美好事物遭劫而哭,其实是为自己、为"木石姻缘"而哭!最后,湘云对黛玉的回敬之词更是格调激昂:"你知道什么!'是真名士自风流',你们都是假清高,最可厌的。我们这会子腥的膻的大吃大嚼,回来却是锦心绣口。"这议论多么高超!我们不难看出,这里并不是简单地写湘云对黛玉的回敬,曹雪芹简直就是借湘云之口畅快淋漓地骂尽了天下一切酸文假醋的假名士。从"鹿肉"起,由"鹿肉"终,这一段"脂粉香娃割腥啖膻"的描写,真真是立意好、设计好、剪裁好、描绘好,无一不好,无一不妙啊!湘云是带有一点中国传统意义上的侠女气质的。第五十七回湘云要替邢岫烟打抱不平,黛玉笑她:你又充什么荆轲聂政？国人是惯有侠女情结的,无论是唐传奇中的红拂女、聂隐娘一类的侠女,还是现代金庸、古龙笔下的女侠,很多都属于情窦不开型。试想一个多情的侠女去闯荡江湖怎么了得。因此,曹雪芹给湘云的侠女气质融入了几分小女孩的娇憨。然而如前所说,湘云并非不懂情,更不是情窦未开,这就越发大气难得了。

李嬷嬷与丫环争食反映人物的个性特征

《红楼梦》中有些人物的出场和事件发展是以饮食作为线索前后贯穿的,从而对事件产生、发展的描写更加流畅自如,对人物形象的塑造也更加生动逼真,情趣盎然。

宝玉乳母李嬷嬷的形象塑造就是围绕着饮食先后在若干回目中形成的。最先,是在第八回"比通灵金莺微露意,探宝钗黛玉半含酸"中,李嬷嬷因自己是宝玉的乳母,看到宝玉平日里只听丫头的话,心里非常不服气。那天在薛姨妈处宝玉、黛玉、宝钗三人吃酒,宝玉心甜意洽之时李嬷嬷拦了酒兴,又讲到老爷在家提防问书之话,让宝玉十分反感,后宝玉回房时问到留给晴雯的一碟子豆腐皮的包子,晴雯说李奶奶来了看见拿了给孙子吃去。接着茜雪捧上茶来。宝玉吃了半碗茶,忽又想起早起沏的"枫露茶"来——"那茶是三四次后才出色",因问茜雪"枫露茶",茜雪也说李奶奶吃了,"宝玉听了,将手中茶杯顺手往地下一摔,豁琅一声,打了个粉碎,泼了茜雪一裙子,又跳起来问着茜雪道:'他是你那一门子的"奶奶",你们这么孝敬他？不过是我小时候儿吃过他几日奶罢了,如今惯的比祖宗还大。撵出去大家干净！'说着立刻便要去回贾母"。

第二次,是在第十九回"情切切良宵花解语,意绵绵静日玉生香"中,李嬷嬷请安时顺路来看宝玉,没想到宝玉不在,丫头们只顾玩闹,她十分看不过,因叹道:"只从我出去了不大进来,你们越发没个样儿了;别的嬷嬷们越不敢说你们了。那宝玉是个'丈八的灯台,——照见人家,照不见自家'的,只知嫌人家腌臢。这是他的房子,由着你们糟塌。越不成体统了。"这些丫头们一则明知宝玉不讲究这些,二则李嬷嬷已是告老解事出去的了,如今管他们不着,因此只顾玩,并不理他。那李嬷嬷还只管问"宝玉如今一顿吃多少饭","什么时辰睡觉"等语。丫头们总胡乱答应,有的说:"好个讨厌的老货!"李嬷嬷又问道:"这盖碗里是酪,怎么不送给我吃。"说毕,拿匙就吃。一个丫头道:"快别动!那是说了给袭人留着的,回来又惹气了。你老人家自己承认,别带累我们受气。"李嬷嬷听了,又气又愧,便说道:"我不信他这么坏了肠子!别说我吃了一碗牛奶,就是再比这个值钱的,也是应该的。难道待袭人比我还重?难道他不想想怎么长大了?我的血变了奶,吃的长这么大;如今我吃他碗牛奶,他就生气了?我偏吃了,看他怎么着!你们看袭人不知怎样,那是我手里调理出来的毛丫头,什么阿物儿!"一面说,一面赌气将酥酪吃尽。又一丫头笑道:"他们不会说话,怨不得你老人家生气。宝玉还送东西给你老人家去,岂有为这个不自在的?"李嬷嬷道:"你也不必妆狐媚子哄我,打量上次为茶撵茜雪的事我不知道呢!明儿有了不是,我再来领。"说着赌气去了。

　　少时,宝玉回来,命人去接袭人。只见晴雯躺在床上不动,宝玉因问:"可是病了?还是输了呢?"秋纹道:"他倒是赢的;谁知李老太太来了混输了,他气的睡去了。"宝玉笑道:"你们别和他一般见识,由他去就是了。"说着袭人已来,彼此相见。袭人又问宝玉何处吃饭,多早晚回来。一时换衣卸妆,宝玉命取酥酪来,丫头们回说:"李奶奶吃了。"宝玉才要说话,袭人便忙笑道:"原来留的这个,多谢费心。前儿我因为好吃,吃多了,好肚子疼,闹的吐了才好。他吃了倒好,搁在这里白糟塌了。我只想风干栗子吃,你替我剥栗子,我去铺炕。"虽然袭人借"只想风干栗子吃"转移了宝玉的注意力,但是这些已经挑起了李嬷嬷对宝玉身边的丫头的嫉恨。于是,在接着的一回"王熙凤正言弹妒意,林黛玉俏语谑娇音"中,李嬷嬷就骂袭人"一心只想妆狐媚子哄宝玉,哄得宝玉不理我,听你们的话",气哭了袭人。而在宝玉替袭人分辨时,她更是气道:"你只护着那起狐狸,那里认得我了……"最后,还是凤姐出面,用"烧得滚烫的野鸡"把李嬷嬷给撮走了。

细细看去,从"豆腐皮包子""枫露茶",到"糖蒸酥酪""风干栗子",再到"滚烫的野鸡",这些连贯起来是多么自然、多么流畅的一串趣事啊!更是把李嬷嬷这么一个自恃功高,在宝玉房里作威作福却不得志的老嬷嬷那种涎皮赖脸的样子刻画得活灵活现。

《红楼梦》中精妙的饮食描写,反映了不同人物、不同时间、不同场合的不同饮食;饮食是人生的重要内容,饮食与人物的命运息息相关,作者正是通过人物饮食的描写而达到对人物塑造的完整与鲜明,使人物的性格、情趣表现得淋漓尽致。

参考文献:
1. 曹雪芹、高鹗著:《红楼梦》,人民文学出版社1991年版。
2. 王昆仑:《红楼梦人物论》,三联书店1985年版。
3. 俞平伯:《红楼梦研究》,复旦大学出版社2005年版。
4. 王蒙:《红楼启示录》,新知三联书店2005年版。
5. 胡文彬:《红楼梦人物谈》,文化艺术出版社2005年版。
6. 冯其庸:《瓜饭楼重校评批红楼梦》,辽宁人民出版社2005年版。
7. 刘心武:《红楼望月》,书海出版社2005年版。
8. 周汝昌:《红楼梦新证》,译林出版社2012年版。

后记

品谈历史文化人物就是对人物和事件背后的人性进行品味和解读,"多少风流人物,总被雨打风吹去"。在橙色灯光下,卧在柔软的沙发上,一杯香茗飘出袅袅的淡淡清香,夜深人静,在空荡荡的书房内,同一个个历史文化人物对话,或许会遇见自己的知音,遇见梦寐以求的那个人,自己会融入到他的精神世界中,替他去感受,替他去经历。在这时,细问自己,我们每个人在这个世界上都只是作一个短暂的逗留,那我们来这世上到底最需要什么?也只有这时,才能从心底知道,其实在这世上,每个人都需要有一颗温暖、宁静的心,要获得这颗宝贵的心必须静静地读书和思考!

翻着散发着历史沉香的古籍,一个个鲜活的人物扑面而来,让你在岁月积淀的河流里尽情徜徉,慢慢回味。吸收前人在修身处事、治国理政等方面的智慧和经验,养正气,塑人格,不断提高人文素养和精神境界,是现代人的必修课。

"历史清廉人物篇"主要选择历史上的清官,即循吏。《新唐书·循吏列传》小序中说:"治者,君也,求所以治者,民也;推君之治而济之民,吏也。故吏良,则法平政成;不良,则王道弛而败矣。"这充分肯定了循吏在封建时代的作用。十位循吏是从浩浩史书中选出来的代表,他们生活在不同的朝代、不同的环境。或建功于开国之初,或出仕于兵荒马乱之际,或立业于开明盛世,或受命于外患严重的时刻,或身处腐败的朝政之中,可他们清正廉明,为百姓拥戴。

"吴中名贤人物篇"主要选择吴中大地上的历史名贤。苏州历来有崇敬先贤的优良传统,建立在古典园林沧浪亭的五百名贤祠最能体现苏州的这种文化传统,它供奉着在中国历史长河中有一定影响和地位,并与苏州有着千丝万缕联系的594位历史人物。他们中有土生土长的苏州人,也有宦游苏州的外地人,有精忠报国的名臣大儒,也有博学多才的文人名士,他们是传统文化中珍贵的文化资源,值得今人学习。

"红楼艺术人物篇"主要是自己在研读人民文学出版社1957年版程乙本《红楼梦》过程中对人物的新探。《红楼梦》是一部说不完道不尽的巨著,由于作者曹雪芹塑造的人物有着不同凡响的艺术魅力,吸引我们对大大小小的活灵活现、有血有肉的人物进行思考,所以不自觉地会对人物的性情、活动、命运等进行剖析,并获得启迪。

在流行文化日益占据人们主流价值观的时代,我们更不能忘记传统文化。独处僻静之地,在清茗的氤氲雾气中倾听那来自远方却又清晰的声音,让自己的心跟随人物飞越时间,尽情徜徉在岁月的积淀中。传统文化在历史的长河中无声无息地流淌着,传统文化用流行文化所无法企及的力量感染着一代又一代的人们,用它内在的魅力给予人们享受与思考。让我们静下心来品读这些人物……

教学之余的品读丰富了自己的人生,但是囿于学识,还存在很多不足之处,感谢苏州市传统文化研究会的很多专家学者对我的悉心指导,特别感谢《传统文化研究会》主编陆承曜老师,她不顾年事已高,欣然为我作序。感谢我的家人对我的默默支持,感谢学校营造的和谐读书研讨氛围……

2012年5月